威慑战略

陈崇北　寿晓松　著

中国原子能出版社

图书在版编目（CIP）数据

威慑战略 / 陈崇北，寿晓松著 . —北京 ：中国原子能出版社，2020. 11

ISBN 978-7-5221-1138-4

Ⅰ. ①威… Ⅱ. ①陈… ②寿… Ⅲ. ①威慑战略-研究 Ⅳ. ①E81

中国版本图书馆 CIP 数据核字（2020）第 239242 号

威慑战略

出版发行 中国原子能出版社（北京市海淀区阜成路 43 号 100048）
责任编辑 王　青　郭文传
装帧设计 崔　彤
责任校对 宋　巍
责任印制 潘玉玲
印　　刷 河北宝昌佳彩印刷有限公司
开　　本 787 mm×1092 mm 1/16
印　　张 20. 25
字　　数 261 千字
版　　次 2020 年 11 月第 1 版 2020 年 11 月第 1 次印刷
书　　号 ISBN 978-7-5221-1138-4 **定　　价** **58. 00 元**

发行电话： 010-68452845

加强国防　慑战止战

——写在《威慑战略》再版之前

1989年，我在军事科学院工作时，与同事一起写了《威慑战略》一书，系统阐述了威慑战略的方方面面，开启了这个领域系统研究的先河。此书获得全国哲学社会科学优秀图书奖。转眼之间，斗转星移，31年过去了，世界战略形势发生了深刻变化。但总的看，相互威慑条件下相对和平的总体局面并没有发生根本改变。我们有可能继续维持不打大战的战略机遇期。这是因为，以核武器为王炸的威慑与反威慑的基本军事战略平衡并没有被打破。加之，虽然美国的军事科技优势非常明显，但中国的整体国力和科技进步更是日新月异，滚滚向前。强大的中国国防已然是慑止任何敌人轻举妄动挑起战火的决定性力量。而且，由于科技进步和经济发展引起的一荣俱荣、一损俱损的世界命运共同体的历史洪流，亦成为慑战止战的强大因素。加强国防，慑战止战的战略思维与理论没有过时。当然，随着科技革命带来的眼花缭乱的进步和变化，新的作战兵器和作战方法不断涌现，相互威慑的内容和方式也出现了不少新的情况，值得进一步加以研究。尽管我早已离开军界，但仍与一些旧友、新友关心着世界形势与军事科技的发展变化，对《威慑战略》一书进行了补充和修改，增加了几个章节。在此书再版问世之际，谨向我从事军事战略研究的老朋友、新朋友们致以最诚挚感谢和问候。书中引用、参考了相关专家、学者的研究成果，在此一并致谢。

陈崇北

重视研究威慑战略思想

（第一版代序）

当今世界，“威慑战略”处于突出的地位，为许多国家特别是核大国所重视和奉行。“威慑”之说虽已相应兴起，但总而观之尚欠系统和完整，至少在我国是如此，且多异见。进一步研究和发展威慑理论与战略，探讨其历史的演变和现实地位、作用，实为军事学术界一项有意义的工作。

“威慑”作为一种军事理论、战略思想，其核心的含义是：在强大的军事实力基础上，以各种非战方式，慑服对方，以达“不战而屈人之兵”之效，或以较少的代价，获取较大的战略利益。在我们军事学术界的一些同志中，往往视“威慑”之说为强权政治的武力讹诈、战争恫吓，而取排斥、否定的态度。这当然有其一定的理由。但是，应该说，仅此而论，并不全面，还没有看到“威慑论”的宽广内容和运用范围，还没有深入透视其“合理的内核”，还缺乏从发展的角度观察。

“威慑”之论，古已有之，在中国很早就运用。世界著名的《孙子兵法》中“不战而屈人之兵”“伐谋”“伐交”等“全胜”思想；《管子》中“至善不战，其次一之（一战而定）”；《老子》的“善胜敌者不与”（不一定直接交兵）；以及在兵著中以“威”“德”服人，以“智”“谋”屈敌等思想，都在某种意义和程度上反映了以“威慑”力量（军事、政治、经济、外交等）服人、屈敌、致胜。应该说，中国古代的威慑理论和战略思想是丰富的，在实际运用中也不乏在“威慑”下，使对方不战而举国降服，或订“城下之盟”的史例。在西方古代军事思想中，也有这种类似“威慑”的论说。这在古希腊史家修昔底德和16世纪意大利的马基雅维利的著作中可得到佐证，在拿破仑战争等战史中也有记载。英国军事理论家利德尔·哈特，提出著名的“间接战略路线”，主张“以心理战和计谋而不是以武力为主要因素”，在其论著中引用《孙子兵法》的话，广征战例，说明“间接路线比直接路线优越得多”。美国小阿瑟·莱克认为《孙子兵法》“不战而屈人之兵”是“最好的兵法”。

值得特别注意的是“核武器时代的战略”已将“不战而屈人之兵”的威慑战略思想，提到空前的高度。尽管因国家的性质、战略目的的不同，使这一理论带有各自的政治印记和表述特点，但是其“抑战”“遏战”，通过非战手段达到企求的战略利益的思想是十分明显的，也可以说是共同的。因此，如何建立、强化“威慑力量”，如何使用、发挥之，以求取最佳效果，越来越成为当今世界许多国家战略家们重要的思想内容和研究重点。美、苏、英、法等国都有各自的“威慑观”。这是因为，在核时代，毁灭对方，所得几何；两败俱伤，亦非善策，实战价值的下降和威慑价值的提高顺理成章。

况且，历史发展到今天，一国的强盛兴衰，已不能仅仅靠军事竞争和战争来决定。经济和科技的竞争，对于军力，对于国家的强盛兴衰，更具有决定的意义。世界形势发展就总体而言，军事对抗的尖锐程度趋向缓和，政治对话日渐兴起，和平与发展成为主流。当然，军事对抗、竞争，战争的因素并未消失，不过，“相对和平”“威慑的和平”确是客观存在。人们通过政治、经济、外交，以及军事力量非实战的运用，给对方以警告、有限惩罚，以遏制军事冲突，避免战争或战争升级，维护国家利益，在现实中亦已屡见不鲜。

总之，威慑的思想与威慑战略，在世界的实际斗争中，作用范围和深刻之处，使人们惊诧和刮目相看。我们有必要认真研究威慑战略思想，建立和发展我们自己的威慑战略。

本书作者，是我的学术朋友，故我得以先览其书，而得益匪浅。他们以其研究之热忱，丰富的资料，缜密的分析，勤奋的钻研，勇敢的探索，公暇昼余，几度春秋，写成《威慑战略》专著。举凡“威慑”的概念和内容，其历史演进和发展趋势，以及对当代国际军事斗争和国防、军队建设的影响等，均有详细述说。有些新颖之点，未必成熟和完善，但给人以启迪和思考。难能可贵的是，我们从此有了一本这方面的系统论著，丰富了战略研究的理论园地。故乐意为文，以期引起军事战略研究者的兴趣和进一步的探讨。

谢国良

1989 年 2 月

原版序言

即将成为过去的20世纪，是一个充满剧烈变化的世纪。两次世界大战和社会主义与民主主义革命的高潮，使人类空前觉醒，而科学技术的飞速发展，又极大地推动了社会进步与经济繁荣，人类文明进入了一个崭新的历史时期。80年代以来，新技术革命蓬勃兴起，各国经济向一体化发展，文化大规模国际传播，东方世界竞相锐意改革，西方诸强纷纷调整战略……相继出现的一股股浪潮，席卷全球，影响深远。有理由相信，人类社会进入了一个新的历史时代，即争取和平与发展的新时代。

然而，这个新时代的特点，不仅表现在对抗更多地被对话所代替，缓和成为一种重要趋势，而且表现在以发展求安全正成为对抗的一种更高级的表现形式，军事斗争出现了新的特点。在一片缓和声中，人们看到，“热点”并没有消失殆尽，“达摩克利斯之剑”仍在人类头上高悬，诸如“战略防御倡议”“尤里卡”“加速发展”“科技立国”等“战略”与“计划”，接踵而来，令人眼花缭乱。这些对世界的现实和未来究竟意味着什么？是永久和平的福音，抑或不过是群雄一决胜负的时间向后推迟的信号？如何适应新的国际环境，促进和平与发展，人们纷纷追思历史，分析现实，展望未来，寻求新的历史条件下战略发展的新的生长点，以便正确把握自己的航向。

如今，科学技术飞速发展所提供的物质条件和由此带来的人们思维方式的变革，使得地球在迅速信息化的社会进程中变得越来越小。面对困扰人类的各种错综复杂的全球性问题，人们日益采用系统的、整体的和多维的思维方式进行思考。反映到战略研究领域里，战略视野极大扩展了，战略层次更为丰富了，战略研究从密室中走到群众中来，战略理论模式呈现多元化，各种战略理论观点和流派应运而生。当今世界的战略问题，仅仅以某一种战略理论来解释已经远远不够了，而必须从多角度和多层次进行考察。对威慑战略的进一步研究，就是在这种形势下，提出的一个客观要求。

威慑概念古已有之，其本意是以武力相威胁，使对手知难而退，不敢采取行动。从广义理解，威慑与“不战而胜”的思想相吻合。第二次世界大战后，随着核时代的到来，威慑便带上了明显的“抑战”特征，并作为国家的国防战略率先在美国崛起。尽管一开始，威慑的理论与战略，仍印有强权政治的胎记，但随着国际军事形势的发展与演变，它的遏制战争的合理“内核”逐步被越来越多的国家承认和接受。威慑理论和战略今天已经不是某一国或西方国家的专利，而日益成为和平时期带有普遍意义的一种军事理论和战略。不少国家结合本国的实际，在战略的制定和指导上，努力汲取其有益的成分。同时，世界威慑格局的形成与发展，也是战后四十多年来伴随世界总体和平局面的一个十分值得研究的国际军事问题。依笔者之管见，进行威慑战略的研究，将有助于深入探讨当代国际战略和我国和平时期的国防战略问题。本书从探讨和平时期遏制战争的规律出发，对威慑战略思想的渊源和现代威慑理论与战略作初步的介绍、研究。希望我们的一些观点或思路能引起读者的兴趣与思考，起到抛砖引玉的作用。

国防大学校长张震上将为本书题写书名，军事科学研究院战略研究部部长谢国良少将为本书作序，在此表示衷心感谢！

作　者

1989 年 3 月

目　录

第一章　威慑战略思想演进的历史轨迹

战略的真正奥妙，在于用小的代价换取大的胜利。威慑，作为一种不断发展、演变的战略思想，尽管有着比较复杂的内涵，但其基本点则是追求自古以来战略家们的理想目标，即不战或以较低的代价而屈人之兵，赢得战争或对抗的胜利。现代威慑的一般含义，是指在己方受到外部威胁的情况下，使敌手相信其采取的某种行动所付出的代价将超过可能得到的利益，从而放弃对抗的企图。

向前追溯这种思想，它并不是20世纪的发明，其渊源由来已久。在西方，从古希腊的历史学家修昔底德和16世纪意大利政治家马基雅维利的著作中，人们可以找到类似威慑的思想和史例。拿破仑战争后的一百年间，均势战略在欧洲盛行一时，这种战略是通过制约权力的方法，使有关各国感到战争无利可图而促成和平的实现。当各国通过派遣海军舰队、交换军事观察员或缔结盟约等活动向对方“传递信号”或发出警告时，威慑也就寓意其中了。在我国古代，汉代张衡的《西京赋》里最早出现了“威慑”一词。其后，三国的曹植在《七启》中也有“威慑万乘，华夏称雄”的名句，然而在“威慑”字眼出现之前，春秋战国时代的孙子及其以后的历代兵家著作中，早就不乏对威慑思想的精辟论述。

但是，与谋求战而胜之的实战战略理论相比，威慑理论的产生与发展并没有形成一个由古至今的清晰而系统的历史线条。直到第二次世界大战前，它还只是从属于实战战略思想的一股潜行的支流。而这股潜行的支流又是由许多更小的细流汇合起来的。伴随着战争的发展，它在不同时代和不同国家里，以不同的面貌表现出来。人们今天去追踪威慑战略的历史发展轨迹时，如果从各支流的交汇点出发，沿着各个支流溯源而上，就能从不同角度和侧面认识威慑理论与战略的历史源流。

我国古代的“不战而胜”论

战争，从它来到世间的那一天起，就是血与火的怪物。即使是战争的胜利者，也不免为战争的浩劫所震慑。自古以来，如何既能达成战略目的又尽量减少自己的牺牲和战争的损失，始终是具有战略头脑的军事家及谋士们所追求的一种理想境界。

我国战国初期的著名思想家墨子提倡“非攻”。他认为，战争“夺民之用，废民之利”，“计其所自胜，无所可用也。计其所得，反不如所丧者之多。今攻三里之城，七里之郭，攻此不用锐，且无杀而徒得，此然也?”（《墨子·非攻》）。据墨子看来，战争的严重破坏性，置人类于水深火热之中，经过惨烈的战斗和残杀，尽管攻克了城郭，但其所得可能比丧失的还多，耗尽民利民用，虽获胜又有什么意义呢?因此必须坚决反对，他主张以“兼爱”取代战争，提出“若使天下兼相爱，国与国不相攻，家与家不相乱，……若此，则天下治。”（《墨子·兼爱》）。

在墨子之后的孟子，也提出了类似的反对战争的思想。但是同墨子一样，他的观点，也不过是反映小生产者们政治经济利益的孱弱呼声。他们没有也不可能看到：在阶级社会里，不同阶级和集团之间的利益争夺，必然要导致对抗和冲突，是无法以“兼爱”来调和的。因此，以兼爱代替战争只能是理想主义的美好愿望。

中国古代的兵圣——孙子，同墨子等人的思维方式相反，从另一个角度来探寻减少战争破坏性的蹊径。他以卓越的智慧，提出了在战略指导上解决战争得失矛盾的不朽思想。在《孙子兵法》谋攻篇中，他指出："百战百胜，非善之善者也：不战而屈人之兵，善之善者也。故上兵伐谋，其次伐交，其次伐兵，其下攻城。"按照孙子的观点，"善用兵者，屈人之兵而非战也，拔人之城而非攻也，毁人之国而非久也，必以全争于天下。"

孙子提出"不战而屈人之兵"，标志着我国古代威慑思想的初步形成，孙子"不战而胜"的思想所具有的威慑意义在于，主张通过战前的活动来"造势"，造成我们今天所说的威慑态势，迫使对方慑于可能蒙受的重大损失而屈服，因而不敢诉诸战争，以此来达成自己的战略目的。"不战而屈人之兵"的思想，把战略推向一个新境界。

在古代中国，关于"不战而胜"的思想不独孙子有之，不同时代的不少军事家、政治家，也都有类似的精辟思想。

春秋时期，齐国著名政治家管仲就有"至善不战，其次一之"的思想，认为用兵最好的是不作战就能胜利，其次是打一仗就解决问题。楚庄王则认为，从武字的构造看，把兵戈止住，遏制战争，才是真正的武功，即所谓"止戈为武"（《左传·宣公十二年》）。这的确也不失为威慑思想形象而富有哲理的说法。

春秋时期的老子说过："善胜敌者不与"，就是说善于战胜敌人的人不一定要和敌人正面对阵。

《武经七书》中的《六韬》写道："全胜不斗，大兵无创。""善战者，不待张军；善除患者，理于未坐：胜敌者，胜于无形；上战无与战。故争胜于白刃之前者，非良将也。"意思是说，以智谋取胜而不需经过战斗，军队出师而完整无损，所以善于指导战争的人不等敌人出兵就迫其投降；善于消弭战患的人，能够防止战争于未发之前；最高明的作战指导是不经过战争就将敌人消灭。因此在白刃战中取胜的人，不一定是最好的将领。

明代的何良臣在其所著《阵纪》一书中也提出：“能以威德服人，智谋屈敌，不假杀戮，广致投降，兼得敌之良将者，为不世功，兵不赤刃，军不称劳，而得敌之土地数千里，人民数十万者，为不世功。”也就是说，能以威力、德行、智谋使敌人归附：没有伤亡就使敌人大批投降，并得到敌国的名将，这是最大的功劳。兵不血刃，不动用军队，就夺取敌人大片领土和人口，这就是最大的功劳。

明代的《投笔肤谈》一书也重申了《孙子兵法》“不战而屈人之兵”的主张，认为最好的战略应当是“拔敌之城而非攻也，致敌之降而非围也”，即不使用进攻手段就迫使敌人交出城池；不经过围困就迫使敌人投降。总之，要“不多旅，不久师，不暴卒，不角力”，以小的代价，赢得大的胜利，达到“期于遏敌之锋，而非期于敌之尽”，就是说在敌进攻之前即慑止、挫败敌之企图，而不要与敌死拼到最后才使敌屈服。

清太祖努尔哈赤也继承了孙子“不战而胜”的思想，据《清太祖武皇常录》记载，努尔哈赤于天命三年（公元 1618 年）说：“平时以正为上，军中以智巧谋——不劳己、不钝兵——为上。”“当征战之际，最上者，莫过于不损己兵，而能胜敌者也”。

以上说明，我国古代军事家是非常重视运用威慑战略思想的。他们将不战而屈人之兵列于战略之首，视为战略中的“善之善者”，表明他们关于战争和战略的观点富于深邃的哲理。“全胜不斗”“全国为上”“善胜不与”这类思想，虽然含有理想主义的色彩，有时在战争实践中，往往是可望而不可得，但从它所蕴含的深远影响来看，不愧是我国古代战略理论遗产中的瑰宝。

我国古代“不战而胜”的威慑思想具有鲜明的特色。“不战而屈人之兵”，说的是尽量不用直接交战的方式而迫使敌人屈服，并不是不要一切战争，为达成这一目的，它突出强调“伐谋”和“伐交”的原则。即通过运用智谋，运用政治外交手段而不仅仅是依靠武力来争取胜利。这样的战略不仅考虑到了武力的作用，而且更强调了综合力量的较量，因此有人称它为“至精至威，聪明睿智，神武不杀”的最高军事战略准则，有着跨越时代的生命力。

我国古代不战而胜的威慑思想，其内容相当丰富。一方面，它包括以“伐谋”“伐交”慑止对方发动战争的含意。另一方面还包括通过“伐谋”“伐交”等武力以外的手段，夺取原先需要诉诸武力才能夺取的战略利益，即所谓“拔敌之城而非攻也，致敌之降而非围也”，这是我国古代威慑思想最富有积极意义的一面，“不战而屈人之兵”正是包括达成攻防两种战略目的的高度统一，这种强调“伐谋”“伐交”“不战而屈人之兵”的战略思想，比一般军事战略所包含的内容更为广泛，拿今天的战略划分来说，它属于大战略的层次，它提出了一种全胜的战略思想，要实现不战而全胜，其基本点就是在战争爆发之前赢得胜利，而欲达成这样的战略目的，只有通过威慑才能实现。

我国古代军事家在威慑战略运用上有很多成功的范例。春秋战国时期第一个登上霸主地位的齐国，实际上就是凭借威慑的运用而成就其霸业的。齐桓公争霸的过程，就是他运用“不战而胜”战略的过程。齐桓公采用的第一种威慑方式是“杀鸡儆猴”。齐桓公于公元前 68 年灭亡遂国后，就以遂国的先例，威慑鲁国和其他小诸侯国，使它们感到威胁在即，不得不与齐国结盟，尊奉齐国为盟主。

齐桓公采用的第二种威慑方式是“挟天子以令诸侯”。春秋时期，周室衰微，诸侯坐大。但是“尊君”思想的影响犹在，天子之旗仍有号召力，挟天子以令诸侯，无异于拉起大旗作虎皮，既可争取盟国，又可以“替天行道”为名，兴师问罪，威服诸侯。

会盟诸侯是齐桓公的第三种威慑方式。在当时，会盟是一种具有威慑意义的外交行动，盟主可以凭借会盟各路诸侯的力量，向对手施加压力，迫其就范。因此，这种方式被齐桓公屡屡采用，史称齐桓公“九合诸侯”，齐国正是依靠这种手段，维持霸业数十载而不衰。

齐桓公通过威慑创立霸业的战略，为晋、吴、秦等国先后效尤。晋文公实行“取威图霸”的战略，战胜了实力强大的楚国，迫使诸侯纷纷膺服晋国，从而继齐桓公之后登上了霸主宝座。吴王夫差则采取“北威齐晋”的战略，与晋国争雄，在东南地区创业图霸。战国时期，七雄之间的合纵连横，更是诸侯间“伐谋”“伐交”，纵横捭阖，谋取有利的战略形势，遏止对方进攻的范例。“山东六国”企图合纵抗秦，而秦国则采用“远交近攻”战略连横破纵，迫使“山东六国”争相割地，取悦于秦，而不敢协力合纵，西向攻秦。秦国正是由于灵活地运用了威慑与征服两种战略，终于兼并六国，一匡天下。

春秋战国是群雄并起、列国兼并的时代，也是“不战而胜”战略运用的辉煌时期。自秦以后，虞诩、曹操、诸葛亮、李靖等军事家，也先后以威慑为手段，创造了很多战争奇迹。但总的说来，各个朝代在战略上都还比较保守。尽管许多兵家仍继续重申孙子“不战而屈人之兵”的思想，但在后来的历代帝王的战略选择中，“不战而胜”已日益受到冷遇。到了晚清以后，古老的封建帝国国力江河日下，衰败不堪，对外已无威慑能力可言，战且不能致胜，不战而胜更无从谈起。于是，威慑战略思想在近代中国的战略理论和实践中几近于销声匿迹。时至今日，当我们谈及“威慑”时，仍有人视其为“舶来品”，殊不知威慑思想最早萌生于中国。

间接路线战略

在西方军事历史上，曾出现过一大批出类拔萃的军事统帅。如亚历山大、汉尼拔、西庇阿、恺撒、拿破仑等。但是，这些战争舞台上的风流人物，却没有一位留下过真正的战争理论。直到孙子之后两千多年的克劳塞维茨，才创立了西方兵学的不朽力作《战争论》。可是，这位西方资产阶级军事理论的集大成者，其战略理论崇尚使用武力，与孙子"不战而屈人之兵"的战略境界大相径庭。

20 世纪 20 年代，西方杰出的军事理论家利德尔·哈特，提出了以心理战和计谋为主，而不是以武力为主要因素的间接路线战略，利德尔·哈特的间接战略论，虽然还不能与孙子的战略思想相媲美，但两者有着相通之处。它是西方战略家在探索以较小代价换取较大胜利的军事实践的理论结晶。

西方战争史上，早期间接路线战略的运用，至少可以追溯到公元前五世纪希腊伯罗奔尼撒战争时期。当时，以斯巴达为首的伯罗奔尼撒同盟和以雅典为首的提洛同盟为争夺全希腊的统治权，于公元前 431 年起展开了一场长达 27 年之久的战争。雅典国家首脑伯里克利提出了一项战略计划，主张避免在陆上同强大的斯巴达军队直接交锋，而使用强大的海军舰队来袭扰敌人的航线，逐步消耗敌人，瓦解对方斗志，使其怀疑以军事行动获胜的可能性，从而最终挫败对手。这就是所谓的"伯里克利战略"。雅典在这一战略指导下，曾一度使斯巴达难以实行其军事计划。不幸的是，后来一场瘟疫横扫雅典，使提洛同盟在精神力量和物质力量方面都遭到严重损耗，"伯里克利战略"遂于公元前 426 年破产。尽管如此，"伯里克利战略"作为间接路线战略的一种最初尝试，开创了间接路线战略的先河。

继之而起的马其顿统帅亚历山大，对间接路线战略的运用也极为出色。他在远征波斯的战争中，没有把进攻的矛头直接指向波斯帝国的心脏地区，相反地是在爱琴海沿岸地区迂回机动，其目的是震撼与动摇波斯人对爱琴海的制海权。亚历山大采取这一战略，终于使敌人的舰队丧失了人力、物力的基本来源，并连续取得了高加米拉等一系列会战的胜利，在征服波斯帝国的道路上迈出了具有决定意义的一步。此后，亚历山大才锋芒直指波斯帝国的心脏地区，征服了古老的波斯帝国。

在罗马帝国时代，间接路线战略也得到新的运用。在罗马与迦太基的战争中，罗马统帅费边决心采取一种避战战略，与汉尼拔指挥的迦太基军队周旋，以争取时间，达到影响敌军士气的目的。在避免会战的同时，费边还到处发动小规模的袭扰，使汉尼拔军队无法从意大利各城市和迦太基本土获得兵员与物资补充。这一战略使费边成了“一个不可捉摸的阴影，到处遮蔽着汉尼拔凯旋式游行的胜利光辉。”

在古罗马帝国崩溃后的拜占庭时代，东罗马帝国始终面临着西方蛮族和东方穆斯林的威胁，面对入侵者，拜占庭帝国多次使用计谋，而不是主要依仗武力，使帝国化险为夷。贝利撒留就是该时期的间接路线战略大师。贝利撒留的战略着眼点首先是心理因素，特别是在对波斯人作战时，他首先利用波斯军队轻视拜占庭人的优越感，并以此作为诱敌的工具，然后通过若干战斗的胜利，迫使敌人对他产生一种敬畏心理，接着，又利用敌人小心谨慎的态度，灵活地造成各种威胁敌人的态势，从而在心理上压倒敌人，占据上风。

间接路线战略在近代仍然不失为战略家们一种成功的选择。法国的拿破仑在其军事生涯中曾不止一次地采用间接路线战略实现自己的战略目的。在 1805 年的乌尔姆战役中，拿破仑采取大迂回动作，率军前出到奥军的后方，截断了对方的退路，迫使驻乌尔姆的奥军几乎没有进行流血战斗便缴械投降。但富于戏剧性的是，几年之后，拿破仑在远征俄国的战争中，却惨败于对方的间接路线战略之下。俄军统帅库图佐夫采取了类似罗马时代的避战战略——费边战略。一面在法军的进击下节节退却，另一面以袭击行动切断法军后方供应，广泛实施坚壁清野，置数十万法军于俄国严冬的冰天雪地之中。畏于严酷的现实和暗淡的战争前景，使拿破仑大军不战自溃，30 万法军仅 3 万余人生还，拿破仑只身遁回巴黎。

在 19 世纪 60 年代爆发的美国南北战争中，北军著名将领谢尔曼采用间接路线战略所取得的胜利，对北军赢得内战胜利起到了决定性作用。谢尔曼力求对敌军战略据点造成一种威胁态势，或迫使敌军在企图掩护据点时暴露弱点被动挨打，或迫使对方为争取军队的行动自由而放弃据点。谢尔曼追求的主要目的就是第二个。当时的亚特兰大市是南军的战略基地，它不仅是四条铁路干线的枢纽，而且是南军的军工和补给集中地，在政治、经济诸方面具有重要意义。谢尔曼认为，“只要占领该地，则南军在精神上也无异于被判了死刑。”为此，谢尔曼便以远距离的迂回机动直趋亚特兰大，以很小的损失夺占了该市，接着他不理会那支被他赶出亚特兰大的南军，长途跋涉，前出到南军的后方，使南军的海港丧失殆尽，从而使南军的士气一落千丈。正如有的历史学家所评价的那样：“这次进军的胜利，对于整个南方各州在精神上产生的影响……比任何最大胜利所能造成的影响都要大得多。”此举注定了南军的失败命运。无怪乎谢尔曼要夸口说：“我仅仅用行军的方法就把敌人打垮了。”

古希腊以来的战争史表明，确实存在着一种以间接路线战胜对手的战略。这一战略的主旨就是致力于以最小的代价换取最大的胜利。利德尔·哈特把历史上杰出将帅指挥艺术的一些共同经验加以理论化、系统化，提出了间接路线战略的理论和原则，并且毫不客气地批评了克劳塞维茨所主张的不惜代价夺取胜利的思想。利德尔·哈特在1952年发表了题为《帕里斯或未来战争》的小册子。他在书中指出："战争的目的就在于以尽可能小的人员和物质的损失，消耗敌人的抵抗意志……其抵抗意志的崩溃使整个国家失败投降，是不可避免的。"间接路线战略就是要"发现并利用敌国的致命的弱点"。这个弱点就如同古希腊英雄阿喀琉斯的脚后跟，一旦被击中，就可致命。与此同时，自己付出的代价则是微不足道的。

间接路线战略的着眼点，从一般意义上讲，是采取除直接交战以外的各种方式来打破敌人的战略平衡。"就是要破坏敌人的稳定性，要使敌人自行陷入混乱。"① 他认为，战争也和体育场上的摔跤一样，如果不预先使对方发生动摇，丧失平衡，那么要想把敌人打倒在地，就不得不过多地耗费力量。在大多数情况下，使敌人在心理上和物理上丧失平衡，常常是最后降服敌人的先决条件。因此，间接路线战略的巧妙之处，就在于如何从物理上和心理上使敌人失去平衡。这种行动虽然通常是物理性的，但归根结底是心理性的。用拿破仑的格言来说，就是"精神对物质的比重是三比一"。

间接路线战略破坏敌人稳定性的方式通常是：破坏敌人的部署，使其在兵力的组织和配置上发生混乱；威胁和危害敌人的后方补给系统，使其丧失继续维持军事行动的能力；威胁敌方的交通线，切断其退路，使敌方对作战胜利失去信心；虚张声势和威力恫吓，使敌产生畏战心理等。采取上述措施之后，往往使敌方突然感到自己处境不利，因而没有能力进行抵抗。让敌人在思想上感到自己已经落入陷阱，这是从心理方面破坏敌人稳定性的主要原因②。而巧妙机动，断敌退路，威胁后方补给等一切行动，都是瓦解敌人斗志和信心，对敌人施加心

① 利德尔·哈特：《战略论》，战士出版社，第455页。
② 利德尔·哈特：《战略论》，战士出版社，第457页。

理压力的手段。因此，利德尔·哈特总结道："研究物理性的因素时，永远不要忘记了精神性的因素。一个战略，只有考虑到这两种因素的结合，才能称得上真正的间接路线战略，才能真有希望破坏敌人的稳定性。"①

从间接路线战略的各个要素可以看出，间接路线战略同现代威慑战略有着历史的血缘关系。利德尔·哈特本人也声称，他的"间接路线战略"乃是脱胎于《孙子》的"不战而屈人之兵"。不过间接路线战略所追求的是小战而屈人之兵而已，仅就这一意义而言，两者在本质上是相通的。

威慑的突出特点是对敌人的心理因素施加压力，迫敌屈服。间接路线战略的基本途径是通过各种手段，使对方心理失衡，而最终就范于我。这也是威慑战略和间接战略的相似之处。

威慑战略旨在构成一种威慑态势，向敌人显示一种可怕的后果，使敌人不敢采取行动，间接路线战略奏效的秘诀也在于此。间接路线战略家们总是想方设法塑造一种态势，这种态势直接威胁敌人的根本利益，使之感到已坠入对方的陷阱，由此丧失斗志和信心，在对方的最后一击之下土崩瓦解。

当然，间接路线战略还不能算是一种完美意义上的威慑战略，两者之间有明显区别。其中主要之点是威慑战略力求遏制和避免战争，一旦敌方采取战争行动，也就意味着威慑战略的失效。而间接路线战略则不然，从本质上讲它是一种实战战略，其要旨是：在战争业已爆发后，考虑如何以实战给对方造成一种逼迫作用，从而以较小的代价来赢得战争。尽管如此，不少西方学者仍然认为，从对战争和战略问题的看法以及伦理与价值观念的角度看，间接路线战略及思想无疑是西方现代威慑理论与战略产生和发展的一个重要渊源。

---

① 利德尔·哈特：《战略论》，战士出版社，第457页。

西方列强的“炮舰政策”

所谓炮舰政策，是指殖民主义、帝国主义国家凭借武力威胁来推行其侵略目的的军事外交政策。它产生于19世纪中叶殖民主义者利用炮舰为后盾进行侵略扩张的时期。炮舰政策一经产生，便作为西方列强对外侵略的一种新的威慑手段而每每采用。

19世纪出现的炮舰政策是在早期殖民主义侵略的基础上逐步发展起来的。1461年，奥斯曼帝国征服了持续千年之久的拜占庭帝国，从而切断了西方国家通往东方的陆海通道，于是，西欧国家开始积极寻找通向东方的新航路。15世纪末，随着新航路的开辟和造船、航海技术的发展，欧洲列强先后走上了利用海路对外侵略扩张的道路，由此开始了长达300余年的殖民侵略。

早期殖民侵略是以赤裸裸的暴力征服和掠夺为特征的。16世纪，西班牙和葡萄牙最先登上侵略舞台，成为欧洲最富有和最强大的殖民帝国。可是好景不长，1588年，西班牙“无敌舰队”在英吉利海峡的大海战中被英国击败并全军覆没后，西、葡两国一蹶不振。17世纪，继西、葡两国问鼎而起的是荷兰，号称“海上马车夫”。同时与荷兰并驾齐驱争夺世界霸权的还有英、法两国。在17世纪下半叶争夺殖民霸权的斗争中，英国同荷兰进行了三次战争，彻底打败了荷兰的海上势力，取代了荷兰的殖民霸主地位。紧接着，英、法两国在世界范围内展开了激烈的角逐，进行了多次战争，在18世纪下半叶的七年战争中，法国彻底败北。经过17至18世纪的长期殖民战争，英国迭克群雄，终于成为世界上最大的殖民国家和海上霸主，号称“日不落帝国”。

在300多年的时间里，西、葡、荷、英、法、俄等国，先后侵占了南、北美洲，今印度尼西亚和菲律宾的绝大部分，马来西亚的一部分，斯里兰卡、印度的一部分，西伯利亚，非洲南部、东部和西部沿海的一部分，以及澳洲的一部分沦为殖民地，从而建立起了世界范围的殖民体系。

在蚕食侵略具有古老文明的中国、伊朗、埃及等统一的封建大国的过程中，西方列强改变了早期殖民侵略的做法，转而采取以炮舰为后盾的威慑政策，企图使这些国家沦为自己的附庸。当时的头号殖民帝国英国充当了推行炮舰政策的急先锋，并把中国视为主要猎物。为了在中国进行罪恶的鸦片贸易，挫败林则徐的禁烟行动，英国政府于1839年10月1日决定派遣舰队前往中国，推行“用足够的武力为后盾要求某种特权”的政策，以慑服清朝政府。马克思尖锐地指出，这是“英国用大炮强迫中国输入名叫鸦片的麻醉剂。”[①] 1840年8月，英舰抵达天津海口，在敌坚船利炮的威胁下，道光皇帝被迫派琦善议和。在谈判中，英军头目“一启口而即言打仗”，逼迫琦善签订了出卖主权的《穿鼻草约》。欲壑难填的英国政府从1841年8月起，又扩大侵华战争。1842年8月，英舰抵达南京江面。为了吓唬清政府，英军统帅璞鼎查特意安排道光皇帝的钦差大臣耆英参观英舰，以炫耀武力。被英军“摆队挎刀”而吓得目瞪口呆的耆英在给道光皇帝的奏报中说：“该夷船坚炮猛，……目睹其炮，益知非兵力所能制伏！”在英国炮舰的威吓下，清政府终于屈服，签订了丧权辱国的中英《南京条约》。

就这样，经过第一次鸦片战争，英国仅以数十艘船只和数千人的兵力，即轰开了中国的大门，迫使拥有数万万人口的大清帝国屈服于列强的意志，接踵而来的法国、美国和沙俄则不费一枪一弹就攫取了侵略特权，曾经在两千多年里依靠万里长城成功抵御了外族入侵的中国，由此丧失了独立和主权，走上了半殖民地半封建的道路。

---

① 《马克思恩格斯军事文集》第1卷，战士出版社，第212页。

西方列强在第一次鸦片战争中推行炮舰政策的“成功”，更加助长了它们贪得无厌的胃口。战争结束不久，英国就蓄意再次以武力威胁中国做出更大的让步。1849年，英国领事阿礼国在给英国女王的报告中直言不讳地写道：“温厚的行为和果断的决心，教育说服和威胁恐吓要交替使用，并且要以强迫作为最后手段来取得一切公正的和必需的让步。”阿礼国献计道：“在中国这样一个幅员广大、人口众多的帝国中，不经一战而能够包围和有力地封锁其首都，好处是很大的……派遣一个小型舰队到大运河口，便能够发生效力。这是较之摧毁中国内地或沿海口岸的20个城市更为有效的一种威胁办法。”“所以，将来订立任何政策，都要考虑这种事实和看法，以代替不得已而进行的现实敌对行动，……摆脱一场计议中消耗极大而且拖延时日的战争的麻烦。”① 几年之后，英国正是按照阿礼国的设计蓝本，再次用炮舰来压服中国，伙同法国发动了第二次鸦片战争，迫使中国签订了《北京条约》。

1858年春，沙俄趁第二次鸦片战争爆发，中国面临困境之机，落井下石，派出侵略军侵入黑龙江，以武力胁迫中国重新划界。在谈判过程中，沙俄极尽威胁恫吓之能事，他们调动军队和舰只，昼夜鸣枪放炮，做出要动武的架势。在沙俄的威胁与讹诈下，清朝政府被迫签订了中俄《瑷珲条约》，割去了中国60万平方公里的领土。1860年10月，又迫使清朝政府签订了中俄《北京条约》，夺去了中国40万平方公里的领土。1864年，沙俄再次采取类似的手法，胁迫清朝政府签订了《中俄勘分西北界约记》，割去中国44万平方公里的领土。这样，短短数年中，沙俄兵不血刃地夺取了中国近150万平方公里的领土，成为这次战争最大的受益者。

其实，上述历史的悲剧不只是在中国发生，世界其他许多国家也

---

① 齐思和：《第二次鸦片战争》第6卷，上海人民出版社，第8至10页。

都曾经是帝国主义炮舰政策的牺牲品。从 19 世纪中期开始，西方列强就多次依仗其海上实力，在世界各地肆虐横行。亚洲的日本、朝鲜和东南亚一些国家，非洲、拉丁美洲的许多国家，都曾是帝国主义炮舰的威胁目标，甚至直到今天，许多中小国家仍然面临着霸权主义国家炮舰政策的威胁。

历史表明，源于 19 世纪中叶的帝国主义炮舰政策，其威胁的含义更重，即以先进的坚船、利炮、洋枪为工具，用血腥的屠杀从心理上来慑服被压迫民族，其所付出的代价同所获得的利益相比，是微不足道的。例如在两次鸦片战争中，英、法等国仅出动数十艘舰只，近万人的兵力，伤亡极小，而美国和沙俄则几乎没有伤亡，却有效地迫使拥有数万万人口的大清帝国割地赔款，出卖主权。为了达成最大效果，西方列强往往把对方的首都、军事重镇、交通命脉作为重点。而利用形势，乘人之危，落井下石，也是帝国主义炮舰政策得手的一个“要诀”。例如，第二次鸦片战争时英、法等国就是选择了清朝政府内外交困、政权不稳、遭到太平天国起义沉重打击的时机，而沙俄帝国在趁火打劫方面连老牌殖民国家也望尘莫及。在此过程中，西方列强对清政府威逼利诱，软硬兼施，无所不用其极，它们为了共同的目的，狼狈为奸，沆瀣一气，勾结起来共同对付它们的宰割对象。

诚然，殖民主义的炮舰政策和核时代的威慑有着最大的区别。炮舰政策带有赤裸裸的战争讹诈和侵略特征，而今天威慑的基本点则是着眼于慑止战争的爆发。尽管如此，在现代帝国主义、霸权主义国家的威慑理论与战略中，仍然明显地带有政治讹诈政策的成分。每当国际形势出现动荡、不安，人们都可以看到 19 世纪帝国主义列强炮舰政策的幽灵。

希特勒的威慑外交

发动第二次世界大战的首恶希特勒，曾经多次运用以战争讹诈为内容的威慑外交，来实现其侵略野心。他在大战前夕，不费一兵一卒就吞并了奥地利、捷克斯洛伐克两个主权国家，相比之下，连西方老牌帝国主义和殖民主义的“炮舰政策”也黯然失色。

吞并奥地利是希特勒梦寐以求的夙愿。早在 1934 年 7 月 25 日，德国纳粹党就唆使奥地利纳粹分子在维也纳发动政变，阴谋夺权未遂后，希特勒一方面变本加厉地扩充军备，另一方面开始采取一连串的威慑外交行动和战争恫吓，向奥地利政府施加压力。

1938 年 2 月 12 日，希特勒对奥国总理许士尼格进行了赤裸裸的战争恫吓，他说：“奥地利的整个历史就是一种不断的叛逆卖国的行为”，“我已下定决心要使这一切告终”。他又叫嚣：“我只要一声令下，一夜功夫你们的全部可笑的防务就将被炸得粉碎。……我非常愿意奥地利不要遭受这种命运，因为这样一种行动意味着流血。在军队之后，我的冲锋队和奥地利军团就会开进去，没有人能制止他们的正当报复——甚至我也不能制止。”① 同时，德国外长交给许士尼格一份“协定”草案，实际上是一份最后通牒，要求他在一周内向奥地利的纳粹分子赛斯-英夸特移交政权。希特勒勒令，“必须原封不动地在这个文件上签字，在三天内满足我的要求，不然我要下令向奥地利进军。”

与此同时，希特勒又命令对奥地利保持军事压力，造成“德国正在进行认真军事准备”的印象。3 月 11 日，希特勒又发出了第二道最后通牒，强令许士尼格辞职，并且必须在两小时内任命赛斯-英夸特为总理，否则，德国 20 万大军将于当天下午 7 点半钟开进奥地利。最后

① 威廉·夏伊勒：《第三帝国的兴亡》上卷，世界知识出版社，第 457～459 页。

通牒期限届满时，许士尼格被迫辞职，赛斯-英夸特继任总理，当晚，第一批德军侵入奥地利，奥地利终于沦为“第三帝国”的一个省。

希特勒吞并奥地利以后，下一个目标便轮到了捷克斯洛伐克。捷克斯洛伐克境内有325万日耳曼人，大多居住在与德国接壤的苏台德区。希特勒便以此为借口，向捷克斯洛伐克提出领土要求。

早在希特勒上台时，法西斯德国即在捷克斯洛伐克境内组织了一支“第五纵队”——苏台德日耳曼人党，以此作为制造纠纷、进行颠覆活动的工具。1938年5月20日，希特勒在德捷边境集结兵力，进行战争威胁，酿成“5月危机”。捷克斯洛伐克人民紧急动员，随时准备抗击侵略，使希特勒的威慑企图未能得逞。

希特勒见对捷克斯洛伐克的直接战争恐吓未能奏效，便设法通过其他途径来实现其侵略计划。当时希特勒看到，捷、法订有互助条约，而英、法等国非常惧怕战争，力图将战争的祸水引向东方，于是他决心利用英、法的畏战心理，对英、法实施战争威胁与讹诈，迫使英、法压捷克斯洛伐克屈服。为此希特勒一面通过外交途径对英、法等国施加压力，一面组织数十万军队进行军事演习，德军飞机则经常出入捷克斯洛伐克领空进行骚扰挑衅。1938年8月23日，希特勒亲赴基尔湾检阅德国海军演习，并邀请外国驻德武官参观；还专门邀请法国空军代表团“参观”飞机工厂和飞行表演，以炫耀武力。使当时的法国空军参谋长惊呼：“如果9月底打仗，法国空军将在两周内被消灭，连一架飞机都不会剩”。

在希特勒的侵略威胁下，西方的绥靖思潮急剧抬头，法国急不可耐地敦促当时力主绥靖主义的英国首相张伯伦亲自出马与希特勒谈判。这时，希特勒又危言耸听地对张伯伦说，如果德国为捷克斯洛伐克问题而卷入一场世界大战的话，他希望他能以壮盛之年的全部精力领导德国度过危难……他为此准备迎接任何战争，甚至世界大战。世界上其他各国爱怎么办就怎么办，他决不会后退一步。

此后，德国威胁英、法的活动逐步升级。希特勒看准了英、法的怯懦本质，1938 年 9 月 26 日，他在柏林体育馆里凶相毕露地叫嚷，“如果 10 月 1 日，苏台德还没有交给德国，我希特勒就是打进捷克去的第一个士兵”。[①] 次日，希特勒便下令 7 个师进逼捷克边境，并于 9 月 28 日实行了全国总动员。

在希特勒的威胁之下，英、法等国完全听从摆布。9 月 29 日，英、法、德、意四国在慕尼黑举行会议，全盘接受了德国的条件，于 30 日凌晨签订了臭名昭著的《慕尼黑协定》，出卖了捷克斯洛伐克。希特勒又一次得逞，捷克斯洛伐克就此不战而亡。希特勒运用威慑外交，接连两次不战而胜，这在西方战略史上是前所未有的。

希特勒的威慑外交比当年俾斯麦、梅特涅的均势外交要高出一筹。首先，希特勒总是抓住对方的心理弱点施加压力，展开攻势，他看透了英、法等国害怕战争，企图将战火东引的绥靖政策，将计就计，歇斯底里地进行战争威胁，交替采用威逼利诱的手段，用不抵抗的“好处”和抵抗的严重后果，胁迫别国落入圈套。其次，希特勒依据当时的国际关系格局，展开威胁外交。当他对捷克斯洛伐克直接进行的威胁受挫后，便利用英、法同捷的特殊关系，重点对英、法进行威胁恫吓，并通过他们来对捷施加压力，以达成威慑目的。第三，希特勒的威慑外交，通常都是结合运用军事行动进行虚声恫吓。为了增大效果，希特勒往往采取战争动员、重兵压境等战争措施，以支持其外交行动，他把宣传战、心理战列入其军事计划之中，以提高虚声恫吓之效果，使被威胁一方信以为真，在心理上丧失信心和斗志。

希特勒以战争讹诈的手段吞并奥、捷两国的行径，已成为世界现代史上一页最可耻的记录。但值得人们深思的是，希特勒的威胁外交，

---

① 朱贵生等：《第二次世界大战战史》，人民出版社，第 125 页。

却受到某些现代帝国主义霸权主义的谋士推崇，对战后帝国主义“称霸型”战略的发展产生了影响。

崇尚武力征服的时代

在简要回顾了威慑战略演进的历史后，应当指出，千百年来人类的战争历史，从总体看，仍然是一部崇尚武力征服和实战战略的历史。古代世界的著名军事统帅们，基本上都是以擅长武力征服而名垂史册。

世界进入近代社会以来，资产阶级军事科学和战略的发展呈现出空前的繁荣和兴盛，但作为延续几千年的这种崇尚武力的思维定式并没有根本改观。德国资产阶级军事科学奠基人比洛认为，“战略就是关于在视界和火炮射程以外进行军事行动的科学”①，军事战略就是直接研究作战问题。拿破仑认为，只有歼灭战略才是颠扑不破的致胜方略。他说：“我只看到一点，那就是敌人的大量军队。我力图消灭它们”②。奥地利的卡尔大公是拿破仑歼灭战略的解释者，根据他的意见，战略制定整个战争的计划，确定军事行动的进程，只有用坚决的打击才能达成战争的重大目的。在资产阶级军事科学的巨匠克劳塞维茨和约米尼的不朽论著中，威慑战略也毫无立锥之地。约米尼提出，所谓战略就是“在地图上进行战争的艺术，它所研究的对象是整个的战场”③。克劳塞维茨认为，战略就是为了达到战争目的而对战斗的运用。他十分赞同拿破仑的观点，认为军事行动的基本目的是消灭敌人武装力量和摧毁敌人实力。他说“消灭敌人军队是一切军事行动的基础，是一切行动最基本的支柱”，“用流血方式解决危机……是战争的长子”④。

① 米尔施太因等：《论资产阶级军事科学》，军事科学出版社，第30页。

② 米尔施太因等：《论资产阶级军事科学》，军事科学出版社，第25页。

③ 约米尼：《战争艺术概论》，解放军出版社，第87页。

④ 军事科学院：《战略学》，军事科学出版社，第29页。

与拿破仑同时代的俄国统帅鲁缅采夫、苏沃洛夫，以及后来的德国将领毛奇，施利里芬等资产阶级战略大师，都无一例外地强调实战致胜是战略的真谛。即使是美国的马汉、意大利的杜黑、英国的富勒等以其远见卓识，开辟了新的战略领域而著称于世的战略大师，他们的战略理论大厦，也都是建立在实战战略的基石之上。

在中国，战而胜之的战争战略理论，也较不战而胜的战略理论更系统、更丰富，形成了颇具生命力的一系列富于哲理的作战指导原则。如：先计后战，谋定而后动；知彼知己，因情定策；先发制人，后发制人；先弱后强，各个击破；兵不厌诈，多方诱敌；以奇用兵，出奇制胜；我专敌分，以众击寡；兵贵神速，贵胜不贵久等等，都是中国古代兵学的杰出创造。在战争战略实践方面，历代雄才大略、叱咤风云的帝王将帅，无一不是凭借武力征服战略的运用而建立王业的。商汤迂回侧击，追歼夏桀；周武联合诸侯，兴师伐纣；秦皇兼并六国，统一中华；汉武北伐匈奴，消弭内患；唐宗南征北战，攘外安内；一代天骄成吉思汗，远征欧洲，所向披靡，这些都是武力征服和实战战略运用的典范。

几千年来，实战战略思想之所以长盛不衰，绝不是出于战略家们对威慑战略思想的忽略或对实战战略的偏爱，恰恰相反，这是历史发展的必然性在支配着人们的战略选择与战略实践。过去的时代中，战争始终是解决民族与民族、国家与国家、阶级与阶级、政治集团与政治集团之间矛盾斗争的最高形式。人们为了指导和进行战争，不断在战争实践中，探索指导和进行战争的规律，寻求克敌制胜的手段与方法。但由于时代的局限，过去人们的战略视野还比较狭窄，战略手段还比较单一，不善于从大战略的角度，综合运用政治、军事、外交、经济等多种手段来迫使对方屈服，实现国家的战略目的。人们的战略思维模式也比较直观，更多的是注重军事力量的直接作用，即通过武力的运用，从肉体上、物质上消灭对方，来摧毁对方的意志和决心；而对军事力量的间接作用，即不必通过武力的使用，也不必消灭对方的肉体和物质基础，而只要通过显示实力，昭示一种恐怖的结局，就可以使敌人屈服于自己意志的战法并没有上升到重要地位。而且，以往的伦理和价值观的标准是，只要能征服对方，己方付出的代价再高昂也是值得的，得不偿失的胜利同样值得追求；防御一方则认为，只要还有力量就应当进行抵抗，作困兽之斗，哪怕最终结局注定要失败，这种毫无意义的抵抗也被认为是有价值的。总之，人们对战略的选择总是建立在当时的社会、经济基础之上的。

在以阶级斗争为历史发展主要动力的年代，武力被统治阶级所崇尚，始终是他们镇压被压迫阶级的有力工具，被压迫的民族和人民被迫以革命的暴力反对反革命的暴力，也不能不发展自己进行和夺取战争胜利的军事理论与战略。实战战略思想在漫长的历史岁月中始终占据着战略的主导地位。20 世纪爆发的两次世界大战，把实战战略推向了顶峰。然而，物盛必衰，大战的浩劫使人们震惊不已，劫后余生的人们，痛定思痛，开始对传统的实战战略的价值产生怀疑。崇尚武力的时代将要结束，一种全新的战略正跨越历史时代的分水岭，在世界范围内巍然崛起。

第二章　威慑战略的确立和发展

按照学术界的一般观点，战略威慑理论作为一种系统的理论和政策首先在美国兴起，对其科学研究则是在第二次世界大战之后从核威慑起步的。从那时开始，人们越来越多地了解战略威慑的概念和现实，关于战略威慑的重要样式——核威慑的理论研究也迅速增多。

二战结束　冷战开启　催生现代威慑战略思想

随着第二次世界大战的结束，人类步入了一个新的时代。战前帝国主义列强争雄的局面，让位于两大社会体系之间壁垒分明的对峙。围绕战争与和平的主题，人类展开了新时代的画卷。数千年来战而胜之的实战战略的主导地位开始发生动摇，伴随战争度过漫长历史进程的威慑思想，逐步汇聚成新时期战略发展的强劲潮流，揭开了国际军事舞台上新的一幕。

二战结束后的20世纪40年代中期至50年代中期，是核威慑理论的早期兴起阶段。这一阶段核威慑理论迅速兴起，美国形成了初步的威慑理论体系。而苏联完善了第二次世界大战中发展起来的军事战略和军事理论，但受意识形态的影响，始终不曾公开宣布战略威慑方面的政策，对威慑一词避而不谈。苏联学者认为美国核威慑的基础就是尽可能使俄国人处于恐怖之中，并利用核大棒统治世界，认为美国的核威慑理论家很早就妄想把苏维埃俄国从地球上抹掉。

螺旋上升，从遏制到大规模报复

从 1945 年 5 月到 1946 年冬天，一名美国职业外交家向国务院和其他政府部门连续提交了三份研究报告：《对德战争结束前夕的俄国的国际地位》《1946 年 2 月 22 日备忘录》和《美国与俄国》。这个人就是炮制美国战后“遏制”战略理论的著名人物乔治·凯南。其主要观点是，苏联在二战后已成为美国的主要对手，美国必须从全球利益出发对苏联及共产主义进行“遏制”。凯南的理论适应了当时美国帝国主义全球战略的需要，为美国政府制定战后新政策提供了“一个完美的逻辑依据”。

“遏制”理论从战略思想来说，与战前美国长期奉行的战略观念明显不同，要求“要持续地依靠美国军事力量作为制止苏联扩张主义的一种工具，但不是在战斗中使用这支军事力量，而是希望不求助于战斗就能支持美国的政策目标”①。这一思想的提出，标志着美国军事政策史上正经历一次革命性变化，即从为了达到战争目的而单纯地运用战斗转变为为了实现战争威慑而多方式地使用军事力量。威慑战略至此成为美国战后战略理论的一个新的生长点，受到人们的重视。一些美国军事历史学家认为，1945 年以前，美国军事政策中的威慑战略成分一向都是次要的，而 1945 年以后，威慑战略在美国军事政策中就不再是次要的，而是“至关重要的”了。

凯南提出的新战略，对当时美国政府试图保持其实力地位，适应战后世界战略格局的斗争需要，实现不求助于战斗便能够达成其全球战略利益的目标，提供了具体的手段与途径。它的提出，是美国现代威慑战略的最初发端，为威慑战略在白宫的最终确立勾画了“雏型”。

凯南新战略的出现，并不是孤立的现象。实际上，威慑思想与理

① 拉塞尔·F·韦格利（美）：《美国军事战略与政策史》，解放军出版社，第 439 页。

论早已引起当时美国不少有识之士的重视。从战后初期开始，在美国军事学术界就展开了这方面的热烈讨论。对核时代特点和威慑战略思想进行了比较全面阐述的，首推号称美国“民间战略家先驱”的耶鲁大学教授伯纳德·布罗迪，其主编的《绝对武器》一书阐述了关于核条件下的威慑概念与过去威慑概念的不同之处，提出了核威慑是核时代的必然产物；核威慑只有敌对双方能够互相遏制时才会有效；核武器将对未来战争产生巨大影响，必须保持“充足”而“恰当”的威慑力量；以及今后美国军事战略的主要目的应当立足于避免战争等一系列重要观点。这些观点是美国现代威慑思想中关于“核威慑”“相互威慑”“充分摧毁对方”等战略概念的最初表述。尽管它比凯南提出的威慑思想更为广泛与全面，但当时还没有为白宫决策者所完全理解与采用。然而，随着核武器及其运载工具的不断发展，布罗迪等人的威慑战略理论，逐渐成为美国政府威慑战略的理论基础。

威慑战略理论的提出，对于长期受实战战略影响的美国军界人士来说，是一个巨大的冲击。最初美国军方认为，威慑只是一种“副产品”，而不是战略结构的主要内容，任何把威慑作为核心内容的理论都不会使他们满意。特别是美国的陆军和海军，都不认为原子武器引起的战略变化像一般公众和空军人士设想的那么重要，这两个传统的军种都担心原子弹和新的威慑战略会否定他们军种所起到的一贯作用。他们申辩说，如果美国军事战略指望用原子威慑制止战争或一旦威慑失败就靠原子弹赢得战争，那么就需要有“发动原子打击的基地”。当时美军的各个军种都力争自己在美国战略中的地位，吵吵闹闹，莫衷一是。美国陆军强调，即使使用原子弹从空中实施决定性的打击，也需要大量的兵员，至少辽阔的领土要求大量美军进行占领才能得以控制。即使从最坏的情况考虑，如果原子武器未能取得决定性的胜利，那么就需要更多的配备有装甲和火炮等重型装备的美国部队去对付苏军。美国海军也认为，要能够毫无例外地向世界上的任何一个地点投掷原子弹，就仍然需要保持在全球的机动性，而这种机动性只能由海军来提供。对于某些目标，要投掷的原子弹最好由海军自己的舰载机携带等。显然，一个新战略的实行，并不是一帆风顺的。

20 世纪 50 年代中期至 60 年代中期，被称为战略威慑研究的黄金时代，核威慑成为战略研究的重点，关于战略威慑的许多科研成果涌现出来，产生了核威慑理论、有限战争理论、军备控制理论，以及其他一些诸如危机管理的概念、逐步升级概念、灵活反应等概念。当时提出的一些战略思想和战略概念，在今天的美国政策中，仍有很重要很突出的体现。苏联在这一时期奉行的也是“确保摧毁”或“相互威慑”。苏联基本军事理论著作《军事战略》表明，苏联军队承认了一场世界核战争的惨重而产生无法接受的后果，这就是相当坦率地承认相互威慑这个事实。实际上，美、苏早已把核威慑的概念作为他们战略思想的主体，只不过在强调的程度上有所不同，并无实质性的差别。美国的威慑理论包含着实战的成分，苏联打赢战争的理论包括威慑概念。

1950 年 1 月 31 日，根据艾奇逊国务卿的建议，杜鲁门总统指示着手复查美国在和平时期和战争时期的战略目标以及这些目标对战略计划的影响。由此而产生了 NSC-68 号文件，这个文件被认为是“美国政府在认识和解释战略革命方面达到新的境界的一个里程碑。”[①] 当时，美国国务院政策研究小组提交的报告认为，面对苏联扩张主义和日益增长的包括核力量在内的军事力量，美国有四种可供选择的政策：一是无所作为；二是发动先发制人的战争；三是退缩西半球量力而行；四是建设美国自己的和盟国的军事实力和一般实力，以矫正力量平衡。文件的作者们否定了前三种而仅肯定了第四种选择。他们认为这是唯

① 拉塞尔·F·韦格利［美］：《美国军事战略与政策史》第 454 页。

一可以选择的政策。NSC-68 号文件对“遏制”的定义做出了进一步解释，并特别强调了军事实力的遏制作用。指出如果没有压倒优势的强大军事力量并随时准备使用，“遏制”政策就只能是一种虚假的政策。

同时，该文件中还提出了大力扩充美国核力量的建议，断定要拥有威慑性的核报复能力就必须增加核武器的储备，强化核报复力量的战争状态并扩大核报复力量的规模，用以有效地抵消苏联方面核技术的发展以及常规力量的优势。主张以此来造成一种军事均势，借用军事实力去慑止战斗，从而使美国的政策目标得以实现。显然，美国战后威慑战略的产生，适应了美国对苏联等社会主义国家实行“遏制”政策的需要，带有明显的强权政治和帝国主义政策的胎记，成为其谋求与保持世界霸权的重要工具。

美国威慑战略的发展由于朝鲜战争的爆发而走了一个“马鞍型”。一些美国将军们试图利用朝鲜战争恢复到类似于第二次世界大战前那样的动员计划和战备措施，即回到以实战为主的战略上去，美国人称之为“重返旧战略”。但由于美国在这场战争中陷入了进退维谷的困境，而苏联的核力量又在迅速增长。在这样的情况下，杜鲁门政府终于全盘接受了威慑的理论与战略，摈弃以实战为主的军事战略，重新确立 NSC-68 号文件提出的核威慑的重要战略地位，以适应核武器所引起的战略革命，导致威慑战略在美国的最终崛起。从此，“美国军事战略不再被包罗万象地解释为使用战斗了。更确切地说，在保卫和促进国家利益的名义下，美国军事战略的头一个公认的目的不是使用实战，而是威慑对手使它不敢首先发动战争。朝鲜战争使‘NSC-68’幸免湮没，并终究使它变成了美国战略的基础”[①]。1953 年 1 月，艾森豪威尔当选为美国第 34 届总统。他更加热忱地信奉威慑，提出了充分发挥核武器威慑作用的“大规模报复”战略，认为慑止战争的方法就是

① 拉塞尔·F·韦格利［美］：《美国军事战略与政策史》，第 475 页。

主要依靠核武器的巨大报复能力，在其所选择的地点，以其所选择的方式有力地做出反应，其要旨就在于“以可以忍受的代价换取最大限度地威慑”。“大规模报复”战略的确立，产生了美国第一个完全意义上的威慑战略。

从“遏制”战略思想的提出到“大规模报复”战略的确立，是美国为适应战后世界政治形势的变化，制订和实行新的国家政策的必然要求和产物。正如美国前国务卿亨利·基辛格在回顾美国外交政策时曾经说过的那样：“我们必须采取这样一种外交政策：对于挑战，如有可能则以威慑对付；如确认无法避免则设法遏制，使之不致发展到不可容忍的地步。”美国俄亥俄州哥伦布城的一位博士斯蒂芬·米利特认为，基辛格的论点基本上反映了1945年以来美国对付苏联的基本政策。他说，美国对苏政策的指导思想包括威慑和遏制，威慑意在回击苏联的严重挑衅时以核报复相威胁，从而避免与苏联发生军事对抗，如果可能实施报复的力量强大，如果这种报复引起的恐惧使人难以忍受，那么，威慑就足以阻止潜在的敌人采取直接的挑战行动。不少西方战略学者也认为：威慑与遏制二者不可分，它们的目的都是以和平手段保障西方的安全，维护西方民主的社会和政治生活方式。但是，他们也无可奈何地承认，威慑理论使美国处于一种不得安宁、进退维谷的困境。美国陆军军事学院编著的《军事战略》一书中指出：“美国希望仅靠核报复的恐吓就能挫败苏联对西方利益的挑战，可是核武器（威慑的最后可靠手段）一旦使用将引起第三次世界大战。如此看来，威慑是一口双刃剑，既约束被威慑者又约束威慑者，制止双方发生对抗而导致全面战争。”

20世纪60年代中期至80年代初期，受美苏军事对抗、国际形势变化等因素的影响，两国不断进行战略调整，美国的核威慑研究陷于停滞乃至衰退，而其他有核国家得到了一定程度的发展。20世纪60

年代中期以后，威慑研究进入了一个新的调整和发展时期，这在西方理论界被称为威慑研究的“第三次浪潮”。这次浪潮主要是对所谓黄金时代提出的核威慑理论和思想重新进行评价与批判。美国逐步形成了一整套以威慑为核心和基本目标的核战略。核威慑经历了一个由“纯威慑”向“实战威慑”演变的过程，尼克松政府和卡特政府沿着这一发展轨迹完善和发展了“实战威慑”理论。苏联开始逐步接受和发展战略威慑理论。苏联的理论要求有摧毁敌方的军事力量、指挥控制系统和工业目标的能力，而且最好能够差不多同时摧毁。

美国战略思想的发展，经历了肯尼迪、约翰逊政府时期（1961—1968年），尼克松、福特、卡特政府时期（1969—1980年）和里根政府时期。尽管在各个时期中，美国的战略思想都有所变化，但无论是“灵活反应战略”“现实威慑战略”，还是“新灵活反应战略”，其实行威慑的战略指导思想却贯穿始终，一脉相承。尤其是里根上台以来，更加明确地把威慑战略作为美国国防政策的核心，使之成为一种系统而完整的战略。美国长期综合战略研究委员会又提出了今后20年的战略构想，取名为“有选择地进行威慑”，对未来威慑战略进行了新的展望和设计。

20世纪80年代初期至90年代初期，苏联军事上的强硬使得美国急需重振国家威望，威慑研究重新受到重视，核威慑理论进入重新振兴阶段，美国“高边疆”战略的产生，逐渐改变了军事对抗的格局，在军事战略理论方面产生了重要影响。新武器系统呈群体形式出现，并向非核化方向发展，使常规武器性能发生革命性变化，将战略威慑理论向前大大推进了一步。

20世纪90年代初，冷战结束，巨人倒下，美、俄威慑战略均发生了变化。在核威慑条件下，常规威慑在军事斗争中的地位和作用显著提高。俄罗斯新军事学说“现实遏制”重点强调核威慑的有效性，将核威慑的有效作用强调到了前所未有的程度。作为面向21世纪的新核威慑战略的蓝本，美国“全方位核威慑”战略的提出标志着在新世纪美国核战略的基本确立。北约为提升对俄罗斯战略威慑能力，多措并举推进“闪击”俄罗斯计划。俄罗斯则针锋相对，强化欧洲方向军事部署、展示先进武器战力，双方战略博弈和军事对峙态势相持不下。

突破巢臼，苏联接受并逐步实践威慑理论

苏联军事学说对于美国的现代威慑理论和思想，经历了由不承认到逐步重视，并不断吸取借鉴其有益成分的过程。

战后，在美国垄断核技术时期，斯大林领导下的苏联实行积极防御战略，其基本内容并未超出第二次世界大战中苏联战略思想的范畴。1946年9月，斯大林鉴于当时国际政治、军事、技术诸方面的综合考虑，指出原子弹并不构成严重的威胁，它只是一种着眼于心理和政治效果的武器，不足以决定战争的命运。苏联军事理论界仍然坚持斯大林1942年关于决定战争胜负“经常起作用的五个因素”的观点。准备以常规力量抗击美国的“核讹诈”。1948年，苏军决定把防空军从炮兵中分离出来，使之成为一个独立的军种，与陆、海、空三军并列，这也是对付美国战略空军威胁的一种战略考虑。

从1949年8月，苏联第一颗原子弹爆炸成功，到1953年8月成功地进行了氢弹试验，世界进入了美、苏两大核武器拥有国对峙的时代。尽管这样，苏联仍然只把核武器看作是常规武器的进一步发展，对核武器的使用还没有列入苏联军事战略的中心议题。苏联军事理论界仍然热衷于研究第二次世界大战经验即主要是常规战争经验的总结。在军队建设方面，也主要集中在进一步提高和发展在第二次世界大战中曾发挥过作用的各种常规武器，如使步兵摩托化、加大常规火器的射程、提高车辆的行驶性能等问题上。不可否认，在着力加强常规力

量的同时，积极发展核技术与核武器，无疑也是一种威慑。就像美国陆军军事学院编著的《军事战略》书中指出的那样："20世纪40年代后期和50年代，苏联驻东欧的地面部队对西方战略核优势是一种有效的反威慑力量。这些驻军对西欧是个威胁，也极大地限制了美国在世界其他地区采取行动的自由。"但毕竟在这一时期里，苏联军事理论界对威慑的理论和思想始终避而不谈，并没有引起足够的重视。

1954年以后，苏联展开了对核武器重要性问题的激烈争论。这场争论的焦点是：对导弹核武器应如何认识，在导弹核时代应当有一种什么样的战略，以及怎样看待突然袭击等问题。1954年3月，苏联部长会议主席马林科夫提出"核战争两败俱伤"的论点，公开了苏联对核战争的新解释。然而不久，这种论点受到了严厉的批判，认为所谓在核战争中没有胜利者的说法，不仅违反斯大林军事思想，而且违反了马克思列宁主义关于战争问题的理论。尽管如此，苏军军事理论界中一些较早认识到核武器已完全改变了以往武器概念的军人，开始强调核武器具有战略突袭的重要性，对斯大林关于决定战争命运五因素的理论中轻视突然袭击因素的问题进行了批评。华西列夫斯基元帅、索科洛夫斯基元帅和罗特米斯特罗夫元帅等在苏联《消息报》《红星报》上撰文，强调了现代战争中突然袭击因素的极端重要性。

1956年2月，苏共第20次全国代表大会上，苏共中央第一书记赫鲁晓夫在中央委员会工作报告中，提出了否定战争不可避免性的新命题。1957年8月，苏联洲际弹道导弹制成后，关于建立某种不同于以往常规战争的新军事战略的讨论正式展开。苏联的战略是像过去一样准备依靠大量的地面常规兵力打一场持久战争，还是依靠导弹核武器的巨大威力进行短期的突袭战争便成为当时争论的焦点。这就意味着苏联军事理论研究中，已开始接触到一些关于威慑思想和威慑战略的相关问题，它要求苏联的军事理论必须对当时美国政府所积极奉行的核威慑战略做出相应的战略选择。

日本防卫厅研修所研究员宫内邦子把赫鲁晓夫提出的战略思想归纳为三大要点：第一是关于否定战争“不可避免性”的思想，第二是竭力鼓吹发展以核武器为主的现代化武器的思想，第三是正确处理军队现代化同国内经济上各种限制因素的矛盾的思想。宫内邦子认为以上述三个要点作为基础而形成的赫鲁晓夫式的战略构想，是一种自己不进行战争，也不让别人发动战争的遏制战争的观点。他说，这种战略主要是全面依靠作为遏制力量的导弹核武器所具有的大规模报复能力的威慑作用，试图从尽量裁减其他军事力量中节省一部分军费，并把力量集中到经济竞赛方面。因此，这种战略大概可以叫作“源于导弹核武器第一主义”的“遏制战争战略”。

赫鲁晓夫在1960年1月苏联最高苏维埃会议上的讲话中曾说：“我想再次强调指出，我们已经拥有能够把胆敢发动进攻的那个国家乃至几个国家彻底从地球上消灭干净的核武器和能够把这种武器投掷到任何侵略国领土的火箭。”在这次会议上，苏联军政领导人还明确宣布建立火箭军（后改称战略火箭军），形成了苏联军队五大军种并列的体制。这就表明，苏联已经从根本上改变了原来轻视核武器的观点，开始确立“核导弹时代的”“现代化的”“崭新的”军事学说。明确主张：只要依靠“能够将一国乃至数国彻底从地球上消灭掉的”导弹核力量，就能使苏联的“不可攻破性得到充分保障。”并设想在导弹核时代，除保持精干的经过高度训练的装备有现代化武器的部队外，可以把其他的部队改为地区民兵制，即在平时，一般部队的人员只补充到编制定额的16%到20%，其余人员仍从事生产，并轮流接受军事训练。这样就可以达到在有效遏制战争的同时，节省军事开支和弥补劳动力的不足。初步形成了以核武器为后盾、以核力量与其他常规力量相结合的综合力量来对付美国的核威慑战略的构想。

但是，在苏联新的“军事学说”中，仍然存在着一些未能统一的理论问题，主要是“随着否定战争的不可避免性这一新命题的提出”，是否意味着“从根本上否定一直被视为革命手段的战争，”比如怎样看待民族解放战争问题。另一个重要问题是，在全面核战争中还需不需要保持庞大的地面兵力等。1960 年 1 月苏联最高苏维埃会议上，国防部长马利诺夫斯基元帅在赞同赫鲁晓夫关于导弹核武器重要性以及由此而来的裁减兵员的主张后，表示“虽然我国的火箭军是一支主要军种。但是，我们认为，单靠某一军种是不能解决战争的所有课题的。因此，从现代战争中军事行动只有依靠所有军种的共同努力才能取得成功这一观点出发，我们对所有的军种都要做一定数量和适当比例的保留。”认为最后胜利的取得还必须依靠所有军种的共同努力，即“诸军兵种协同制胜”论。1962 年柏林危机发生后，苏联以欧洲不安全为口实撤销了关于裁减 120 万军队的提案。马利诺夫斯基元帅在同年出版的《警惕地保卫和平》一书中再次指出：“关系到生死存亡的武装斗争不仅限于进行核打击……因此不能否定导弹核武器以外的作战手段和兵器的重要性。”同时，他也重申“我们所主张的看法是：最好的防御手段是用我们的力量去警告敌人，以及做好粉碎敌人妄图侵略的最初尝试的准备”。

尽管苏联军事学说中存在着种种分歧和矛盾，但从中可以看出两种社会制度，不同历史传统的国家在军事理论上出现了某种相似性。比如，美苏双方都表现出对导弹核武器的倚重，都认为这种威力巨大的武器将在未来战争中起决定性作用。美苏双方都公开宣称未来战争是核战争，表达了在战争中使用这种大规模杀伤性武器的意愿。像苏联这样的国家，以往对军事战略理论的密级很高，而恰恰是在战后核时代里，他们毅然决然地放弃了传统的神秘主义，公开发表自己的军事学说，甚至连那些不久前还认为是国家最大机密的细节也都公开了。

这就表明，无论哪一方要采取大规模杀伤性武器相报复的战略时，如果不能使对方意识到自己是在采取这种战略，那就不可能产生遏制战争的效果。因此，使敌人知道自己正在采取这种战略就成了第一必要。无论是美国还是苏联的决策者们，心里都明白这一点。

种种情况表明，从战后斯大林领导时期到赫鲁晓夫上台执政后的军事改革，苏联军事学说发生了重大的战略性转变。开始由传统的常规战争战略发展到以核武器、核威慑为主的现代战略思想上来。诚然，与美国所走过的道路一样，苏联军事学说也遇到了“威慑力量可靠性”的难题。这是因为最初的苏联军事学说是建立在研制洲际弹道导弹技术方面领先于美，亦即在所谓“导弹差距”上充满自信的基础上的。也就是说，是一种试图通过威力强大的洲际导弹的威慑力量以遏制西方的观点。当时的关键并不在苏联对美国形成的“导弹优势”是否确实，至关重要的是，只要西方世界确实感到“导弹差距”的存在，或者担心这种差距存在，那么，苏联一方即可取得充分的威慑效果。1960 年 5 月的 U-2 飞机事件，使苏联赖以依靠的威慑力量变成了不可信的东西。正像美国通过有限使用核武器的方式或运用常规兵力作战的方式寻找出路一样，苏联也积极寻求自己的最佳对策途径，采取了研制大型核弹头和抵消美国反导弹防御网的新型全球射程轨道火箭，来提高苏联的战略打击力量，试图通过进一步增大其杀伤破坏力，来提高自己一方的威慑效果。于是，苏联的军事学说也从 60 年代初期赫鲁晓夫提出的“核后盾”战略，发展到 60 年代中期勃列日涅夫所奉行的核军备与常规军备并重、准备打各种样式的战争战略，标志着苏联军事战略思想正在不断吸取借鉴美国的现代威慑战略的有益成分，并使自己的战略逐步趋向更加灵活。

20 世纪 70 年代中期，随着苏联与美国之间大致战略均势的形成，苏联不仅对西方的现代威慑理论有了更加深刻的认识，同时，也不断加强了战略对策的针对性和适应性，进而对军事战略做出了重大的修改。20 世纪 80 年代特别是戈尔巴乔夫上台以后，在苏联军事学说中重视对威慑战略与理论的研究，明确赞同西方提出的核战争没有胜利者、双方必须接受这种相互威慑局面的观点，苏共新党纲规定，要“制定和实行具有纯防御性质和旨在防止外来侵略的苏联军事学说”。1986 年版《苏联军事百科辞典》中提出，“在现代条件下，苏联军事战略的最重要任务就是研究与制定防止战争的问题”。1987 年，戈尔巴乔夫又明确指出：“华约国家的军事学说将切实服从于制止战争——既制止核战争也制止常规战争这一任务。”苏军高级领导人也连篇累牍地发表文章或讲话，把“制止战争”作为一种“新政治思维”加以阐述，并在此基础上进一步提出了“足够水平”“实力均衡”等新的战略概念和战略思想，突破了传统的军事理论窠臼。

殊途同归，英、法等国的威慑战略选择

战后，欧洲一些主要国家如英国、法国等都先后接受了现代威慑战略思想。尽管在相当长的一段时间里，他们受到美国军事战略的影响和制约，然而随着整个世界战略形势的变化，英、法等国纷纷根据本国的具体情况，在国家防务政策上采取了迥然相异的方式，走过了各自不同的战略发展道路，但耐人寻味的是，他们却殊途同归，相继确立了威慑战略。

英国是西方世界现代“大战略”的故乡。第二次世界大战前，以利德尔·哈特和富勒为代表的英国军事理论界，就曾经对“间接路线战略”“大战略”和“威慑”问题进行过较为系统的研究。但是面对希特勒点起的熊熊战火，这些理论被搁置起来。世界大战的严酷现实，使实战战略再次占据主导地位。正如丘吉尔首相在其著名的就职演说中所宣布的，“你们要问我们的目标是什么？我可以用一个词来回答：

那就是胜利。不惜一切代价的胜利，不顾一切恐怖的胜利”。战后40年代末期，随着战争创伤的平复，英国军事理论界开始了所谓“军事思想革命”。1948年英国国防白皮书中提出：“原子武器的问世必将深刻影响战争的准备和战争指导。”强调军队在核时代主要是一支“威慑”力量。军事理论家富勒也一再指出，由于核武器的巨大破坏作用，必须对战争加以有效的控制，特别是手段应该与目标相称的问题是核时代的关键问题。他认为，世界在战后分成了两大阵营，这就会像以前的堑壕战争一样，中间隔出一个无人地带，谁也不敢越过。形成这样一个对峙局势，双方都害怕打破它。而且，又由于害怕另一方会打破这种局面，双方便都疯狂地扩充核军备，以求“世界末日的霹雳”无限地延迟下去。20世纪50年代后，英国军事理论界以斯莱塞空军上将为代表提出了“有条件的大战消亡论”，阐述了实施威慑、进行防御和保持必要的实力三者之间的关系。英国三军参谋长们首次提出了“大威慑”的方针。并将威慑具体区分为被动威慑和主动威慑、部分被动威慑和部分主动威慑。20世纪50年代中期英国核力量建立后，逐步形成了当时英国的“分级战争”和“分级威慑”战略。即认为未来全面战争将由“分级行动”构成，也就是军事行动的逐步升级所致，因此，必须以核威慑战略对不同的目标、地区，用不同的力量实施威慑。

20世纪60年代初，他们在继续强调“大威慑力量”的同时，受美国现代威慑战略的影响，认为常规防御欧洲大陆和实行核威慑都具有头等重要意义，不断加强与美国的军事联盟至关重要，并主张发展英国独立的核力量。从总体上讲，战后英国的军事战略，还是立足于依靠美国的“核保护伞”，来遏制华约集团的威胁。随着灵活反应战略在西欧以及北约集团的最终确立，英国坚持奉行“最低限度核威慑”战略。正如1980年英国国防白皮书指出的：“如果美国对欧洲的核保护伞一旦不能起作用，英国即可以把自己掌握的核力量用作遏制苏联向英国进攻的最后手段”。由于英国受美国核威慑战略的影响与控制较深，所以，自 20 世纪 60 年代以后，英国关于现代威慑战略思想的发展变化不大，一直没有形成更为系统的理论体系，但他们始终强调，威慑特别是核威慑是英国对付全面战争的一贯方针。其间，尽管工党、保守党轮流执政，相互更替，但英国政府的这一战略思想始终没有变，以撒切尔夫人为首的政府更是着重强调和坚决维护威慑的理论与战略，她断言，这是英国人所能采取的战略上的“唯一手段”。

法国在欧洲占有重要地位，但其战略思想的发展在历史上屡次出现“低谷”现象。尤其是第一次世界大战后，法国的战略思想陷于停滞状态，由于陶醉于第一次世界大战中凡尔登保卫战的经验，导致世人皆知的“马其诺防线”的惨痛史训。第二次世界大战后的头几年，法国的战略思想起色不大，只是单纯依赖美国的力量来保障自己国家的安全。在军事理论研究方面，包括对威慑战略的研究，远不如英国。戴高乐执政后，使法国的战略思想出现了重大进步和转折。他极力推行新殖民主义政策，逐步摆脱殖民战争的沉重负担，积极发展经济，对政治、经济、军事体制进行改革，裁减军队，大力发展核武器和现代化的常规武器装备，使法国的军事实力显著增强。在这种情势下，一种独特的威慑战略——“以弱制强”的威慑战略在法国脱颖而出，并迅速崛起。所谓“以弱制强”或“穷人的威慑战略”，其实质就是弱小的一方具备了一定条件，即保持一支数量适当、生存力和突防能力可靠的核打击能力，而这种核打击能力能使入侵的强者遭到得不偿失的后果，这样就能够对强者构成有效的威慑。法国认为，苏联幅员辽阔，人口众多，无论是核力量还是常规力量都占有绝对压倒优势，法国无法同苏联的力量相抗衡，而唯一的办法就是实行威慑。1958 年，戴高乐制订了独立自主的防务政策，提出建立以战略核威慑为基础的现代国防。1964 年，当法国的首批“幻影”IV 战略轰炸机投入空军服役时，戴高乐提出：“我们走上了威慑之路，因为任何对法国发起攻击的侵略者都会遭到同样可怕的毁灭。当然，我们的投掷当量比美国和苏联小。但是，一旦拥有一定的核力量，并关系到自身的直接防御，则各方的力量规模是否平衡这一点就不起决定作用。实际上，只要你可以置潜在的侵略者于死地，又有充分的决心去这么做，你就有了威慑，因为人的生命只有一次，国家的生存也只有一次。”① 这些有关威慑的理论阐述，明确表达了法国“以弱制强”威慑战略的核心思想。戴高乐下台后，他的几位继承人，无论属于那个党派，无论持何种见解，都一直坚持奉行威慑战略，并将这一战略不断向前推进，形成了一套比较完备的有限威慑理论和战略体系，称之为“法国最后生存的根本保障。”

德国在历史上是军事理论、军事战略的发达之国。闻名于世的弗里德里希、克劳塞维茨、沙恩霍斯特、毛奇、施利芬等，都在军事思想方面创立过显赫的业绩。第二次世界大战后，联邦德国尽管没有形成自己独立的军事理论和军事战略，但实际上，它同样奉行着一种间接的威慑战略。如前总理施密特所说，在当今世界上，单纯一国的战略是不合时代潮流的。他们认为，鉴于联邦德国战后所处的战略环境，它不可能依靠自身的力量构成对苏联及华约的威慑，因此，采取以美国的战略威慑为后盾，依赖北约的联合军事力量的间接威慑防御战略，才是最适合的选择。施密特在《西方的战略》一书中，提出欧洲和联邦德国的六个最重要的军事战略原则，其中第一项原则就是威慑原则。有一种观点认为，战后联邦德国的战略核心是“前沿防御”战略，其实，“前沿防御”只不过是从属于美国与北约联盟战略下联邦德国间接威慑战略的一个组成部分。

---

① 《当代外国军事思想》，解放军出版社，第 242 页。

瑞士的情况独具特色，给人们以深刻的启迪。作为地处欧洲大陆中部具有重要战略位置的永久中立国，他们凭借“武装中立”的前提，维护了国家170年的和平。在第二次世界大战中，它以积极的备战行动和坚强的抵抗决心，使希特勒入侵该国的“圣诞树”计划终未能得逞，小小的瑞士居然幸免于大战的浩劫。战后，瑞士这样一个财力、人力、军力都很有限的无核小国，通过军事防御、民防、经济防御和精神防御四大支柱，构成“总体防御”的威慑力量，维护国家安全。瑞士的总体防御威慑战略的特点，是在军事和民事两方面紧密结合，构成整个国家的整体防御力量，从而试图使潜在的进攻者认识到，对瑞士发动任何进攻都将付出沉重的代价。用他们十分形象的话来说，入侵瑞士就等于“捅马蜂窝”，必须支付“高昂的入场费”。1966年，瑞士制订的“军事防御设想”中提出：“我们的军队应通过它的存在和战备，使敌人认识到进攻我国是不值得的，尽可能不通过战争而维护我国独立。”在1973年联邦委员会关于“瑞士安全政策”的报告中，威慑思想又得到进一步发展。该报告提出，瑞士必须把“安全政策和战略措施的重点放在阻止战争上，它须促使潜在的敌人放弃武力解决的企图，并使其认识到，在攫取利益的同时必须要冒巨大风险。”小国不仅可以战胜大国，也可以威慑大国，以争取和平与安全，这就是瑞士人在战后的结论。

亚洲的印度和日本等国，虽然没有直接用威慑来说明它们战后的战略，但在军事思想上无疑都接受了威慑的概念和理论。它们根据各自的战略目标，按照他们自己的理解和解释来运用威慑和谋取威慑的效果。印度在战后不断加强军事力量的努力中，一方面强化对南亚次大陆的军事威慑，强调“不管世界舆论如何，印度必须奉行一项进攻性防御政策”，“一旦印度的利益受到威胁，我们就采取先敌行动，以制止潜在敌人的入侵”[①]。另一方面，印度还以马汉的“不论谁控制了印度洋，他就控制了亚洲”的预言为信条，把印度洋称为“未来之洋，命运之洋”，企图走海上强国之路，力图建立对印度洋的有效军事威慑。印度前海军参谋长S·N·科利著书写道：“纵观海军平时的职责，我们发现其主要任务是威慑。”一些印度防务专家解释说，实行威慑并非要战胜超级大国的海军，而是要使印度海军能够与超级大国海军保持一定的抗衡能力，使其不敢贸然侵犯印度的海域或支持本地区某个敌对国家对印度采取敌对行动。

战后的日本处于美军单独占领之下，1951年9月，日美缔结军事同盟条约后，日本开始成为美国遏制战略和大规模报复战略的重要一环。经过二十多年的“渐进扩军”，终于从“共同防卫”逐步向“自主防卫”战略过渡。20世纪70年代后期，日本首相大平正芳提出“综合安全保障”战略，主张以经济、政治、外交、文化和军事的综合力量，来遏制和排除军事和非军事的威胁，提出建立并保持一支“具有威慑力量的防卫力量的必要性”。进入20世纪80年代以来，日本防卫厅在1983年版的《防卫白皮书》中也强调，“日本的防卫力量与包括核威慑力量在内的美国的军事力量相结合，起着使敌国放弃侵略意图、防止侵略于未然的作用”。在加强日美军事合作的同时，中曾根政府决定突破1976年日本政府确定的“防卫费与国民生产总值之比不得超过1%”的限额，大力改进武器装备，加强部队的防空能力，反空降、抗登陆能力和海上交通航线的保护能力，大大加快了建设“具有威慑力量的防卫力量”的速度。1987年11月，竹下内阁提出要建设一支与日本国力相称的“防卫力量”的主张，并强调以包括核武器在内的实力均衡为基础的遏制力量是世界和平与安全的保障。日本战略研究所公布的研究报告《防卫战略与今后的课题》主张在1991年度以后的下一

① 马图·托马斯［印］：《印度防务评论》。

期防卫力量整备计划中，修正专守防卫和无核三原则，把防卫设想转变为“威胁对抗型”，这一动向引起人们的高度重视。

从上述事例可以看出，二战后，世界上许多国家相继确立自己的威慑战略或吸取威慑战略思想的成分，用以筹划和指导各自的国防建设，这已成为各国战略发展的一个突出特点。不但第一、第二世界的许多国家如此，甚至某些第三世界的国家也开始从威慑的角度来思考本国的安全与防卫问题。威慑战略思想和威慑原则已经日益成为一种带有普遍意义的军事法则与战略手段。

冷战结束　巨人倒下　威慑战略迎来新发展

冷战以出人意料的方式突然结束，但世界局势并未显得比过去更为安全。苏联的解体令俄罗斯在相当长的一段时期内处于边缘地位，这让美国有了大幅的军事优势。支撑冷战时期均势的内在逻辑随之消失，似乎一夜之间，就需要新的威慑战略来获得新的平衡。多元化的国际环境似乎比两极化的国际环境还要复杂多变，并且产生了更多的新问题，各国开始需要面临包括反恐在内的多样化的军事任务考验。同时，进入 21 世纪后，太空技术迅速发展，军事强国对太空的开发和利用不断向深度和广度拓展，以信息技术为核心的新军事变革使战争形态从机械化战争走向信息化战争，甚至出现智能化、无人化趋势。威慑战略在延续以往根本特点的同时，也在应用手段、应用状态等方面出现了新的特征，体现了发展的逻辑性。

美国威慑战略转变，针对“新的敌人”定制威慑

柏林墙倒塌后，苏联外交官亚历山大·阿尔巴托夫表示，“我们将让你们（美国）承受最糟糕的结果，我们使你们失去敌人”。对此，记

者詹姆斯·卡罗尔写道："一致且具有刺激性的冷战对手已经消失，这对美国政府不确定的影响要远远大于新政府的缺陷。美国政治见解的分歧，之前可以轻易分辨善恶，但在解释目前的世界状况时确实变得毫无用处。"面对出现的新威胁和新情况，以往有关战略威慑的经验和观点似乎已经不那么适用。1991 年的海湾战争和苏联的突然解体让美国的决策者明白，遏制苏联的时代已经结束，美国进入新的历史转折点。

《纽约时报》1992 年 3 月 8 日刊登了五角大楼《防务计划指南》的节选，在这篇文章中，标题和首句都强调了提出的防务战略的主要目标，是"保证没有超级大国能够在西欧、亚洲或者苏联的领土上出现"。后期给美国国防部长切尼的《防务计划指南》版本则强调了美国和盟国"塑造未来安全环境"，从而在对美国利益关键的地区排除敌意、非民主的控制，"并因此能够针对美国及其盟友的全球威胁形成更大障碍"。

此后，美国逐渐出现了一些有关冷战后威慑环境特点的重要成果，基斯·佩恩 1996 年出版的《第二核时代的威慑》就是其中之一。"我们如何才能够提高威慑战略的可信性，首先还是必须回到《孙子兵法》的基本原则'知己知彼'上来"，佩恩强调这包括"需要了解挑衅者的性格、动机、决心和政治背景，对这些问题的回答不能一概而论"。在后来的工作中，佩恩提出了针对"定制威慑"战略的框架理论，而这些战略措施是针对特定的对手和内容设计的。比如领导人的性格、风险承受能力，以及关于美国实施典型威慑战略的可信性，其次是有关详细的美国威慑措施的选择。"试图去确定特定对手的思维方式和核心理念、评估他们可能是如何影响对手的行为，以便根据这些情况来制定美国的威慑战略，要完成以上这些人物的研究，目前还没有合适的选择"。

美国国防部2001年颁布的《四年防务审查报告》中，塑造未来安全环境、降低威胁程度成为美国的政策目标，即“劝阻对手采取计划或行动威胁美国或我们的盟友的利益”，而其他三个政策目标是安抚盟友、威慑对美国利益的威胁或胁迫、并在威慑失效的情况下果断打败任何敌手。

2006年颁布的《四年防务审查报告》出现了“定制威慑”，美国的威慑战略开始向更为灵活的方式转变。2006年底美国国防部发布的《威慑行动联合作战纲要》提出，美国必须根据对手的特点定制威慑，因为在特定环境下针对特定的对手以及由此得出的感性认识与计算结果是大相径庭的。事实上，威慑基础的核心能力因素是全球态势感知，有两点需要特别注意，第一是要深入了解对手战略制定者的价值取向、文化以及有关效益、成本、风险观念的偏好，第二是要获取对手武器装备、作战能力以及对手弱点等方面的作战情报信息。《威慑行动联合作战纲要》超越了设想中的狭义军事作战能力，纳入了在威慑中发挥更广泛作用的非军事因素。美国也将战略威慑的概念扩大到了不仅包括军事力量，还包括外交、经济和信息领域。

2018年美国新版《核态势评估》报告提出，威慑战略不能“一刀切”，应采取量身定制的方法来有效遏制一系列对手和威胁，以确保慑止针对美国、盟友及伙伴任何形式的核与非核攻击，并针对俄罗斯、中国、朝鲜、伊朗等四个国家“定制”战略。

同时，美国在常规威慑战略的基础上“不走寻常路”，提出并实践了带有恐怖袭击意味的“威慑”思路。2020年1月3日，伊拉克首都巴格达国际机场附近遭美军三枚导弹袭击，被称为“伊朗间谍王”的伊朗伊斯兰革命卫队圣城旅前旅长卡西姆·苏莱曼尼在袭击中丧生。美国国防部在一份声明中说，苏莱曼尼是此前袭击在伊拉克和中东地区内的美国外交官和军方人士的幕后主使，他和圣城旅造成数百名美国和国际联盟军人死亡、数千人受伤。美国总统特朗普下令实施了此次针对苏莱曼尼的袭击任务。在苏莱曼尼被暗杀后，英国路透社等西方媒体报道了一则很令人吃惊的消息，称美国国务卿蓬佩奥在一次讲话中宣称，暗杀伊朗军队高官苏莱曼尼是美国“威慑”战略的一部分，而且这种“威慑”战略也适用于俄罗斯和中国。这些报道很快在境外的社交网络上引起了关注和担忧。

俄罗斯双管齐下，强化战略威慑手段

冷战结束后，俄罗斯经历了巨大的衰落。普京总统 2018 年《国情咨文》统计，苏联解体后，在国外被称为苏联或苏维埃俄国的俄罗斯失去了 23.8％的国土，48.5％的人口，41％的国民生产总值，39.4％的工业实力，以及由于苏联军事力量的分裂失去了 44.6％的军事能力。经济的崩溃使俄罗斯难以维持庞大军事力量，2002 年尤里·费多罗夫发表的《不首先使用核武器》称，自 1991 年起，“俄罗斯已经没有资源维持之前约 1 万件战略核武器和约 2 万件非战略核武器了”。1991 年第一次海湾战争中美国常规力量对伊拉克军队肆无忌惮的轰炸，也让俄罗斯充分认识到常规力量的差距。

有认识必然会有行动。1993 年，俄罗斯政府发布《俄罗斯联邦军事准则原则指导》，声明：在紧急情况下，俄罗斯别无选择，只能依赖核武器；而如果国家安全处于危险之中，俄罗斯会首先使用核武器。这就是俄罗斯的威慑手段。实际上，俄罗斯赋予核力量的唯一使命就是“通过防止针对俄罗斯及其同盟国发动的核战争来消除核战争的威胁”。但事实上，俄罗斯军事专家并未忽视常规武器，麦克马特·加耶夫将军评论，“仅仅依靠核武器就想确保可靠的国防是不可能的。首先，许多国家已经拥有进行突然袭击的能力（未来还会增加），这不仅包括核力量，还包括常规精准武器，目的是摧毁其他国家的核基地，使他们失去反击或进行核报复的能力”。

普京就任总统后，将稳定军队作为主要任务之一。2000 年 4 月，俄罗斯批准《2000 年军事准则》，明确表明“为保证国家安全，保留在危机情况下使用核武器以回击针对俄罗斯及盟国使用核武器和其他大规模杀伤性武器以及回击大规模常规进攻的权利”。在《2000 年军事准则》里，核武器被赋予一项新的任务，有限使用于应对有限的常规袭击（不会威胁到俄罗斯的存在和主权，但超出俄罗斯常规部队应对能力）。

普京 2014 年签署批准的新版俄联邦军事学说把北大西洋公约组织列为俄头号军事威胁，并且首次提出把高精度常规武器作为“战略威慑”手段之一。新版军事学说保留了俄罗斯核武器的使用条件，同时首次提出把高精度常规武器作为“战略威慑”手段。根据这一军事指导方针，如果敌对方首先对俄罗斯或其盟友使用核武器或大规模杀伤性武器，或运用常规武器侵犯俄罗斯以至“威胁俄罗斯的生存”，俄方可以运用核武器予以回击。俄方可以运用高精度常规武器实施“战略威慑”，不过并没有明确说明使用这类武器的时机和方式。高精度常规武器包括地对地导弹、空中或水下发射的巡航导弹、制导炸弹、炮弹。

2018 年俄罗斯总统普京发表《国情咨文》时，重申了俄核武器使用政策，即俄有权使用核武器，用于应对针对俄及盟友的核攻击、大规模杀伤性武器攻击以及威胁国家存亡的常规侵略；任何核武器使用，无论威力大小，都将被视为核攻击，并将立即遭受报复性打击。并用了较大篇幅且配合视频，阐述了核武器等装备的现代化进展，着重展示了正在研制的 6 型最新战略武器装备。《2020 年前俄罗斯国家安全战略》继续将美国谋求军事霸权和北约东扩视为主要威胁，利用传统和非传统手段综合解决国家面临的各种安全威胁。重新恢复强国地位，是普京政府维护俄罗斯国家安全的优先目标。

英、法及北约威慑战略转变

冷战时期，英国始终把苏联和华约集团可能对西欧发动军事进攻视为其面临的最直接和最现实的威胁，并据此制定了以核威慑为后盾、依靠美国和北约集体安全体系应对这一威胁为基础的防务政策。冷战结束后，原有的防务政策基础已不复存在，英国在重新认识其防务和安全环境的过程中认为，本土受到的直接威胁已经基本解除，需要把防务提升到安全的角度来考虑。英国的威慑战略由对付特定国家和集团向维护和扩大在全球的既得利益为基础的范围更广的威慑战略转变。英国深刻认识到，其与西方盟国一同面临着复杂多样的危机，但不具备独立应对这些危机的能力。因此，英国继续坚持以北约为核心的集体防务政策，一方面向西欧盟国强调北约继续存在的必要性，另一方面和美国一起积极倡导北约改革和北约东扩，使之适应冷战后的欧洲安全形势，更好地维护和扩展西方的利益，有效形成对俄罗斯和德国的威慑。

为了保持英国在国际上的地位与影响力，英国在冷战后继续维持核威慑。2006 年发布《英国核威慑的未来》白皮书表示核威慑是作为震慑对其重要利益发动侵略行为的手段。英国在维持最低限度的核威慑的同时，对使用核武器的条件施行模糊性策略，在白皮书中笼统地表示“英国使用核武器以应对英国重要利益受到的威胁，以及保护北约盟友”，至于哪些是“重要利益”，英国有意模糊化。

在法国，核威慑战略是戴高乐主义一贯奉行的国防战略政策，即对以武力威胁法国安全的国家采取先发制人的核打击，也就是“主动性核防御”战略，这不同于其他核大国的“非主动性使用核武器”战略，因为这些国家只有在本国的领土遭到核武器进攻时才会动用核力量进行反击。整个冷战时期，历届法国政府在这个问题上基本上是始终如一，从根本上没有大的改变。原因很简单：冷战环境、国际军备竞赛形势使然，它是那个时代的产物，是以大规模杀伤力为特征的。但冷战结束以后，冷战时期的强大“潜在敌人”已经成为合作伙伴，新时代的“潜在敌人”多年来在各大国还没有一个统一明确的定义。在美国遭遇“9·11”恐怖袭击前后，“流氓国家”“邪恶轴心”“恐怖主义”先后被当作目标。法国核战略在传统上有着自己的相对独立性，冷战结束后，同样也没有一个明确的战略敌对目标作为核威慑战略存在的理由，特别是那种大杀伤力的核打击。

2006年1月，时任法国总统希拉克在法国西部长岛军港视察战略核力量时宣布，面对冷战后国际环境出现的不断演变，法国将对涉及“核心利益”的重大战略进行调适，以便反击“有可能使用恐怖主义和大规模杀伤性武器的国家”或“地区强权”发起的攻击。希拉克还特别指出“核威慑并非针对像基地组织”这样的狂热恐怖主义分子。但是，“任何可能使用或考虑使用恐怖手段或大规模杀伤性武器的国家的领导人”应该注意：“他们可能招致我们坚决而适当的反击”，这一反击可以是“常规的”，但也可能是“另一性质的”。希拉克同时主张“深化有关欧洲防务的构想”，“这个时机已经到来，我们应该提出共同防务问题，而这一防务将考虑到现存的威慑力量”，在“欧洲国家间的相互依存和全球化效应日益增加”的世界上，这一“核心利益”可以延伸到“战略供应保障和对盟国的保护”。2008年3月，时任总统萨科齐在法国新型弹道导弹核潜艇“可畏”号下水仪式上强调了保持法国核武库“合理足够”的原则，即保持在能够满足国家战略威慑需求而尽可能低的水平。

2020年2月，法国总统马克龙在视察一军事院校时阐述了法国的核威慑战略，提出法国核力量应当在欧洲防务战略中发挥核心作用。英国退出欧盟后，法国成为欧盟内唯一一个核大国，法国试图凭借其核力量在欧盟制定防务战略中发挥领导作用。这是法国调整和强化独立外交战略的重要体现。马克龙这次避免使用“分享”法国核武器或向欧洲盟友提供“保护伞”的表述，而是比较笼统地提出，法国核武器将在欧洲防务战略中发挥核心作用，表明法国试图凭借其核力量来领导欧洲未来的自主防务战略。

北约当前仍然延续冷战时期的战略方针，即以俄罗斯为主要战略对手，同时兼顾全球范围内的其他重要地区的事务。尤其是在2014年乌克兰危机之后，北约更不断以各种方式体现和加强军事同盟的存在感。早在2016年2月的北约各国外长布鲁塞尔会议上，就通过了以定期军事演习、设立新的盟军前哨、轮换调防等方式，在东欧部署更多军力。自2016年以来，北约分别在波罗的海三国、波兰、罗马尼亚、匈牙利和斯洛伐克等8个与俄接壤的国家部署多国联合部队。

各种规模的军事演习成为北约体现军事同盟关系的重要方式。俄罗斯媒体指出，北约自乌克兰危机之后开始在俄罗斯边境的波罗的海和东欧地区显著增加兵力，并频繁进行军事活动。自特朗普执政以来，在“美国优先”的主导思想下，美国的对外政策发生巨大变化。美国总统特朗普上台之前就宣称，北约是“陈旧过时的机构，应该报废”。而在其上台之后，更是在北约防务开支问题上多有指责，要求成员国承担更多义务以减轻美国负担。由此，造成北约盟国普遍疑虑丛生。

此外，对俄实施更高强度和更加频繁的战略威慑是实施大规模联合军演最直接的目的。《法兰克福汇报》曾刊文统计称，自2015年起，北约共进行参演士兵达1500人以上规模的军演38次，俄罗斯进行了124次，俄罗斯军演次数是北约的3倍。在这种情况下，北约需要在其认为必要的时候展示自身的实力与意志，并进行了相对应的军事演习。

新的战争观和战略观

战争观和战略观是人们对战争和战略问题的根本看法，它们随着时代和社会的发展而发展。某种战争或战略理论的兴衰，都是人们对战争形态和谋划战争方略的演变不断认识的结果。战后威慑战略巍然崛起，并长盛不衰，反映出随着战后国际战略环境的巨大变化，人们在对战争和战略问题的认识上发生了深刻改变。

随着第二次世界大战的结束，人类步入了一个新的时代。战前帝国主义列强争雄的局面，让位于两大社会体系之间壁垒分明的对峙。广岛、长崎的惨剧，战争史上前所未有的核武器的杀伤破坏力，引起了国际社会对战争——这一历史怪物的深刻反思。何去何从？除了准备应付下一轮新的世界战争，是否别无他途？围绕战争与和平的主题，人类展开了新时代的画卷。数千年来战而胜之的实战战略的主导地位开始发生动摇，伴随战争度过漫长历史进程的威慑思想，逐步汇聚成新时期战略发展的强劲潮流，揭开了国际军事舞台上新的一幕。

冷战时期，美国凭借其庞大的战略核武库和灵活部署的战区核力量，在处理地区安全事务过程中广泛地应用延伸威慑战略来遏制苏联在全球范围内发起的各种军事挑战。然而，冷战结束后，地缘政治博弈取代意识形态斗争重新成为国际政治的主要内容，欧洲、中东和亚太地区均出现了美国所谓的“地区秩序挑战者”，以往针对苏联的单一延伸威慑战略模式无法继续满足地缘政治日趋复杂化条件下的各类威慑需求，依据各地区的地缘政治关系、潜在对手的综合实力和盟友的战略价值，美国在不同地区提供了具有不同层次制度化水平的安全承诺，部署了不同的威慑保障力量，使得自身的延伸威慑战略按地区呈现出三种不同的模式，即欧洲模式、亚太模式和中东模式。

欧洲是美国在全球所提供的延伸威慑承诺中制度化水平最高的地区，不仅有正式签署的同盟条约规定美国保护盟友的义务，而且有专门的文件对同盟将会使用核武器防卫加以明确。1999 年 4 月，北约华盛顿峰会通过的《同盟战略概念》文件强调了“北约的核武器发挥着必不可少的作用，可以使任何侵略者对北约联盟在遭遇军事侵略时抱有不确定性，进而使其意识到，任何对联盟的侵略都是非理性选择”。2010 年 11 月，北约里斯本峰会通过了冷战后北约的第三份战略概念文件——《积极介入与现代防御》，宣称“只要世界上还存有核武器，北约就要维持核同盟”，“北约的核力量要发挥威慑作用，确保具有全面的能力来慑止和防御对北约成员国民众安全构成的任何威胁”。欧洲也是当前唯一实现美国非战略核力量前沿部署的地区，荷兰、意大利、土耳其、德国和比利时共部署了约 200 枚 B-61 非战略核重力炸弹。

亚太是美国延伸威慑承诺制度化水平仅次于欧洲的地区。与欧洲的多边同盟结构不同，美国在亚太地区通过多个双边同盟协定为盟国提供延伸威慑承诺。在《美日安保条约》《美韩共同防御条约》和《美澳新安全条约》中，美国虽然承诺将敌人对任何一方的侵略视作对双方的侵略，并采取行动应对共同的威胁，但并未给出是否使用以及如何使用核力量的明确阐述。有关延伸威慑的承诺，美国主要通过联合声明的方式给出模糊的保证，缺乏具体的实施机制。

中东地区在美国的全球战略中占有重要地位，也是冷战后美国发动战争最为频繁的地区。虽然以色列以及海湾地区的阿拉伯国家被美国视为重要的地区盟友，但是目前美国在中东地区未与其中任何一国缔结正式的书面军事同盟协定。它们与美国始终处于“准同盟”的安全合作关系。美国在海湾地区的阿拉伯盟友主要有沙特阿拉伯、科威特、阿拉伯联合酋长国、卡塔尔和巴林。虽然美国分别与这些国家订立了《共同防御协定》，但是这些协定并不具备条约所拥有的法律约束力，属于次级安全合作文件。尽管缺乏正式的制度保障，但美国政府多次在公开场合谈论其保护中东盟友安全的决心。1973 年 10 月“赎罪日战争”期间，为阻止苏联军事介入叙利亚，美国提高了本国的战略核力量警戒等级，间接为以色列提供了核威慑保护。因此，虽然美国对中东盟友的安全承诺停留在口头层面，但基于其在中东地区的大量军事存在和中东地区对于美国的重要地缘战略价值，国际社会普遍默认美国的延伸威慑适用于中东地区。只是由于缺少正式的延伸威慑保证，其安全承诺的制度化水平明显落后于欧洲和亚太地区，而且在缺乏前沿核力量部署的情况下，一旦该地区遭受核威胁或核打击，美国政府对介入与否和如何介入拥有更大的选择空间。

“战争是政治的继续”的重要体现

经过几十年的反复争论，大家都承认：核战争将是两败俱伤，没有胜利者。核战争达不到任何政治目的。世界各国的许多人士也都持这一看法，认为新的世界大战（核战争）必将导致人类文明的毁灭。在核战争中，战争发动者本身也将被消灭。战争手段与政治目的之间产生了巨大的相悖性，核战争不可能再作为政治的一种有效工具。于是，人们在战争中就必须更加强调目的与手段相统一的原则，注意战争政治目的对战争手段的选择与控制。

然而，这种现实情况并不可能改变“战争是政治的工具”的本质特性。所谓战争是政治的继续，是指战争是为实现政治目的而采用的暴力手段。政治目的是战争本质的表现，而战争结局只是战争本质的间接反映。历数自人类进入阶级社会以来的一切战争，可以发现，几乎没有一场战争不带有鲜明的政治性。这就充分证明了这一点。但同时也表明，战争的本质不仅表现为战争的政治实质，而且还表现为政治目的对战争手段的选择。也就是说，战争手段对于政治目的具有反作用，它要求政治考虑到各种战争手段的可行性，当一个时期内某种战争手段可能导致的结局与战争的政治目的相悖时，就必然要求政治采用新的战争手段来实现其目的。在战争手段的反作用下，政治对采用何种战争样式会做出不同选择，这种选择同战争是政治的继续这一结论不仅不矛盾，相反却从另一方面证明了这一论断的辩证内涵。因此，可以说，战争是政治的继续的论断，不是就战争史的某一具体时期、具体阶段而做出的个别结论，而是对人类整个战争史中战争与政治的一般规律的科学概括。在这个意义上，我们说，武器的发展固然会给战争带来深刻的影响，但它不可能从根本上改变战争与政治的关系。只有从这一立足点出发，才能完整、准确地理解马列经典论断的深刻含义，正确揭示战争的本质。

为了实现威慑的新要求，世界主要国家指导战争的方略产生了一系列变化。与第二次世界大战以前的战略相比，其主要不同点在于：

一是战略的着眼点有所不同，战略的层次更高了。军事战略开始从军事领域中跳出来，与国家政治，经济、科技、文化各方面的利益紧密“挂钩”。甚至不仅仅局限于整个国家的根本利益，也必须考虑到整个人类的共同利益。对战争的准备问题，不仅仅注意到军事力量的建设，而且更加注重政治、经济、科技、文化诸方面综合实力的建设。在战争实施中，也不仅仅是军事力量的使用问题，而是注意运用综合国力去克敌制胜。因此，许多国家都开始研究探讨并提出战略体系及其层次问题。像西方的“国家安全战略”“大战略”，苏联/俄罗斯的“军事学说”等。所有这些，并不意味着军事战略的地位下降，而是力求在更高的层次上，将军事战略作为国家和政治集团的总的军事政策来通盘考虑，进行谋划，通过包括威慑与实战的多方面内容，来指导解决当今国际复杂的军事问题。

二是战略的目标有所调整，趋向于通过威慑或有限的行动逐步达成战略目的。以往历代剥削阶级发动侵略战争时的根本信条是：固守绝对的目的，采取绝对的手段，图谋绝对的胜利。从而实现他们对其他阶级和民族的征服和压迫，以掠夺其财富和资源，并进而谋求地域性和全世界的霸权。在战后新的历史时期中，由于国际战略格局的新变化，使整个世界处于核威慑下的相对和平时期，敌对双方以谋求消灭对手的绝对目的和确定攻城略地，灭亡敌国等较为巨大的战略目标，已经受到种种强有力的制约。因而在现代国际军事斗争中，许多国家在确定战略时，已逐步转向更加注重于从心理上威慑、慑服对手，或者以有限目的的战争，来逐步达成各自的战略目的。

三是战略的实施方式与前不同。特别是在军事力量的使用上，不仅注意达成战略的直接目的，而且十分注重战略的威慑作用，特别是通过威慑来达成预定的战略目的。在实战中，以军事高技术打击有限目标，力求产生巨大的心理影响，以震慑对方，并取得一系列连锁反应的威慑效果。同时，还注意灵活运用各种方式，遏制对方的军事行动。与以往的战略观不同，战略的实施由主要是如何打赢战争，转为要求从威慑的角度出发，不仅考虑在实战中如何更好地发挥威慑作用，取得威慑效果，而且更加注重在战争爆发之前，遏制住可能给双方带来巨大损害的战争，创造一种相互威慑的态势，力求在威慑中屈人之兵。这样就使战略实施方式的范围更加广阔，适用的面更宽了。这是和平时期战略运用的一个显著特征。

四是战略的价值观念在不断更新。在核威慑条件下的相对和平时期，以往战争中的那种全胜全负的观念淡薄了，“穷寇勿追”重新成为威慑时代必须遵循的信条。现代战争的巨大消耗，使战争双方都更加注重以小的代价谋求大的胜利，效益问题被提升到了更加突出的位置上。由于战争的结局往往需要通过政治解决的途径来完成，所以，在现代战争中，战争双方在许多情况下，都非常注重政治外交斗争的密切配合，甚至在战争的各个阶段，达成各种不同的战略默契，自觉或不自觉地接受程度不同的相互威慑。有时战争双方都不间断地做出某种暗示，以求得在双方都能接受的态势下结束争端。过去战争中常见的不惜代价，拼死相搏因而两败俱伤的情况大为减少，通过不战而屈人之兵或小战而屈人之兵，以谋求政治、经济、技术、军事诸方面的综合威慑效益，便成为战略指导上必须考虑的重大问题。

总之，在新的历史条件下，威慑战略的崛起绝不是偶然现象，而是具有深刻的社会历史动因，同时遵循人们的主观意愿。通过威慑来遏制战争，换取一种相对稳定的和平环境，求得社会经济的巨大发展，是人类历史发展到一定阶段的明智选择。因此，威慑理所当然地成为影响人类命运的现代战略的新的生长点之一。

第三章　威慑原理面面观

威慑的含义

威慑概念随着历史发展而发展，不同的时代，不同的国家对它所做的解释和理解不尽相同。早在古希腊时期和我国的先秦时代，人们就懂得用灾难超过可能达到的好处来实施恐吓，从而迫使潜在对手慑服。但是，正如美国著名的“书斋战略家”柯林斯指出的：“它（指威慑——笔者注）成为现代国家的大战略的一个突出的组成部分，却是在全面核战争的含义为大家所了解之后。”因而，可以说正是由于人类跨入了核时代，威慑一词才得以充分表达它的本来含义。

威慑的概念

威慑到底是什么并没有清晰的界定。《辞海》的解释是：“以声势和威力相慑服”。国内学术界对威慑的解释是：主要采取威胁使用武力的措施使对手由于面临可能导致无法承受的报复，而不敢发动战争。西方国家尤其是美国则有多种解释，其中较有代表性的有以下几种。

（1）美国国防部认为，“威慑是使对方因惧怕不堪设想的后果而不敢采取行动。威慑是由于使对方受到确实存在的难以承受的报复行动威胁所产生的一种心理状态”[①]。

---

① 美《国防部军事及其有关术语词典》。

（2）美国前总统里根认为，威慑就是“使考虑袭击美国或者我们盟友或者我们切身利益的任何敌人确信，他们冒的风险远远超过他们得到的好处”。

（3）美国前国务卿基辛格在《选择的必要》一书中认为，“威慑就是设法向对方提出危险性，这种危险将使对方认为与其要获得的利益不成比例，因而使对方不敢采取某种行动途径”。

事实上，无论西方国家还是我国学术界在使用威慑概念时，实际上都存在着狭义和广义两种理解和解释，前者是从威慑的本意出发的，而后者则进行了程度不同地扩展、延伸。之所以要对威慑进行广义的理解和解释，原因是时代和社会的发展使传统的威慑概念不能覆盖今天更为丰富和复杂的现实情况了。也就是说，威慑的内容不再局限于军事，而且包括政治、外交、经济、技术等方面，是国家整体实力的较量。从战争的阶段看，威慑不仅作用于战前，而且也作用于战争爆发后。例如，在现代战争中，部分、有限地使用武力，有时甚至是抢先使用武力，以高强度的小战震慑对手，从而屈人之兵，也可称之为实战威慑。实战威慑突出地表现为一种有限报复行动，它向敌方显示，在最初的打击之后，接踵而来的将是更加严厉的打击和惩罚，从而瓦解敌方继续进行对抗的意志。

威慑概念的发展不仅表现为横向的扩展，而且也表现为纵向的分化，如军事威慑从等级上讲，还可分为战略威慑、战役威慑和战术威慑，从所使用的威慑工具和手段上看，又区分为核威慑、常规威慑、太空威慑、网络威慑等。

虽然人们对威慑一词的使用越来越宽泛，使它的内涵和外延有所扩展。但是，威慑战略的基本立足点始终是：力图不通过战争就能达到本来需要通过战争才能达到的政治利益和目的。因此，广义威慑的观点认为，威慑战略基本属于国防战略即国家安全战略的范畴，是指导国家如何运用整体力量遏制战争的方法和艺术。

威慑要素

威慑要素，是指构成有效威慑的不可缺少的基本因素，通常由威慑力量、使用力量的决心和威慑信息传递三部分构成。

威慑力量。威慑力量（或者叫实力）是威慑的物质基础。一个国家的威慑力量，除军事实力外，还包括国家的国土、人口、地理和经济实力、科技实力、道德等非军事因素。其中，军事实力特别是战略打击力量是最直接的威慑力量。其他因素分别在一定程度和一定条件下构成威慑能力。所谓一定条件，是指上述因素的自然存在只是处于一种资源状态，还不能直接发生威慑效力。只有经过人们有意识有目的地将其开发、强化，并作为一种手段加以运用时，才能成为直接意义上的威慑能力。世界上有些国家虽然很富有，但却算不上强国，在国际事务中发挥的作用不大，就是这个原因。因此，国内有的研究文章认为，威慑本质上是一种国防资源，实行威慑战略即意味着对国防资源进行开发和强化。威慑的物质特性说明，威慑尽管不排除有虚张声势的成分，但如果没有实实在在的威慑能力作支柱，就很难真正收到威慑的效果，所谓威慑也就可能成为儿戏。所以，实力是威慑的首要特征。

核时代对军事威慑能力的基本要求是必须具有可信性。可信性问题从技术上论证相当复杂，但其基本含义是，现代战略兵器必须具有足以产生威慑的打击能力和生存能力。因此，不断提高威慑力量的打击能力和生存能力是使威慑有效、可信的不可缺少的重要条件。

使用力量的决心。威慑力量是客观物质存在，但如不同时具备使用力量的决心，那么，威慑力量也只不过是一把挂在墙上的剑，仍不足以产生使人畏惧的威力。有了使用力量的决心，在遇到威胁时把威慑之剑高悬在对手的头上，才能形成强大的震慑力。所以，实力和使用力量的决心是威慑的双翼，缺一不可。基辛格在《选择的必要》一书中写道："如果有一种要素不存在，威慑就不起作用。实力不论多大，如果没有诉诸武力的决心，它也无济于事。"

基辛格这里讲的决心侧重于实施威慑的意志，但在实践中，使用力量的决心必须要通过能够付诸实施的行动理论和具体方案来表达，而不是停留在抽象的语言表达上。实行威慑战略，必须建立使对手不容置疑的具体行动计划，表明自己的决心绝不是空洞的恫吓，不是纯粹的"适合朗读的政策"，如果对手置若罔闻，一意孤行，必定受到实际的打击和惩罚。这样，就会使对手获得确实的信息，了解对方发出的并非空洞的恫吓，而是一种极有可能性的现实压力，从而最终达到威慑目的。

威慑信息的传递。威慑是存在于威慑者与被威慑者之间的交互行为，但与战争是把实力转化为暴力，并猛烈施加于对方，直接用物质力量相互摧毁的行为不同，威慑首先是将国家实力及使用实力的决心作为信息传递给对方。当对方逐步接受这种信息，心理上的压力达到一定量时，就能获得威慑效果。如果只有威慑一方的决心，而被威慑一方没有获得上述信息或获得的信息不准，同样不能构成有效威慑。威慑的信息特征，是使现代大国的军事力量中"看"的分量大大增加的重要原因。军事上"透明度"的增加，不断向对方显示实力，让对方了解自己的力量，已成为现代国际军事的一种新的重要现象。这些看起来完全不符合过去的军事原则的事实，反映了威慑中信息传递的重要意义。

信息通道是否畅通，是关系到威慑能否成功的重要一环。威慑力量转入信息阶段后，容易受到各种因素的干扰，造成失真。同样，被威慑方面的反馈信息上也会遇到同样的问题。在核时代，甚至由于技术上的极小差错，也可能造成威慑信息的传递失真，使对方发生误解，而造成由于一念之差荒诞地开启战端。为此，各国间正确的信息传递便具有重要的战略意义。建立起多种渠道，多种方式的国际通讯联络，被视为实行威慑战略不可缺少的组成部分。一些政府首脑之间还建立了“热线”联系，以防止威慑信息传递失误或万一出现传递的偏差时，能够通过两国首脑的直接对话，澄清情况，消除误会，避免偶发性战争的出现。

威慑机制

威慑不像实战，战争双方不需要互相诉诸武力，通过流血的战斗一决雌雄，也无须通过战斗、战役胜利的积累达成战略、战争的胜利。威慑是通过一种特殊的心理战过程达成战略目的。威慑机制的简单比喻是，有两辆迎面对开的快车，车上两个司机都很明白，如果一意孤行，则两车迎头相撞，双方同归于尽，此时获得生存的唯一选择就是相让，采取紧急刹车或绕道而行。当然，威慑战略的机制实际要比这复杂得多。

从最一般的含义上讲，人类的威慑行为，不仅是古老的而且是广泛的。比如，国家设立的各种刑法，就是以刑罚来震慑违法犯罪行为，达到维护国家社会秩序的安定。在核时代来临之前，国家之间的威慑行为也正如第一章里所介绍的早已出现了。但那时的威慑，因双方使用的各种武器破坏性不算太大，并不涉及整个人类生存的危险，以及使双方可能遭受难以忍受的那种破坏程度有限，所以，威慑作为一种心理作用机制，那时的功能是十分有限的，以至遏制战争的成功率极小，而战争常常轻而易举地就触发了。在核时代，情况发生了变化，下面讲述西方人的一个小故事，也许可以说明核时代威慑意义不断增强的情况。

在一个村子里，两位朋友发生了严重纠纷。两人都是素有修养的枪手。他们的仇恨达到无法和解的地步，决定进行决斗来了结彼此间的恩怨。全村人都在旁观。然而，正当他们动手决斗时，一位警长突然出现，希望他们回心转意。警长的理由是因为双方都是百发百中的枪手，所以，决斗的结果必然是双方都无法生存。但是，双方仍旧坚持己见，一意想进行决斗。这时，警长愤怒地宣告："假如你们之中那位幸存，我将当众以谋杀罪名，将他吊死。"听到这个宣告后，双方退却了，因而决斗取消。

可见，敌对双方只要存在胜利的希望，哪怕这种希望很小，也会导致他们固执地考虑采取行动。假如，他们之中任何一方都不会因决斗而幸存时，那么就可能接受有效的威慑而放弃原先准备采取的行动。既然在一场人类的核浩劫中双方无一幸免于难，那么，核威慑的理论便产生了它重要的现实价值。

在核时代，要使心理作用有效，必须以威慑力量为后盾。在威慑中，对抗双方的心理平衡和力量平衡同时存在，互相联系，由力量的平衡产生心理平衡。美、苏间的威慑便属于这种情况，两国保持着战略力量的大体均衡，从而形成相互威慑的局面。但力量平衡的观念并不是始终如一的，而是不断变化的。从 20 世纪 50 年代至 60 年代，两个超级大国着力追求威慑实力的数量优势，但 70 年代以后，他们认识到，战略力量的均衡主要是质的均衡，就是说，现代威慑力量的发展已经到了如此地步只要保持对抗双方"质"的均衡，保证拥有对对方实施不可忍受的打击和报复能力，即使在量的方面存在某些差距，也足以实现威慑的心理平衡，达到有效威慑的目的。基于这一认识，导致了威慑中"数量足够"概念的产生，对国际战略形势的发展，特别是军备控制谈判的发展产生了重要影响。

此外，也有一类是不对等相互威慑，即双方威慑力量虽然不平衡，但在一定条件下，却可以构成“利害平衡”而达到心理平衡，力量较弱的一方也可能对较强的一方达成反威慑。一些中等核国家，虽然他们的核武器单独拿出来无法和超级大国的核力量相匹敌，但由于有超级大国相互威慑的背景，在一个大体平衡的战略天平上，哪怕在一边增加一点力量，也能打破战略力量的平衡，产生所谓“四两拨千斤”的效应。再有，如果把有限实力集中使用在对方的要害之处，也能让强大的对手不堪忍受，或者使对方确信他们发动战争所付出的代价将远远超过他们可能获得的利益。“利害平衡”是力量较为弱小的国家实行有限威慑战略的一个重要的战略理论基础。在国际战略实践中，实行有限威慑，已成为中小国家争取和保卫自己国家安全对抗超级大国威胁的一个有力武器。

威慑的逻辑过程

威慑主要是通过威慑信息的传递对冲突的结局产生影响。威慑的直接目的是为了减少对方进一步采取对抗行动的可能性，向对方显示对抗的风险程度，迫使其打消继续对抗的决心。由此可知，威慑的逻辑过程实际是双方对行动的利益和风险进行分析、判断、决策的过程。其一般过程可以描述为：传递威慑信息→被威慑者接收威慑信息→被威慑者进行风险分析和行动决策，如不采取行动则威慑成功；如采取行动→威慑者进行风险分析和行动决策，如不继续采取威慑行动，则威慑失败；若继续采取威慑行动，则再次传递威慑信息……开始一个新的循环，直至冲突结束。其过程可以用“威慑的逻辑过程图”表示。

图中表示的是威慑的一般逻辑过程，在实际对抗中，双方的威慑与反威慑的风险分析和决策要复杂得多，至少应有以下几个步骤。

第一步：双方要对自己采取的行动的风险性做初步估计。在估计风险阶段，威慑者的反应指的是在战争（冲突）全过程中，威慑者针

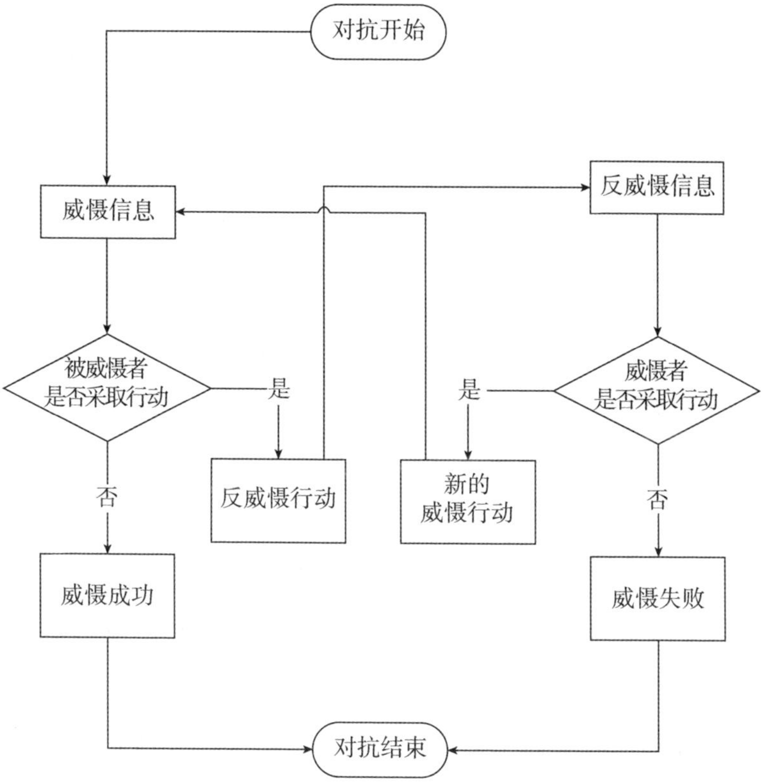

威慑的逻辑过程图

对进攻者全部行动所采取的一系列报复行动的总和，即不仅包括对最初的挑衅行为做出的反应，而且包括对进攻者随后一系列行动做出的反应。对于被威慑一方的得失估计，也是对战争全过程的风险和利益的分析，其依据是自己的战略计划，以及对方的战略计划。就威慑者而言，一般总希望选择那种预期风险损失最小，预期利益成果最大的报复方式。

被威慑者的风险评估内容包括：己方行动目标的价值；评估威慑者可能会做出什么样的反应，以及己方因此遭受的不同程度的损失；威慑者采取各种报复行动的可能性大小，包括不采取报复行动的可能性；评估在对方不同报复行动的状况下，己方实现战争目标的不同可能性。

威慑者的风险评估内容：己方通过威慑反应行动来捍卫的实体目标（如某个地区）和非实体目标（如士气、信心）的价值；采取行动所付出的代价；成功捍卫这些目标的可能性；己方采取各种不同的报复行动后，对方放弃继续采取进攻行动的可能性。

第二步：双方制定各种行动预案。每种预案包括行动目标，行动方针，对方反应及对己方可能造成的损失，己方实现目标的可能性。然后对各种方案的利弊、风险进行定量分析评估和优化。

第三步：双方进行战略决策。选定最佳方案和各种预案，并付诸实施。

第四步：双方在计划实施过程中，及时根据信息反馈，判断对方的威慑和反威慑意图，对原定方案或预案进行调整，做出继续对抗或中止对抗的决策。

如果被威慑者决意将自己的计划付诸实施并贯彻到底，其结果不论是哪一方获胜，都只能说明原先针对这一冲突所采取的威慑宣告失败。反之则表明威慑的成功。

威慑的逻辑过程既与双方的实力有关，又不仅仅取决于双方的实力；既有理智分析的内容，又有讹诈恫吓的成分，在一定条件下，一方分析判断的失误就可以导致威慑的成功或者失败，而不必经过兵戎相见的实际较量。1962 年古巴导弹危机的结局正是对此点的有力说明。

当时，苏联采用了瞒天过海的手法，将中程核导弹运进古巴，从而把美国本土直接置于苏联核武器的打击之下。这一公然的挑衅行动在美国朝野掀起了轩然大波。肯尼迪立即紧急召开最高级会议商讨对策。经过反复权衡利弊得失，肯尼迪在不采取行动、采取外交行动、离间苏古关系、封锁古巴、空袭摧毁导弹、入侵古巴六项方案中，选择了封锁古巴的方案，同时，肯尼迪危言耸听地向苏联威胁道："在核战争中，甚至胜利的果实也是到嘴的灰烬，然而到了必须面对这种风险的时候，我们也决不畏缩。"反观苏联，其在危机中的利弊分析则十分拙劣。首先，赫鲁晓夫在决定向古巴运送导弹时，对可能导致的严重后果未能做到深思熟虑；"东窗事发"之后，赫鲁晓夫对美国可能采取的报复行动和己方可能付出的代价则过高估计，轻信了肯尼迪的战争讹诈，终于在美国的威慑面前示弱，从古巴撤出了全部导弹。但赫鲁晓夫做梦也没有想到，就在双方剑拔弩张的最后关头，肯尼迪为避免战争已准备做出重大让步，即由联合国建议：美国从土耳其撤走其导弹，以换取苏联从古巴撤走导弹。结果，苏联在两强对抗中蒙受了一次"胯下之辱"，在全世界面前丢了脸面，美国的威慑则取得了胜利。

威慑的特征

在了解了威慑的具体含义后，我们再来看看威慑与其他行为不同的特点。

威慑的层次性

威慑的层次性是由威胁的层次性和军事力量使用的层次性两方面决定的。

首先是威胁的层次性。来自外部对国家安全的军事威胁，往往不是单一的和单层次的，而是多元的和多层次的。如以战争样式来区分威胁的层次，有全面战争和局部战争之别，前者不仅包括核大战而且包括常规大战，后者的样式更为多样化，不同的战争样式构成对国家安全的多种威胁。又如，按战争强度来看，国外一些学者认为，威慑大体可分为三个层次，第一层次是高强度的核威慑，第二层次是中强度的常规威慑，第三层次为低强度的有限战争威慑，三个层次的能级作用虽然不同，但它们之间互相联系和影响。从总体上讲，高层次威慑，对国家安全的影响最大，同时，它又是较低层次威慑的后盾，为之提供保护。在对抗中，双方的威慑一般是对等威慑，即同一层次的相互威慑。如果是不对等威慑，则作用效果不明显，威慑作用难以发挥。如战略核威慑对低强度冲突的直接威慑作用就极为有限，反之，低强度的常规威慑对核大战的直接威慑作用也很小。但不同层次的威慑作用是互相补充的，低层次的威慑失效，可能导致战争升级，需要启动更高层次的威慑机能。一个国家不同层次的威慑作用综合起来，就形成了国家威慑战略的整体功能。

对威慑战略层次性的认识是在战略实践中不断发展的。今天，那种认为只要集中全力建立高层次的核威慑，就可以遏制各种类型的战争，或者只要有应付举国迎敌的全面大战的能力，就可以应付各种形态的局部战争的认识，已经过时了。美国战略学者赫曼·康恩把当代国际冲突划分为若干个门槛、数十个台阶的逐步升级模型，虽然过于繁细，但向人们展现了当代国际冲突多层次的立体图案。现今世界，一个国家面对不同层次的威慑，只靠单一力量、单一手段、单一途径的威慑来应付，必然漏洞百出，防不胜防，只有建立较为完整的具有多层次的威慑战略体系，形成国家整体威慑力量，才能应付外来的不同程度和不同样式的威胁。

其次是军事力量使用的层次性。就此而言，多层次威慑的含意是，针对某种威胁把军事力量的运用划分成若干等级，并逐项投入使用，力争用较低的等级达成遏制战争的效果，不能奏效时则逐步提高威慑强度，直至使用多种战争手段。美国的多层次威慑理论，是把军事力量的运用分成防御、升级和报复三个层次：“防御”，指凭借前沿部署部队，建立防御屏障，与对手形成对峙局面，迫使对手知难而退；“升级”，指一旦前沿防御失效，就将进行局部动员，做出“战争升级的威胁”，使对手的战争行动适可而止，善罢甘休；“报复”，即升级仍未奏效时，就将进行总动员，以报复力量投入使用，迫使敌人感到得不偿失，最终停止攻击。

西方多层次威慑理论的缺陷在于，过分倚重军事威慑力量的作用，因而不能真正形成国家的整体威慑力量。其局限性是不可能运用他们的军事力量慑止一切形式的战争。他们自己承认，对于一个国家的内部的革命战争是无法进行威慑的。西方人试图建立万能的威慑模式的想法是不现实的。威慑战略只是对一部分战争形态有效，而不是适用于所有战争形态，更不可能代替实战的功能。

威慑的层次性理论告诉人们，当一个国家面临多层次、多方面的外来威胁时，要根据本国的实际力量，有重点地选择威慑目标，形成符合自己国家情况的威慑层次结构，保卫国家安全。同时，仅依靠本国力量慑止一切战争是不可能的。要依靠世界各国的共同努力，形成世界范围地对战争策动者的联合威慑，才能真正有效地维护世界和平。

威慑的攻防性质

威慑的攻防性质，是指威慑战略是属于进攻性的还是防御性的。这个问题在国际军事学术界历来存在着争论和分歧。一种观点认为，威慑的宗旨在于遏制和防止战争，它主张后发制人，使敌人慑于可能遭到难以承受的报复而不敢发动进攻，因此，威慑是一种纯粹的自卫、防御性战略。另一种观点认为，威慑是实力政策的表现，它以进攻性核武器为基础，追求威慑力量的优势，特别是第一次打击力量的优势，并以此威胁、讹诈、恫吓对方迫使其屈服，从这个意义上说，威慑战略比一般的实战战略更具有潜在的进攻性含义。

其实，威慑同实战一样具有双重作用，既可以是进攻的，也可以是防御的。问题在于它所要达到的目的的性质。一般而言，不战而胜可以有两种涵义，一是通过威慑手段使对方放弃进攻企图，达到捍卫自己现有利益不受侵犯的目的，二是通过威慑手段使对方放弃抵抗的决心，使自己夺取那些本来需要通过战争才能夺取的利益。前者属于防御性威慑，后者则属于进攻性威慑。从威慑战略的历史流向看，那种以强凌弱试图以战争威胁获取自己利益的进攻性威慑，是与世界的和平进程相违背的，因而日益走向衰落，而以自卫为目的的防御性威慑仍具有现实意义。

判断威慑战略的攻防性质，不能把威慑手段的攻防性质等同于威慑战略的攻防性质。核导弹是一种进攻性的威慑手段，太空反导弹系统是防御性的威慑手段。但是，以进攻性核武器为手段的威慑战略可以是防御性的战略。同样，以防御性武器如太空武器系统为手段的威慑战略也可能是进攻性的战略，美国的太空威慑战略就既具有防御性，又具有进攻性。判断威慑战略的性质不能简单地以其所使用的威慑手段的攻防性质下结论，而要根据它所要达到的威慑目的来确定。

同时，也不能把威慑行动的攻防性质混同于威慑战略的攻防性质。在战略实践中要达到威慑的目的，根据情况可采取攻、防两种手段，或择其中之一，或两者兼而用之。威慑行动的攻防性质，同威慑战略的攻防性质有时是一致的，有时也可以是不一致的。例如，1987 年，鉴于两伊战争的袭船战升级，威胁到西欧在海湾的石油命脉，以美国为首的西方诸国在海湾采取了大规模护航行动，推行炮舰政策，对伊朗进行威慑。就护航本身而言，它属于“防御”性的威慑行动，但是，从本质上看，美国在海湾护航是为了增强在该地区的军事存在，争夺在海湾地区的势力范围，这种威慑目的的进攻性是显而易见的。

因而可以说，实行威慑战略既可以是防御性战略，也可以是进攻性战略，其性质受到威慑目的、威慑理论、威慑手段和威慑行动样式等诸多因素的影响，其中，起决定作用的是威慑目的的攻防性质。因此在实践中，有称霸型的威慑战略和自卫型的威慑战略的本质区分。

威慑的状态

从一般意义上讲，威慑就是慑止对方的进攻企图。但是在国际斗争中，敌对国家间的关系是复杂多样的，既有相互进攻或一方进攻，一方防御的关系，又有相互竞争的关系，这些不同的斗争形式反映到威慑战略方面，就形成了不同的威慑状态。不同的威慑状态，是国家制订和运用威慑战略的前提。

基本的威慑状态主要有两种：一是直接威慑状态；一是间接威慑状态。

直接威慑状态指的是在两个敌对国家关系中，至少有一个国家企图通过进攻手段夺取确定战略目标，另一个国家则采取报复威胁来迫使对方放弃进攻企图。具体说，直接威慑状态形成的条件有以下 4 个方面。

第一，在两个敌对国家中，其中一个国家的决策者企图采取进攻手段夺取对方国土内的战略目标，或者是位于世界其他地区对对方具有重要意义的目标。

第二，面临对方进攻的国家的决策者必须清醒地认识到对方的进攻企图。

第三，面临对方进攻的国家必须明确表示将采取有力的报复行动，挫败对方的进攻企图，使其得不偿失。

第四，准备进攻的一方在考虑到对方可能的报复后决意放弃原定的进攻计划。

上述四条是构成直接威慑状态的基本条件，缺一不可。没有前三个条件，威慑的企图就不存在；没有第四个条件，威慑的企图根本不起作用。

实际上这四个条件很难同时满足。就第一个条件而言，一个国家并不是在大多数时间里都处于准备将其进攻计划付诸实施的关头。即便是超级大国，拥有超强能力的武库，并处于激烈竞争、对抗之中，也不总是处于临战前的状态。因此，那种战前危机并不是经常存在的现象。

满足第二个条件也有一定的困难。怀有进攻企图的一方总是想方设法施放烟幕，加以伪装，麻痹对方，以达成进攻的突然性。这就给被进攻一方的决策者及时识破对方的企图增加了难度，加上有些领导人的固执和偏见，对有关敌方进攻企图的情报置若罔闻，这就会导致防御一方不能正确做出威慑的决策。1941 年苏德战争前夕，苏联领导人就曾经低估了希特勒进攻的可能性，结果铸成大错。

同样，第三个条件也不容易满足。第二次世界大战前夕，西方国家都已对德国的侵略企图确认无疑。但是英、法等国的统治集团没有以有力的报复对策来警告德国，相反却采取了绥靖政策，助长了希特勒法西斯的侵略野心，加速了世界战争的到来。在太平洋战争前夕，在美、日之间，第一、第二个条件也是存在的，但罗斯福旨在通过战争打击国内的孤立主义势力，没有采取令人信服的威慑行动，最终导致日本敢于冒天下之大不韪，铤而走险。

至于第四个条件，在很多情况下都是难以成立的。首先，如果采取威慑行动一方的军事实力不占有优势，这就不足以改变对方的进攻企图。其次，即使威慑的一方拥有军事优势，如果进攻的一方过高估计自己的力量，贬低对方的优势，也可能不顾对方的警告，诉诸武力。

以上说明，尽管直接威慑是处理迫在眉睫的战争危机的一种选择，但是由于任何国家都不是时刻在计划采取进攻行动，处于防御地位的国家要判定对方的进攻企图有诸多困难，因此直接威慑状态不是一种经常存在的现象。在多数情况下，国家间的斗争表现为间接威慑状态。

所谓间接威慑状态是指敌对国家通过保持强大军事力量以及军事力量的非实战运用来调节双方的对抗关系，但任何一方都不打算立即诉诸武力。构成间接威慑状态的条件如下。

第一，在两个对立的国家中，至少有一个国家的决策者认为，不能排除在今后有利时机使用武力或以武力威胁达成其进攻性目的。

第二，另一方认识到对手的企图，因而感到有必要保持足够的军事实力、创造有利的态势，以使对方不能获得使用武力或进行武力威胁的机会。

第三，受到间接威慑的一方，不打算在近期内把诉诸武力作为一种现实的、明智的抉择。

在间接威慑状态下，国家通过军事力量的发展和非实战运用来调节国际政治关系，从中寻求国家的安全。由于大多数对立国家不是经常处于临战状态，而是处于各种“亚危机”的冲突和对抗之中，因此间接威慑状态是一种较为普遍的国际政治现象。国家决策者必须首先考虑怎样通过运用间接威慑使本国同敌对国家的关系不致上升到直接威慑状态。

以上说明，直接威慑状态同间接威慑状态有明显的区别。首先在对抗的目标方面，处于直接威慑状态的国家，一方是企图侵犯和夺取对方的利益，另一方是力图维护己方的利益不受侵犯；处于间接威慑状态的国家，则是谋求争夺战略优势，以便为今后夺取或维护某种战略利益创造条件。其次，从时间上看，在直接威慑状态下的国家间冲突是着眼于解决眼前的现实利益；在间接威慑状态下的国家间冲突则是着眼于争夺长远的、未来的战略利益。再次，从威胁的样式来看，在直接威慑状态下，双方分别面临对方武力进攻和武力报复的威胁；

在间接威慑状态下，双方面临的是因对方发展军事实力，建立军事联盟，部署军事力量等对己方所构成的威胁。

当然，两种威慑状态也有内在联系。直接威慑状态同间接威慑状态常常相互转化。间接威慑失败可以使两国关系激化，而转为直接威慑状态；直接威慑成功又可以使两国关系缓和，而转为间接威慑状态。就一个国家的决策者而言，关键在于准确判断与敌对国家对抗冲突的性质，采取正确的威慑决策，使直接威慑状态不致升级为战争状态，并在此基础上逐步创造条件，实现直接威慑状态向间接威慑状态的转换。

威慑的机理

威慑的运作机理到底是什么？如何对其进行价值判断，应该具备什么样的威慑格局，下面讨论的正是这些问题。

威慑的价值标准

价值标准是对任何事物进行判断、评价与决策的重要依据。威慑作为决策活动的一个特殊领域，有其特定的价值标准。所谓威慑的价值标准，就是威慑行动对对方战略决心和行动企图产生影响的程度。能够迫使对方放弃战略决心和行动企图的行为，就具有威慑价值，反之则没有威慑价值。在做出是否采取威慑行动的决策时，明确其价值标准是十分重要的，如若价值标准失误，可能导致威慑的失败。

威慑的价值标准同实战的价值标准既有联系又有区别。所谓实战的价值标准就是着眼于对双方实力所产生的影响。一般说来：给对方实力造成损害或不利影响，就拥有实战的价值，同时威慑价值也就在其中了。但是，威慑的价值标准毕竟同实战价值标准存在一定的区别。

例如，就一个特定地区的得失而言，实战的价值标准指的是一旦丧失该地区，将增强对方采取新的攻势的实力，并削弱己方自卫防御的能力；反之，控制该地区，则将削弱对方的进攻实力，增强己方的防御能力。而威慑的价值标准是指如果丧失该地区，将助长对方得寸进尺的战略决心；反之，则可以顿挫和打消对方继续采取行动的企图。可见，威慑的价值标准与通常所讲的实战的价值标准不同。实战的价值标准考虑的是对双方物质力量的影响，能够削弱对方的物质力量，增强己方的物质力量，就可以认为是具有实战价值。威慑的价值标准则是考虑对双方心理因素的作用。对于威慑的价值标准来说，物质力量的增减并不是主要的，在某些情况下采取的一些惩罚报复行动，并不要求给对方人员、物资造成重大损失，而只要求给对方心理上以打击与震撼。这就是威慑的价值标准。

如上所述，有实战价值的目标和行动，一般都可以产生威慑价值，而有威慑价值的目标和行动不等于就一定具有实战价值。例如，一个战略地位并不十分重要且又微不足道的地区易手，对改变敌对双方力量的平衡不会产生很大影响，这样的目标可以说不具有很高的实战价值。但不能由此就断言这些目标没有威慑价值。如果防御的一方对进攻一方夺取该目标的企图做出强烈反应，必将会给进攻一方的进取意图产生重大影响。借此，攻方可以推断，既然守方愿为一个仅具有区区实战价值的目标的得失做出强烈反应，那么就一定会为保卫一个有较大价值的目标而竭尽全力，这就可以迫使进攻一方收敛自己的行动，在今后审慎行事。这样，一个实战价值很小的目标，就产生了较高的威慑价值。

推而广之，对两国之间的小规模挑战事件的价值判断也是如此。以 1988 年 2 月美、苏军舰在黑海碰撞事件为例，美国以行使国际水域无害通行权为由，穿越苏联 12 海里领海区。这一挑衅行动对美国来说并不具有实战价值，对苏联来说，是否做出反应也没有很大的实战价值。但是，美国的挑战是一种具有威慑价值的行动，苏联如果对此毫无反应，就可能助长美国得寸进尺的意图，相反，苏联以军舰冲撞美舰，对美提出警告，这就是一种具有威慑价值的举动。在当今国际关系中，此类例子不胜枚举，它们都是各国依据事件所蕴含的威慑价值而做出抉择的结果。

从威慑的价值标准出发，美国曾提出所谓的“多米诺骨牌”理论。该理论认为，当一个目标被对方夺去之后，其他目标就会在一系列连锁反应中相继被对方夺去，就好像倒下的一串多米诺骨牌。为此，多米诺骨牌理论强调，任何目标，不论其实战价值是大是小，对美国的利益都具有不容忽视的价值，美国应当为捍卫其势力范围内的每一个目标而竭尽全力，因为一旦失去某个目标，就意味着不可避免地要引起一连串目标的易手。最重要的就是划定一条利益界限，并以武力坚守之。多米诺骨牌理论为美国维护其在全球的既得利益，提供了理论指导。

所以，威慑确有其特定的价值标准，它是国家进行战略决策分析的一个重要依据。判断一个目标或事件的价值，不仅要考虑到其实战价值，而且要考虑到它的威慑价值，即它对双方战略决心和意图的影响。即便是一个微不足道的目标和事件，也可能具有重大的威慑价值。为了威慑对方，在必要时，应当不惜代价争夺有限的目标或对挑衅做出强烈反应，以惩戒对方。从长远看，这更有助于减少自己的损失。

威慑的格局

在国际军事关系中，威慑至少总是有实行威慑的国家和被威慑的国家同时存在，两者之间必然产生作用力和反作用力，从而构成一种两国间或国际间的战略态势，这种战略局面就是威慑格局。我们说，威慑不仅是一种战略手段，而且是一种战略态势。西方的威慑理论，把威慑看作是国际社会的一种宏观冲突状态，而将其引申到国际关系学领域。

国家在国际社会里的行为并不是孤立的，任何一种国际行为都反映了该行为主体所要追求的特定价值、利益和目标。在其行动过程中，该行为主体将会遇到其他国家的支持或反对，从而使国家与国家之间的关系处在合作、竞争或冲突等不同的状态中，而且这种状态常常并不是单一的，而是多种状态的混合。就冲突而言，也不是单纯的、静止的，而是具有多种形式、多种表现的社会过程。像音阶分为低音、中音和高音一样，冲突也可表现为低阶、中阶和高阶等不同状态。在不同的阶段上，冲突的紧张和激烈程度不同，冲突各方所采取的手段也不同。现代国际冲突不仅仅是客观、自然发展的过程，而且可能成为一种有控制地加以运用的战略工具。

核时代使国际冲突更加复杂和微妙，呈现在人们面前的世界，是既没有大战又缺乏安全感，似和非和、似战非战的局面。这就是核时代所特有的国际冲突局面，也就是所谓“恐怖和平”的威慑格局。

威慑格局具有不同的形式。在双方力量大体均衡的情况下形成的相互威慑，可称之为对称式威慑格局。战后的美苏关系就属于此种格局。由于美、苏的核军备远远超过其他国家的力量，其核对峙状况具有全球性影响，因而战后的世界战略格局是以美苏相互威慑的战略格局为中心的。

还有一种非对称式的威慑格局，对抗双方，一方主要实施威慑，而另一方处于被威慑的状态，进行反威慑或者叫反遏制。在非对称威慑格局下，通常实施威慑的一方实力相对较强，被威慑一方实力相对较弱。尽管前者处于有利和主动地位，但它的威慑未必一定成功，因为强者是强中有弱，弱者则弱中有强，如果弱者发挥弱中之强，就可以顿挫强者的强中之弱，从而达成有效的反威慑。如朝鲜、越南的抗美战争，阿富汗的抗苏战争，都使强大的干涉者陷入一筹莫展的境地，达到了反威慑的结果，使实行威慑的强权主义者看到：只要具有坚决捍卫自己国家和民族利益的决心，举国一致，奋起抗争，即使是小国、弱国也是不可征服的。可以说，从某种意义上讲，战后以来，过去那种征服式的战略之所以从帝国主义战争政策中逐渐弱化，正是他们的侵略、扩张行为到处受到反威慑、反遏制的结果。

在非对称式威慑格局中常见的还有一种干预威慑。干预威慑来自对抗双方的外部国际社会，制约对抗双方之间的斗争，使其向有利于实行威慑国家一方的战略目标发展。干预威慑可分为定向干预和抑制干预等方式。定向干预威慑就是明确地把威慑目标指向军事对抗双方中的某一方，支持一方，慑止另一方。抑制干预威慑则是对斗争双方持中立态度，把威慑目标锁定为使战争升级的一方，即谁扩大战争就反对谁。

当代世界的威慑格局是多层次、多样式威慑构成的错综复杂的威慑体系。既有全球性的威慑格局，又有地区性的威慑格局；既有相互威慑格局，又有干预威慑格局；各种格局互相交叉，互相影响，形成一个庞大而又复杂的整体。

第四章　核威慑——威慑战略的“王炸”

1945年8月6日，随着一声晴天霹雳般的爆炸声，日本广岛20万人当场殒命，16万人留下了永久创伤，62000栋建筑化为废墟……3天之后，这一幕又在日本长崎重演，73000人顷刻被夺去生命，35000人在痛苦中缓慢地走向死神……这就是人类历史上有关第一次核轰炸的疯狂记录。核武器作为一种大规模杀伤性武器的破坏作用第一次如此真切地展现在世人面前。

通常而言，核武器的杀伤破坏效应主要有五种：冲击波、光辐射、贯穿性辐射、放射性沾染，以及电磁脉冲。除第五种外，前四种中的任何一种都足以致人死地。武器的发展促进战略理论的发展，正是由于核武器这种巨大的毁伤效应以及人们对它的恐惧心理产生核威慑战略，从而根本上变革了现代战略理论的发展方向。又由于核武器的运用对国家政策产生的重大影响，核战略事实上已经超出了传统军事战略的范畴，成为国家安全战略的重要组成部分。

威慑作为人类一种有意识的行动方式，几乎与人类文明史一样悠久，在国际政治和外交领域，它指的是一种国家和政治集团的政策手段。然而，我们无法否认，威慑作为一种系统的战略理论和主导性军事政策却是随着核武器的出现和冷战的开始产生的，并首先在美国形成和发展起来。① 可以毫不夸张地说，核威慑战略不仅是军事威慑战略的基础，同时也是现代威慑战略的历史起点。研究核威慑战略的发

① 姚云竹著：《战后美国威慑理论与政策》。

展，是透视现代威慑战略发展基本流向的一把钥匙。

既然核武器如此特殊，核威慑战略又具有如此特殊的重要性，那就意味着我们必须对其有清晰的认识。本部分将主要围绕这一问题进行说明。

认识核威慑

威慑理论告诉我们，威慑的效力同人们的心理恐惧成正比；人们的心理恐惧又同武器的威力成正比。武器威力的增大，必然导致威慑的增强。正因为核武器拥有威力巨大的杀伤破坏效应，才使得人们不会像使用常规武器那样轻易而频繁地使用它。不过，武器的发展同一切事物一样在达到一定限度后，就会走向自己的反面，产生巨大的“倒抑制”作用。事实上，当武器的占有者面临自我毁灭的危险时，就连他自己也不敢轻举妄动了。

一般而言，在核武器出现前，威慑与实战间存在明显的互相依存和互相转化的关系。威慑以实战能力为基础，实战能力强，则威慑效果就好，实战能力弱，意味着威慑的效果大打折扣。不仅如此，一旦威慑失败，就需要进行实战来解决问题，而且一旦某种军事能力经过实战的检验并获得成功，还会增强后续的威慑效果。然而，核武器的出现，可以说颠覆性地改变了这种状况。几乎可以说，正是核武器的出现，真正开启了威慑理论迅速发展成熟的时代，并迅速形成了以核威慑为核心内容的威慑理论体系。

核威慑的定义和特征

了解核威慑理论，必须从清晰的定义开始，而后才能明了其不同于一般威慑的特征。

核威慑指的是通过威胁使用或者实际使用核力量，让对手认识到可能面临的巨大损失，从而放弃先前某种军事行动，并据以实现自身国家政策和军事战略目标的科学和艺术。核威慑战略指的是如何运用核威慑的政策、谋略及实际作战部署规划的统称，以这种特殊的国家政治军事行为方式为研究对象进行研究的理论被称为核威慑理论。

让我们看看核武器究竟如何改变了威慑与实战的关系。核武器及其战略的发展，使“消灭敌人、保存自己”的古老军事原则在大战略范围内发生了重大改变，核武器的出现打破了威慑与实战两者间的依存关系，威慑可以不再依靠实战提供的战场拒止能力，而是依靠核武器直接破坏经济、毁灭城市、消灭平民人口的报复能力，这就意味着核武器提供的核报复能力使威慑与实战间实现了脱钩。核武器作为并不一定适合与对手进行战场较量的军事力量，不适合在威慑的过程中进行交替性的实战使用，因为威慑使用的核武器一旦投入使用，将很可能意味着没有赢家。换言之，核武器使得报复性威慑效果的好坏，与实战能力的强弱间脱离了正比关系，而且即使威慑失败了，也并不必然就会转化为实战。由此，一定程度而言，威慑可以说脱离了实战，独立于实战了。当然，这种脱离和独立并不是绝对的，而是有严格限制的①。

也就是说，在核战争中，“消灭敌人”不再总是第一位的事。核战略只能是一种遏制战争的威慑战略，而难以成为进行战争的战略。核武器的特性决定了它主要是一种政治性武器，核战略的本质并不是战而胜之，而是不战而胜。其主旨是“不战而屈人之兵”。

核威慑不能脱离一般威慑的共性，它也需要以核战争能力、核战争的意志、决心为基础。它必须使对手实实在在地相信，一旦对方敢于轻举妄动，自己将有能力、有决心奉陪到底。然而，同其他形式的

① 姚云竹著：《战后美国威慑理论与政策》。

威慑相比核威慑有其特殊性。

其一，核威慑依仗的是具有最大规模杀伤破坏能力的热核武器，威慑效果要远远超出常规威慑；其二，核威慑受到的限制又最大，首先使用核力量的意志和决心通常是相对而言的，非到万不得已，有亡国灭种的危险时，谁也不敢轻举妄动；其三，由于使用核力量的风险程度高，核威慑不能像常规威慑那样可以频繁通过实战来威胁对方；最后，核武器的毁灭性能，使得它既遏制对方，又对己方形成了“倒遏制”。

核威慑的分类

威慑与实战是使用军事力量的两种基本方式。威慑通过威胁使用军事力量，使对方看到得不偿失的潜在后果，从而改变意图；实战则是通过实际使用军事力量，打击对方的军事能力，使其意图不能实现[①]。根据对实战能力的重视程度，核威慑可以分为三类，即最低核威慑（也称确保摧毁）和最大限度核威慑（也称实战核威慑），介于两者中间的还有有限核威慑，即该理论认为需要发展有限的核力量，使得核威慑具有一定可信性。

最低限度核威慑。这种理论认为，威慑是永恒的。由于核武器具有空前绝后的毁灭能力，任何国家都不愿冒险承受最低规模的战略核突击，因此，只要解决核力量的有无问题，以少量（如几十枚核弹头）单一型号的核武器对准敌方城市目标，以敌方的一部分居民和财富为“人质”和“抵押品”，就足以对敌方构成威慑，保持局势稳定和国家安泰。在这种理论看来，无限扩充核武库会导致财源枯竭，在双方竞争下，建立绝对优势的核力量的努力将归于徒劳，与其如此，不如保持一支质量一般、规模较小的核力量，尽管与对方相比处于劣势，但

① 姚云竹著：《战后美国威慑理论与政策》。

这对于打击敌方部分最要害的城市目标已绰绰有余。通常而言，这种理论易被那些国力和战略都十分有限的国家采用。一般认为英国奉行的是最低限度核威慑战略。

这种理论的反对者认为，采用最低限度核威慑意味着心甘情愿放弃战略主动权，它虽然对全面核战争有某种遏制能力，但对有限核战争却无济于事，对意外核事故导致的冲突也无能为力。更重要的是由于核威慑力量过小，遭到优势敌人的第一次打击就可能被全部摧毁，或者即使没有被全部摧毁，幸存下来的还击弹头能够真正命中对方目标的也将寥寥无几，实际上根本不具备反击能力，这种无法进行有效反击报复的威慑自然没有多大可信性。

最大限度核威慑。这种理论预设威慑并不稳定，它认为各种预防性措施都有失效可能，以威慑遏制战争靠不住，必须具备核实战能力。不仅如此它还依赖压倒性的核优势，其目标是：彻底解除对方的核武装；最大限度地减少本国在核交火中的损失；在危急情况下夺取主动权。为达此目标，应建立核力量数量和质量优势；拥有打击军事目标的多样化的进攻性战略核武器系统；以及健全的战略防御体系。美、俄（苏）更倾向于这种核威慑理论。

由于它实质上是一种无限度的核威慑理论，要求核力量的能力越强越好，核武器的种类越多越好，进行核打击的时间越早越有利等，因此，在军事、政治、经济等方向难免出现无法克服的矛盾。首先，它设想以压倒性的核优势来慑止任何规模的挑衅，其结果不是对小规模冲突束手无策，就是不负责任地动用武力，使自己处于进退维谷的不利境地；其次，这种理论的物质基础是具有绝对优势的核力量，这将使各方的核军备竞赛水涨船高，永无止境；最后，这种理论要求庞大的军费预算，“大炮和黄油”的矛盾异常突出，采纳此理论的国家将面临极其沉重的经济负担。

有限核威慑。某种程度上，它可视为是最低限度核威慑的变体，主张建立一支数量有限，但是有效的核力量，能给对方以一定损伤程度的核打击，以此威慑对方，制止战争。其战略构想不是谋求同对手在力量上平起平坐，而是要根据需要，在对手面前保持一支符合足量原则的核报复力量。所谓足量原则，就是要使本国核力量足以给敢于侵犯的敌人以无法忍受的损伤。这种理论通常主张打击对方的价值目标为主，如城市等。法国威慑战略与英国不同的地方，恐怕在于其对有限核威慑理论更为积极。

核战争的类型

在关于核战争的设想中，尽管对核战争是否能打，打起来后是否能够分级，是否可以划分为不同类型尚存争议，但为了方便理解，可将其粗略分为两种。

其一为全面核大战，在这种战争形态中，作战双方要准备打各种样式和规模的战争，其在打击目标上不进行区分，力求将对手置于死地。对美国而言，这样的战争通常涉及本土遭到核武器的直接攻击，进而引起世界性战争。美国曾为此设想了两种方案：一是只对军事目标相互实施密集的核突击；二是使用一切战略核武器，对所有重要的战略目标（包括城市）无限制地相互实施核突击。苏联时期认为使用核武器的战争必将最终导致全面核大战。它可能由核突袭开始，也可能由常规战争开始，尔后升级为核战争。英、法等国在核战争类型问题上同美国的观点相似。在打击目标上，英、法由于核力量有限，主要以对方城市为报复对象。

其二是有限核战争，又称战区核战争，是指使用战术（战区）核武器或有限的战略核武器，在本土以外进行的有控制的核战争。有限核战争多以对方的军事目标为打击对象，强调在军事打击过程中尽可能绕开城市。

与核威慑有关的一些概念

第一次打击和第二次打击。“第一次打击”又称先发制人式打击，是指一方不经警告对另一方发动全面大规模的核袭击，目的是一举摧毁对方并使之失去报复性核还击的能力。20世纪50年代初美国首先提出了“第一次打击”战略概念。苏联尽管未使用“第一次打击”说法，但20世纪60年代实际上也实行类似主张。与“第一次打击”对应的是“第二次打击”概念，又称为报复性打击，指的是己方在遭到对方首先发动的大规模核突袭后，仍然能够保留足够的核力量，并依靠保存下来的核力量进行核报复还击，而且这些保留下来的核力量仍然足以给对方造成不可承受的损失。

“核门槛”。“核门槛”是核战略中的一个重要概念，指的是由使用常规武器到使用核武器的“关节点”。迈过这个“关节点”（门槛），常规战争就要升级为核战争。“核门槛”是运用核威慑的最后限度。美国认为，把“核门槛”公之于对手，可以大大加强核威慑效果。核门槛有所谓的“高核门槛”“不确定核门槛”和“零位核门槛”等区分。确定核门槛的高低有三种尺度：一是从战争开始后到使用核武器之前的持续时间；二是领土丢失的程度；三是事先确定的武装冲突的激烈程度。很多国家并不承认核门槛有所谓高低之分，认为只要跨过“门槛”，战争的性质就已经发生了变化，就会引发全面的核战争，比如冷战时期的苏联就持有这种观点。

核威慑的可信性。核战略之所以能够行之有效其最重要的是能够对人们的心理产生影响，从而促使其改变或放弃原初的行动计划。由此可见，被核战略威慑的国家是不是相信这种威慑的真实存在，就成了核威慑能否成功的至关重要的环节。与此相关的问题，在核威慑理论中被称为可信性问题，它也被视为核威慑战略的灵魂。

可信性主要取决于三个条件：其一是核力量水平，包括核武器的数量、质量、种类，指控系统的现代化程度，战略防御手段，战备水平等。核力量水平越高，威慑的作用越大；其二是使用核力量的意志和决心，威慑者必须对自己的核力量保持自信，并随时准备将核力量付诸行动；其三是要使对方对己方核力量和使用核力量的决心确信不疑。要想确保核威慑的成功与可信，三个条件必须同时具备，如果缺少其中任何一个，核威慑的可信性都难以完全实现。

核讹诈。与可信性有一定关联的另一个概念是核讹诈，也称为核威胁、核胁迫，指的是以使用或威胁使用核武器为手段，逼迫对手按照自身的要求做出某种行为。核讹诈不是核威慑，两者最大的区别在于前者带有明显的强迫性质，且有可能胁迫对手做出某种行动，后者则更多的是震慑对手，目的在于促使对手不做某种行为。历史上，虚张声势的核讹诈往往起不到真正的威慑作用，不仅如此，一旦对手摊牌，还会产生事与愿违的结果。比如，1962 年苏联在“古巴导弹危机”事件中就出现了以核讹诈开始，最终以全面撤退告终的结局。

核武器的“意外或非授权”使用。当指控系统发生机件故障和失误，或由于其他意外事故引起判断失误导致核战争非主动发生的状况，被称为核武器的意外使用或非授权使用。随着人们对核武器性质的不断认识以及核大国核武库的不断扩张，彼此直接爆发核战争冲突的可能性日益降低，甚至是微乎其微。然而，伴随设施老化、人员流失以及技术问题而导致的核武器的意外或误判使用的风险在不断上升，与之相伴的核武器的非授权或意外使用也越来越成为新时代人们关注的热点核问题。

美、俄、英、法核威慑战略

在被国际社会广泛认可的合法拥有核武器的五个国家中，美、俄（苏）是最早拥有也是核武器数量最多和规模最大的国家。英、法无论是从核武器的数量还是规模上看均无法与美、俄（苏）相提并论，因而，在借鉴美、俄（苏）核威慑理论的基础上它们发展出了适合各自国情与战略文化的具有鲜明本国特点的核威慑战略。

美国核威慑战略

第二次世界大战后，美国经历了一个核威慑战略不断发展完善的过程。

冷战期间，由于美、苏全面对抗是这一时期美国核威慑战略的主要背景，所以带有鲜明的大国争霸特征，而此时的关注焦点则主要是美、苏对抗与缓和以及双方战略力量是否维持了基本均衡。第二次世界大战结束初期，美国仅将原子武器视为是摧毁敌人工业中心的一种更有效的爆炸物，主张不仅要用第二次世界大战的战略，还要用第二次世界大战的武器。原子弹的增加仅仅是增加了美国战略武库中的威力。核武器也只是从属于美国传统战略的一种讹诈手段，还没有形成一种独立的威慑力量和理论。

“第一次打击”战略。20 世纪 50 年代初，美国提出了“第一次打击”战略，可视为核威慑发展轨迹的起点。作为第一代核威慑战略，“第一次打击”战略是讹诈与威慑的混合物，脱胎于 20 世纪 40 年代后期的讹诈战略，实际是首先发动核大战的同义语。其含义是，当面临共产党国家的“挑衅”和“扩张”时，在有利于美国的政治形势下，首先使用核武器发动对敌人城市和工业目标的突然袭击，给其造成毁灭性后果。提出“第一次打击”的重要依据是美国当时所拥有的核优势。根据五角大楼的估计，美国的核力量能够通过突然的密集突击给苏联以毁灭性打击，而苏联由于核武器运载工具有限而不能有效回敬美国。

从本质上看，“第一次打击”战略是一种进攻性威慑，所谓“第一次打击”，就是在对方不使用核武器的情况下，己方首先使用核武器，以先发制人的打击夺取战略主动权，它实际上是把核武器当作“王炸”来慑止对方轻举妄动。由于“第一次打击”具有进攻性的本质，其基本前提是己方必须具有强大的核优势，因而，它属于一种优势威慑。

然而“第一次打击”是以核武器毁灭对方为前提的，这种毁灭性打击意味着挑起一场新的世界大战，而这一时期苏联的人造卫星已经发射上天，标志其已经具备反击美国的能力。也就是说在一场全球性冲突中，即使美国本身，也绝不是“安邦乐土”，其遭受的损失必将大大超过第一、第二次世界大战。此外，采用“第一次打击”对付局部冲突同采用其他手段相比，其风险程度天壤之别。至于说以自卫为借口发起先发制人的第一次核打击，则几乎可以等同为赤裸裸的侵略。任何国家率先使用灭绝人性的核武器，都将被押上历史法庭的被告席，接受全世界的审判，这种道义上的巨大压力和风险性非同小可。

可见，“第一次打击”所具有的巨大风险决定了其可信性十分低。这种大而无当的威慑战略是以单一的核武器为基础的，“就像用榴弹炮武装警察一样”，根本行不通。在 20 世纪 50 年代，美国一面挥舞“核大棒”耀武扬威，一面却对世界许多地方如火如荼的民族解放运动束手无策，充分暴露出“第一次打击”威慑战略在可信性方面的巨大不足。

“大规模报复”战略。1954 年 1 月，时任美国国务卿杜勒斯在对外关系委员会发表讲话时提出了著名的“大规模报复”理论。该战略声称，美国将会以大规模的核报复来回击苏联阵营任何规模的侵犯。这一战略的物质基础在于美国在核作战力量上的明显优势。可以看出，此时在美国最高决策层中，原子弹被罩上了一层“绝对武器”的灵光，在他们看来，通过威胁使用核武器，就可以维持“世界秩序”。然而，由于这一战略所使用的手段与威慑的目标之间很难匹配，美国的这种想法只能是一厢情愿的算盘，其实效性很低。随着美、苏核力量差距的缩小，“大规模报复”几乎沦为政治讹诈与恫吓的代名词。因而，在该战略出笼后不久，美国统治阶层就出现了一片反对和非议之声，甚至其炮制者杜勒斯也不得不在 1954 年 4 月承认：“大规模的原子和热核武器报复并不是在任何情况下都可以最有效地加以使用的一种力量。”

“灵活反应”战略。在经历了 20 世纪 50 年代对核武器的最初狂热崇拜后，美国战略界开始以较为冷静的态度审视战略决策。1955 年，美国陆军参谋长马克斯韦尔·泰勒在“国家军事计划”中提出了“灵活反应”战略思想。他写道：

“大规模报复作为一种指导性的战略思想已经走进了死胡同，急需对其重新估价。……大规模报复战略思想即便在其全盛时期，也只能为我们的领导人提供两种选择，即发动全面核战争，或妥协退让。从开始执行大规模报复战略以来，世界上发生了许多事件，这些事件对这种思想的正确性提出了疑问，并暴露了它的荒谬性。朝鲜战争是在美国握有原子垄断时期打的一场有限常规战争，它明显证明大规模报复并非万能。1945 年以来发生的许多其他有限战争——中国内战、希腊和马来亚的游击战、越南战争、中国台湾事件、匈牙利事件、中东和老挝等地的战争，仅举这些教训都可清楚地证明，我们的大规模报复战略虽然遏止了‘大战’，即第三次世界大战，但并没有保住‘小的和平’，所谓‘小的和平’就是说不发生那些仅比全面战争的灾难小一点的动乱。”

“我要提出来取代大规模报复的那种战略思想叫作灵活反应战略。顾名思义，这种战略需要具有一种能对一切可能的挑战（从全面战争到渗透）做出反应的能力。……这种新战略承认，遏制或迅速打赢有限战争和遏制全面战争同样必要。”

泰勒的理论代表了美国相当一部分政界与军界人物的观点。1958年，肯尼迪就提出美国“正在迅速走向导弹落后于苏联的危险时期”“大规模报复的威慑将失去其大部分作用”。由于泰勒的理论同肯尼迪的观点不谋而合，因此，当肯尼迪就任美国总统后，“灵活反应”立即被确立为美国新的军事战略。“灵活反应”战略强调，“核威慑力量是我们每天都不可缺少的赖以抵挡苏联威胁的盾牌，因而要继续保持，同时还需要重视进行有限战争的力量，以此作为“能攻善守、左挡右刺、灵活机动的利剑。”在“灵活反应”战略中，强调的是不同规模的核冲突都要具备有效的应对手段，要求发展出应对不同规模核冲突与核战争的核力量。

“确保摧毁”与“第二次打击”战略。追根溯源的话，“第二次打击”概念在20世纪50年代初就已经出现在美国兰德公司的报告中了。不过，在美国拥有绝对核优势的情况下，这个概念自然没有“得宠”。然而，随着苏联核力量的长足发展，这一战略日益受到重视。

美国官方对此给出的解释是：“如果美国战略力量的首要任务是威慑敌人不敢对美国发动第一次核打击，那么美国必须具备第二次打击能力，也就是说，要具有这样一支战略力量，它能在精心策划的大规模核突袭中生存下来，其所剩的力量足以突破进攻者的防御体系，摧毁对方。即使在遭到突然袭击后，这种第二次打击能力也必须完全可靠，而且还必须使敌人看得清清楚楚。这就是美国威慑战略的基石。苏联总是想方设法把美国确保摧毁能力削弱到我们不可接受的程度，只要威慑继续是美国的首要奋斗目标，美国就必须准备随时挫败苏联的这种企图。”①

依据“确保摧毁”的方针，美国宣称将侧重打击苏联的城市目标，即在“第二次打击”时，把对方的城市夷为平地。以此威慑苏联，迫使其不敢对美国发动“先发制人的打击”。麦克纳马拉甚至提出，“确保摧毁”的数量标准，是在任何情况下有把握摧毁苏联20%～25%以上的人口和50%的工业。按照五角大楼的计算，如果美国战略力量具有把400个核弹头（每个弹头的当量为100万吨）投射到目标的能力，就能如愿以偿。

关于“确保摧毁”的威慑意义，麦克纳马拉曾做过如下说明：“我们正在接近这样的时代，任何一方越来越不可能以突然袭击或其他方式摧毁对方相当大一部分战略核力量，而自己则不遭到毁灭性报复，这样做可能导致相互慑服。”所以，人们又把“确保摧毁”战略称之为“相互威慑”战略。“相互威慑”以共同自杀来威胁对方，其著名的口号就是“核战争中没有胜利者”，因为在核“恐怖均衡”的条件下，两个核大国就像“一只瓶子里的两只蝎子”，谁都别想劫后余生。

“确保摧毁”战略强调的是“第二次打击”，把核力量作为威慑盾牌，带有“防御”和“后发制人”的含意，在道义上它比“第一次打击”更为主动。因而，该战略一经提出就成了那时美国核威慑战略的基础。1969年上台的尼克松总统虽然以“现实威慑”战略取代了“灵活反应战略”，但在核威慑战略上，仍然是“萧规曹随”，全盘继承了肯尼迪、约翰逊政府的“遗产”，坚持“确保摧毁”，以维持核威慑的可信性。

由于“确保摧毁”的威慑意义在于慑止对方的核大战企图，对敌人的小规模挑战行为，可以说有些无能为力，因而在这种情况下，其

---

① 罗杰·斯皮德：《八十年代的战略威慑》。

威慑的可信性始终存疑。

“有限核选择”。20世纪60年代以来，苏联军事战略一贯予以重视的常规力量又有了长足的进步，而美国和北约国家的常规力量已不足以慑止苏联的常规力量攻势，“确保摧毁”成为维系美国与西欧威慑战略的纽带。可问题是，在西欧发生常规战争时，能指望美国的战略核力量来保卫西欧吗？回想美国在两次世界大战中的所作所为，西欧或苏联都不难掂量出美国“核保护伞”的价值。谁能保证在面临可能危及美国生存的风险时，美国国内的孤立主义势力不会占上风呢？在这种情况下，“确保摧毁”的威慑形象就大为逊色了。为了解决当务之急，1974年，美国国防部长施莱辛格提出的“有限核选择”战略，标志着战后核威慑战略的新发展。

施莱辛格认为，到了20世纪70年代，对敌方城市进行大规模报复，除了作为应付全面突袭的一种抉择外，已越来越不可信。由于各方面的因素都可以导致威慑失败，美国需要的是对不同情况、不同层次的挑衅做出一系列恰如其分的反应，以便恢复威慑。他还主张，为了做出有选择的反应，主要是把握住在各个冲突层次上遏制战争升级的机会，用相当准确有效的武器仅仅摧毁预定目标，避免大量的额外损失。万一核冲突发生，为了保护美国及其盟国的城市，在战争期间，要致力于保留美国的“确保摧毁”力量，并通过在战争过程中实施威慑，来告诫任何潜在的敌人不要进攻美国的城市。通过这些手段来遏制大规模的摧毁。

可见，“有限核选择”的基本思想就是：要保证美国的最高决策人在不同类型的挑战面前，有灵活使用各类核武器的选择余地。当世界上某一地区爆发敌对行动时，美国为了维护自己的切身利益，既不放弃选择使用常规力量阻止对方常规力量的进攻，也不排除选择使用有限度、有控制的核报复，先发制人打击对方。如果战争扩大，苏联对美国进行有限核进攻时，美国就首先以苏联的军事目标为摧毁对象，进行核报复，报复时避免破坏对方城市和工业设施，限制战争规模，这样不至于使双方城市人口和工业基地毁于一旦。

其实，“有限核选择”的思想在20世纪50年代即已萌芽。基辛格、泰勒等人曾提出，美国必须在某种程度上限制核报复的规模，加强对战争的遏制能力。这种遏制思想的目的是使核战争只在远离美国的战区（如欧洲）进行，其规模主要涉及战术一级。不过当时这种有限核战略思想还只是某些研究人员的观点，并没有反映到美国官方的军事战略中去。进入20世纪60年代，美国确立了“灵活反应”战略，这就为“有限核战略”理论的发展奠定了基础。“有限战略战争”便是其中的一种理论。这种理论主张在核冲突中放弃对城市的突击，仅用为数有限的核武器突击为数不多的军事目标，主要是敌国境内最重要的战略目标。这种理论的目的，是力图找到某种调节相互核突击方法的结构，用苏联的话说，是“确定能使美国在核冲突中遭受的损失降到最低限度的‘游戏规则’”[①]。但是考虑到当时核武器命中精度的限制等原因，美国认为通过“确保摧毁”来实现威慑，要比令人质疑的导弹“核游戏规则”更为可靠。“有限战略战争”的理论遭到了否定。

进入20世纪70年代后，由于美国核导弹的精度和威力都取得了新的进步，美国军事战略开始认为，在现代条件下“有限核选择”是“比较有利的”，它可以避免“确保摧毁”战略缺少“政治上的灵活性”的弊端，为美国决策者提供一种遏制危机的“可供选择的方案”。这一理论试图在威慑与实战之间建立某种联系。“某种程度上它的核门槛有所降低会带来较大风险，它强调在威慑失败时，通过核武器的有限实战运用来警告、威慑对方，达到遏制全面战争的目的。它可以制止直接侵略，使敌军行动中止、间断，以便为外交活动争取时间；或者使

① 波格丹诺夫等著：《美国军事战略》。

对方领导人懂得，迅速、廉价的胜利前景只是幻想，因而必须悬崖勒马。归根结底，“有限核选择”的目的主要是削弱对方的决心，而不是彻底解除敌方的抵抗能力。可见，“有限核选择”试图使威慑和实战挂钩，以求达到凭借核“小战而屈人之兵”的目的。按照美国战略家的算盘，“有限核选择”是核威慑战略中唯一可以在威慑失败后，继续通过实战进行威慑的战略。

然而，“有限核选择”出台不久即招来美国国内众多反对，指出它不过是不切实际的理论家们的一厢情愿，认为它比“确保摧毁”更容易导致核战争和损害威慑。因为发起任何水平的核战争都必然是玩火自焚，所以，相信增加使用核武器的可能性和合理性会改善、强化威慑并进而遏制核大战的神话，必将铸成大错。

尽管“有限核选择”的本意仍然在于威慑而不在于战争，不过，为使威慑战略“现代化”，它更侧重于从强调核实战能力来强化威慑，是一种以“实战战略”表现出来的核威慑战略而已。“有限核选择”战略把“确保摧毁”机制的作用范围向上挤压，用“有限核选择”来加强延伸威慑，使延伸威慑与中央威慑、战区核实战与全球核威慑、有限核战争和“确保摧毁”威慑更紧密地联系起来。“抵消战略”甚至把实战成分引入中央威慑，规定了在美俄互相攻击本土的核冲突中，以有限方式使用核武器的指导方针。核战争战略完成了核战理论的系统化和整体化，再次强调了只有能够打赢核战争，才能进行有效核威慑的实战威慑思想。

“核战争是打不赢的”。现实发展显然与理论的发展产生了偏差。到了 20 世纪 80 年代初期，美国里根政府就任不久，即着手调整美国的威慑战略，在四个方面把威慑战略向前推进：首先，提出了实行有效“威慑”的 4 个条件，即生存性、可信性、明晰性、安全性；其次，突出了核力量和战略防御系统的威慑作用；第三，重视常规威慑的作用；第四，把威慑的使用范围由平时扩展到战时。美国新一代威慑战略为核威慑战略的发展提供了蓝本。以此为基础，美国对保持核威慑的有效性做出了新的选择：第一，提出了战略核进攻力量与战略防御力量相结合，谋求建立攻防一体的核威慑战略。第二，继续推进战略核力量的现代化。第三，重视核力量与常规力量的结合，减少对核武器的依赖。第四，强调核威慑与实战的结合。然而到了中后期，面对庞大核武库基础上的美、苏核均势，以赢得核战争为特征的战争对抗理论的影响力明显衰减。

1985 年，里根总统与苏联戈尔巴乔夫总书记在联合声明中明确宣布："核战争是打不赢的"。1987 年，美、苏签署《消除中程和中短程导弹条约》(简称《中导条约》)，宣布双方彻底销毁陆基中程和中短程弹道导弹以及巡航导弹。1991 年，美、苏签署《削减和限制进攻性战略武器条约》(START)，将双方部署的战略核武器进行了较大规模的削减，显示了冷战结束前夕美苏核对峙水平的降低。

冷战结束以后，国际战略格局发生了深刻变化，美、俄关系有了很大改善。威慑理论与政策的实战化倾向在冷战后表现得更为明显。海湾战争中美国的威慑实践说明，威慑的对象、威慑针对的威胁、威慑的形式、威慑依靠的手段等都在发生重要变化。根据这些变化，美国政府大幅度调整了冷战后的核与常规威慑政策，越来越注重利用高技术常规武器的军事效能进行常规威慑日益成为威慑理论与政策演变的新动向。

克林顿政府时期。1994 年，克林顿政府出台了《核态势评估》报告，提出了“领导加防范（lead but hedge）”的政策，目的是适应新的安全形势，带头对冷战遗留下来的过于庞大的核武库进行进一步削减，以带动俄罗斯削减行动。1997 年，克林顿总统颁布了新的“总统指令”，抛弃了里根总统制定的“准备进行并打赢一场持久的核战争”

的战略指导方针，显示了美国政府在核力量规模与态势方面进行收缩的决心。

小布什政府时期。21世纪之初，正值美国单极独霸局面，受新保守主义影响，小布什政府在核政策方面显示了强烈的单边主义色彩。2002年年初，小布什政府发布了新的《核态势评估》报告，提出新的“三位一体”概念，即在老的“三位一体”核力量之外，增加常规战略打击力量和导弹防御体系，并增加核基础设施的灵活反应能力。报告显示，核武器不仅用于威慑核攻击、常规侵略，还用于对付所谓的“无赖”国家的大规模杀伤性武器威胁，并作为劝阻其他国家进行核军备竞赛的手段。在核力量体系建设方面，这次核态势评估建立了“以能力为基础”的发展理念。2002年，美国政府宣布退出《反导条约》，这是一个常被人们称为维持战略稳定性的基础性条约。小布什政府执行的战略显示，美国在后冷战时期，特别是“9·11”事件以后，核政策重心有所调整，从冷战时期主要针对苏联，变为同时针对所有可能的潜在竞争国；与此同时，大力推动反扩散政策。做出这种调整的原因是：俄罗斯国力下降，来自俄罗斯的军事危险明显下降，而核扩散、大规模杀伤性武器威胁成为美国面临的主要安全关切。

奥巴马政府时期。奥巴马入主白宫以后，面对小布什执政期间执行的单边主义给美国在政治、外交等领域带来的诸多困境，推行变革理念，在核领域高调提出“无核世界”倡议，重启美俄双边核削减进程，大力推动多边军控合作。2010年4月，新的《核态势评估》报告发布，这被认为是新政府在核政策方面的纲领性文件。从报告内容分析可见，奥巴马政府的核政策有一些调整。调整部分表现在：对核威胁重点进行了新定位，明确指出美国面临的最紧迫和极端的危险是核恐怖主义；对核武器在国家安全中的作用范围进行了一定的收缩；恢复多边军控合作精神和美俄双边核裁军进程；奥巴马政府还显示出对加强美俄、中美间的战略稳定性关系的重视。不过，奥巴马政府在核武器主要作用、使用政策、发展战略弹道导弹防御以及核力量部署态势方面，基本继承了原有的政策内容。按照这个政策，美国在削减核武库同时，仍将继续保持相对于其他核国家的核力量优势，在核态势方面将依然坚持战争制胜型战略的基本特征。

特朗普政府上任后。2017年特朗普上台后，受特朗普本人性格等因素影响，美国政府在核政策宣示方面曾一度出现很大的混乱和不确定性。但整体而言，特朗普政府在“美国第一”的旗帜下，突出强调美国当前正面临着一个“竞争性”的世界，在这一世界中，美国面临多重挑战：首先，中国以损害他国主权实现崛起，国内统治缺乏民主，并不断发展军事力量，扩充并日益多元化核力量，意图在印度—太平洋地区取代美国；俄罗斯不断离间美国与北约盟友，继续保持能够毁灭美国的核武库，未来美、俄因误判而爆发冲突的风险上升；其次，朝鲜、伊朗等流氓国家持续对美国构成威胁；最后，美国与伊斯兰国等恐怖主义与极端主义团体的战争仍未平息。

特朗普政府《国家安全战略》将核力量作为“以实力确保和平”的重要工作，提升了应对美战略对手的“核讹诈”的重要性；围绕美国核力量与战略威慑，特朗普政府重点提出以下优先工作：首先要保持美国核武器：一是美国必须保持能够应对当下威胁与意外风险的核力量结构；二是宣称美国核力量规模虽然无需同其他国家相匹敌，但必须要拥有一个能够“威慑对手、确保盟友与伙伴以及在威慑失败时击败对手”的核武器库存。其次维持现代化美国核武器与核武器生产研发基础设施：一是确保美国核武器安全、有效，能够应对未来国家安全威胁；二是加大对核指挥控制系统投入；三是保持和加强一支高素质的核武器人才队伍。其次要确保稳定核威慑：一要为防止误判，美国将同其他国家开展讨论以建立可预测的核关系并降低核风险；二要在有利于战略稳定与可核查的前提下考虑新的军控安排；三要着力防止战略对手通过威胁升级或主动升级对美讹诈，宣示美国在保卫核心利益方面不惧冲突升级。再次要不断加强导弹防御：一是推进部署聚焦于伊朗与朝鲜的多层次导弹防御，以保卫美本土免受导弹攻击；二是发展在导弹发射前挫败敌方导弹的能力；三是重申美国导弹防御能力发展无意破坏俄美与中美战略稳定性与战略关系。

俄罗斯核威慑战略

俄罗斯的核威慑战略脱胎于苏联的核威慑战略，却也有与苏联不同的特点，其原因在于俄罗斯虽然继承了苏联的核武器，但其无论在军事实力、还是经济实力、文化影响力等方面均无法形成与美国势均力敌的一极，这必然使其核战略显现出与苏联不同的特点。

20 世纪 50 年代，苏联不仅试爆了原子弹、氢弹，而且在人造卫星方面还领先于美国。针对美国提出的“第一次打击”威慑战略，苏联一贯采取严厉的批判态度，他们开动一切宣传机器进行猛烈抨击。与此同时，苏联官方一再宣称，苏联决不采取“第一次打击”战略。然而，回顾战后苏联军事战略史不难发现，苏联也采取过类似于美国的“第一次打击”的战略，所不同的只是称谓不一，叫作“先发制人的打击”。强调要“以先发制人的核打击粉碎对方的核突击”，认为先发制人的核突击是进行未来战争的最有效方式，是取得战争胜利的决定性条件，积极主张先敌使用核武器。所谓先敌使用核武器，就是一旦“发现”美国将对苏联实施“第一次打击”，苏联就要在其发射导弹前实施先发制人的打击，将美国核导弹摧毁于地面。显然，“先发制人打击”与“第一次打击”是针锋相对的，从核威慑的本质上讲，两者毫无二致。

苏联的核威慑战略始终在步美国后尘，关于“确保摧毁”威慑亦不例外。不过，苏联在口头上总是不愿承认和套用美国的威慑概念。在苏联的军事理论著作中，“第二次打击”的概念是用“尔后打击”来表示的；“确保摧毁”一语则通常以“确保报复能力”来表示。

苏联的“确保报复能力”战略的发展经历了两个不同的时期。在勃列日涅夫时期，一方面，苏联的战略思想公开强调本国的单边“确保报复”能力，即：苏联在遭受美国第一次核打击后，拥有毁灭美国的报复能力，并作为一个现代文明国家而生存下来。另一方面，苏联在实际上已承认了“核平衡”的存在，认为“核平衡”保证了相互摧毁和相互威慑，一旦“核平衡”被打破，就将大大增加核战争的危险性。

苏联从来不承认美国所谓的“有限核选择”战略。“施莱辛格主义”问世后，苏联便开动宣传机器报以猛烈的抨击。苏联认为，“有限核选择”“严重威胁和平事业和国际安全”，首先，这个概念把核武器看作是可以使用的武器，把核战争看作完全允许的战争，这就空前增长了使用核武器的危险性；其次，这个概念降低了核门槛，增加了常规战争迅速升级为核战争的可能性，这就为全面核大战打开了“绿灯”；第三，它引起了新一轮的军备竞赛，加深相互间的猜疑，使总的世界政治形势更趋恶化。由于“有限核选择”需要发展足以摧毁军事目标的新的、高精度核袭击工具，并在美国认为“必要”的情况下首先使用核武器，因此，其实质就是谋求获得“解除武装打击的能力”。

戈尔巴乔夫上台以来。苏联的战略进入了新时期，鉴于美国制定了“重整军备”的宏伟蓝图，特别是提出了雄心勃勃的“星球大战”计划，大有可能一举改变苏、美力量对比的均衡态势。同时，苏联国内“大炮”和“黄油”之间的矛盾也日趋尖锐，这种形势迫切要求苏联在战争与和平问题上采取“新思维”。于是，苏联官方首次承认“核战争不会有胜利者”，标志着苏联内部关于相互威慑、确保摧毁问题的长期争论已有了结论。苏联采取了比较现实的态度，传统的“核战争制胜论”被“核战争无胜论”取代，作为“苏联国防威力的基础和达成战争目的决定性力量”的战略核力量，也由此转变为“遏制侵略者的基本因素”，即威慑的“盾牌”。在美国力图重建优势的情况下，戈尔巴乔夫的“新思维”的威慑意义在于想告诫美国，由于核战争将导致相互确保摧毁的结局，美国谋求战略优势的努力将归于徒劳，企图以此来延缓、慑止、动摇美国的扩军势头。

当然，苏联决不能容忍美国单方面获得“核选择”的“灵活性”，苏联以讥讽的口吻正告美国，五角大楼企图凭借“有限核选择”来加强威慑，这只能是“天真打算”。“有限核选择”不仅不是“防止全面和无限制冲突的途径”，相反，必将“成为无限制冲突的前奏。”苏联决不承认有限核战争的“可容许性”，即美国随心所欲地对苏联实施核打击的选择权；决不接受美国为苏联制定的所谓“小型”核战争的“游戏规则”。不管美国采取何种“有限核选择”，都将导致双方的核毁灭。显然，苏联是在以“相互摧毁”对美国的“有限核选择”进行反威慑。

苏联解体后，俄罗斯继承了苏联的核地位，核战略也因国际格局、与美国和北约的关系以及自身政治、军事、经济状况的变化而不断演变。

1993 年，叶利钦签署《俄联邦军事学说基本规定》，成为俄罗斯联邦成立后的第一份相关文件。该文件宣称，俄罗斯不把任何国家看作是自己的敌人，俄面临的主要威胁来自地区战争和武装冲突；核武器的目标是通过威慑对俄联邦及其盟友的侵略而消除核战争的危险；俄将寻求削减核力量，削减至能确保防止大规模战争和维持战略稳定性的最低水平。该文件虽然没有太强调核武器的作用，但却放弃了 1982 年承诺的不首先使用核武器政策。

1997 年出台的《俄联邦国家安全构想》及相关文件，仍然强调核武器用于威慑，在谈到核武器使用的条件时声称，只有在“俄罗斯作为主权国家的生存受到威胁的情况下”才会使用核武器。

2000 年 1 月，代总统普京签署了新的《俄联邦国家安全构想》，4 月，签署了新的《俄联邦军事学说》。新版的两份文件显示了俄罗斯在安全威胁观和核战略方面的改变，其中《俄联邦国家安全构想》宣称美国主导的单极结构、北约东扩以及在俄边界周围可能出现的外国军事基地对俄罗斯的安全利益构成挑战；在强调核武器威慑作用的同时，宣称必要时保留使用核武器的权利，“如果解决危机的其他所有手段无效时”，使用核武器“以驱逐武装侵略”，核力量要具备给予侵略者“预定损失”的打击能力。《俄联邦军事学说》肯定了核武器的多重作用，认为核武器是一种威慑侵略、确保俄联邦及其盟国军事安全、维持全球战略稳定性与和平的重要手段。这些内容被战略学家们解读为降低了核门槛，因为 1997 年版本的《俄联邦国家安全构想》中宣称，只有在“俄罗斯作为主权国家的生存受到威胁的情况下”才会使用核武器，而新版文件则暗示核威慑针对各种武装侵略，因此面对并未危及生存的常规侵略也可能需要有限使用核武器，在这种情形下，升级使用核武器起到了促使冲突逐步降级的作用。新文件中“逐步降级”概念的出现以及其他变化内容显示，俄罗斯在面对北约的常规有限攻击方面信心不足，只好诉诸核威慑。不过，文件中涉及核武器的内容不多，大部分是有关常规力量的改革与现代化问题。因此有专家认为，俄罗斯增加对核武器的依赖是为了安全上一时的修补性需要，等常规军事力量改革并现代化以后，这种对核武器的过分依靠会有所下降。

2003 年 10 月，俄罗斯国防部长在一次高级防务会议上做了《俄罗斯联邦武装力量发展的相关任务》的报告。该报告被媒体称为俄罗斯的“白皮书”。“白皮书”阐明了俄罗斯战略威慑的目标：排除任何形式的针对俄罗斯或其盟国的武力威胁和侵略，在遭到侵略时，确保保卫俄罗斯及其盟国的主权、领土完整和其他国家重大利益。

2010年2月5日，俄罗斯颁布了新的《俄联邦军事学说》。新军事学说对核武器作用的描述有一定程度的弱化。在谈及核武器使用条件时，新文件称，“当俄罗斯生存受到威胁时”才使用核武器；该文件还强调了将核威慑能力维持在“足够”的水平，即拥有在任何情况下都能给侵略者造成“预定损失”的能力；同时，还强调了常规力量的战略作用，比如精确打击力量、通信、指挥控制体系等。

可以说，新版学说比2000年版学说在一定程度上减小了对核武器的依赖，这是俄罗斯国家实力与军事实力有所恢复的一种反映。

在2012及2014年的相关文件中，俄罗斯在核门槛设定方面，保持了2010年文件的说法。但西方学者和媒体却常常怀疑俄罗斯官方的说法，宣称在未来欧洲地区的常规冲突中，俄罗斯会保留有限使用核武器的权利，发挥核武器的“以逐步升级促逐步降级”的作用。

2020年6月2日，俄罗斯总统普京签署355号总统令，正式签发《俄罗斯联邦核威慑国家基本政策》，这是俄罗斯首次对外发布该文件。《基本政策》是俄罗斯保障国防的战略规划文件，过去没有公开发布过。俄罗斯在过去主要是在《俄罗斯国家安全构想》和《俄罗斯军事学说》等公开文件中，部分涉及核威慑政策。此次公布《基本政策》可谓是首次专门针对核威慑政策进行的较为详细的公开阐释。该《基本政策》分四部分，共计25条，体现了其关于核威慑本质的官方观点，明确了俄罗斯需要通过核威慑消除的军事危险和威胁、核威慑的范围与对象、核威慑的原则，以及核使用政策和条件等。

英国核威慑战略

英国是濒临北大西洋的一个岛国，处于目前北约集团西欧战区的战略后方，这种得天独厚的地理位置对于维护英国的自身安全显然十分有利。第二次世界大战后，由于英国国力受到削弱，对西欧的控制能力日益微薄，借助外来力量（主要是美国）作为维持西欧各国政治力量平衡的砝码，就成为英国对外政策的基本出发点，这同法国主张建立“欧洲人的欧洲”的意愿恰成鲜明对比。英国在地理、国力、战略目的方面的基本情况，决定了战后英国核战略的性质和特点。

1952年英国研制成功原子弹后，在美国的扶持下建立了一支规模十分有限的战略核力量。之后的20多年，作为一个中等核国家，英国基本上一直是奉行“最低限度核威慑”战略，其核心思想是以威慑求安全。英国公开宣布，如敌人胆敢对英伦三岛发起大规模进攻，危及不列颠帝国的安全，英国将毫不犹豫地动用有限的核力量实施报复，借以威慑侵略，遏制战争。

英国“最低限度核威慑”战略包括以下内容：第一，建立一支小规模，但有效的核力量。英国国力有限，在核力量建设上不可能走美、俄的路径，不过，他们仍然认为核威慑是防止战争的最好办法，因此主张，只要具有最低限度的核威慑，任何国家都会因害怕报复而永远不敢进攻英国。英国国防大臣皮姆曾指出，英从未打算和苏联一个导弹对一个导弹地比高低，重要的是，即使英国只有一艘“北极星”核潜艇可供使用，也将足以给苏联造成不能接受的破坏。在这一思想指导下，英国的核武库规模非常有限。第二，作为美国核保护伞的补充，加强北约“灵活反应战略”的威慑作用。英国战略核力量是英美合作的产物，根据1962年两国的《拿骚协议》，英国的核力量在一般情况下应提供给北约，支持美国的核力量。英国认为，这将使“苏最高司令部在制定侵略计划时更无把握”，以加强北约“灵活反应战略”的灵活性。第三，保持独立打击能力，遏制苏联对英国本土的大规模进攻。根据《拿骚协议》，如果英国国家最高利益处于危急状态，英国政府对其核力量有独立支配权。1980 年英国国防白皮书指出，“美对欧洲的核保护伞一旦不起作用或失灵，英即可把自己掌握的核力量作为遏制苏向英本土进攻的最后手段”。第四，英国的核力量规模小，精度低，难以可靠摧毁军事目标，因此，要以摧毁对方少数大城市为基本目标，发挥可靠的威慑作用。据英国专家估计，他们所拥有的导弹核潜艇的威力至少可以摧毁苏联十几个大城市，在这种情况下，苏联如要对英国发动进攻，这将是一个不可忽视的威慑因素。

冷战结束以后，随着国际格局的缓和，英国在阐述其核战略性质和规模方面变得更加明确了。1998 年国防白皮书明确宣布：英国执行最低核威慑政策，从 1998 年之后，核力量将仅保留海基核武器，即由 4 艘载有“三叉戟”导弹系统的核潜艇构成，作战部署的核弹头数将不多于 200 枚；“三叉戟”核潜艇同时担负战略威慑和“次战略”武器角色。

英国 2006 年国防白皮书声称：自冷战结束以来，英国核威慑政策的基本原则没有改变，而且在未来也不太可能改变；英国的核威慑支持北约的集体防御，英国的核力量为北约的核威慑做出了实质贡献；英国在核武器使用问题上拥有独立的决定权，即使服务于北约的核力量，在使用前也由英国决定；英国将继续维持最低水平的核威慑，将作战部署的核弹头数削减至 160 枚以下；在使用核武器问题上，不明确宣称也不排除首先使用核武器，并且在何时、以何种方式以及在多大规模上使用核武器的问题保持模糊；采取必要步骤，将可信核威慑能力支撑到 21 世纪 20 年代乃至以后；为此，将建造新一代核潜艇，取代将于 21 世纪 20 年代开始退役的“先锋”级核潜艇；并参与美国对“三叉戟”导弹的延寿计划，使美国提供的这批导弹寿命能够维持到 21 世纪 40 年代早期。

2010 年 10 月 19 日，英国政府发布了《战略防务和安全审议》报告，报告强调：英国需要维持可靠的最低核威慑，作为应对极端威胁的最后手段；英国的核威慑是北约集体安全框架的重要组成部分；英国历来的政策是仅在自卫的极端情况下考虑使用核武器，其中包括保护北约盟友，但是，英国对在何时、以何种方式以及在多大规模上使用核武器保持模糊。

英国的核战略既有区别于北约和美国核战略的鲜明特点，同时，由于与美国在核力量建设方面保持特殊的合作关系，在核战略规划与核武器使用方面与北约保持紧密联系，因此，其核战略许多方面与北约、美国又有相当的关联性。如果抛开英国与北约复杂的防务关系成分，分析英国自称的独立核力量的主要战略方针，可以认为，英国的核战略基本属于最低核威慑类型。在可预见的未来，英国将会在独立拥有核威慑和参与北约核威慑之间继续维持一种平衡关系。

法国的核威慑战略

法国位于西欧诸大国的中心位置，面积居西欧国家之首，在历史上曾建立过仅次于英国的世界第二大殖民帝国。几百年来，建立一个法国领导的西欧政治秩序，是历代法国统治集团孜孜以求的目标。第二次世界大战后，法国一方面面临重建一个独立的属于西欧人的西欧，另一方面，又面临苏联咄咄逼人的威胁，在这种形势下，法国选择了本国的有限核威慑战略。

法国从1958年戴高乐重返政坛后确立有限核威慑战略起，至今经历了几个发展阶段。

戴高乐是法国有限核威慑战略的奠基人。1958年，戴高乐在战后第二次出山，担任法国总理，随后便不失时机地提出法国要分享世界领导权的要求，以打破美国在西方盟国中的霸主地位。法国深知，美国人不想给一个没有核武器的国家以大国地位，于是，戴高乐便表示了愿意购买美国核武器的意向，其条件是这些核武器必须严格置于法国支配之下。鉴于美国不予合作，戴高乐决心凭借本国力量成为核大国，他为法国制定的国家政策目标是，“建立一个核大国，谁要来进行攻击，就不能不冒可怕的创伤之险”。1960 年 2 月，法国爆炸了第一颗原子弹，依靠自己的力量跨入了核大国的行列。

戴高乐阐明了法国的核政策。他说苏联、美国有互相威慑的核力量，法国就不得不拥有自己的核威慑力量。“用几枚百万吨级的核弹能摧毁任何国家。即使敌人有杀死我们 10 次的力量，我们只需要杀死敌人一次就够了，我们的核威慑力量就是有效的了”，这就表明，法国所推行的是一种“有限核威慑战略”，谋求一种非对称的威慑平衡。戴高乐之后，法国政府曾几经更迭，但有限核威慑战略的基调始终保持不变。

这一时期，法国的有限核威慑战略主要有两个基本特点：第一，强调以“大规模报复”进行威慑。戴高乐认为，美国的核武库虽然庞大，但是美国的核保护伞是靠不住的。西欧缺乏战略纵深，北约的常规力量难以与苏联抗衡，逐步升级和“灵活反应”战略难以奏效，只有实行“大规模报复”才能遏制苏联，使它不敢在西欧轻举妄动。法国主张在前沿只留驻少量部队，主力实施纵深梯次配置，并将核武器用于打击敌战略纵深的要害目标。也就是用核武器反击“蛇身和蛇尾”，来“制止蛇头前进”。第二，实行独立的“多向防御”战略。1966 年，法国为抵制美国独霸西欧的企图，退出了北约组织。法国宣称，今后不应再把苏联作为“唯一的及首先考虑的假想敌”，而应推行“多向防御”战略，建立一支“世界性的、多向防御的洲际核威慑力量”，以回击来自世界任何方向可能的进攻。在戴高乐执政后期，法国的有限核威慑对象已不仅仅是针对苏联，而且也把美国囊括在内，法国的有限核威慑战略的独立性进一步增强。

在蓬皮杜和德斯坦担任法国总统期间（1969—1981 年），法国有限核威慑战略的发展进入第二阶段。在这个时期，法国的有限核威慑战略在以下诸方面发生了新变化：第一，放弃“多向防御战略”，明确核威慑的主要对象是苏联。蓬皮杜执政后，随着苏联对西欧军事威胁的增长，不再提戴高乐的“多向防御”口号。德斯坦 1974 年上台后，公开声明放弃“多向防御”战略，重新明确苏联是法国安全的“主要敌人”。鉴于法国财力有限，不可能在核武器数量上同超级大国并驾齐驱，因此主张法国要建立一支数量有限但“非常有效”的核力量，必要时能确有把握给苏联以“一定程度的打击”，遏制苏联入侵。第二，以“逐步反应”取代“大规模报复”。蓬皮杜上台后，鉴于“大规模报复”难以慑止“有限规模”的军事行动，以及战术核武器的出现等情况，因此开始采用“逐步反应”的战略，即加强前沿防御，以常规力量作为第一道屏障；如不足以抵挡苏军攻势，则启用战术核武器向敌发出警告；如还不能慑止敌人进攻，则使用战略核武器威慑敌人。这表明法国的核威慑已包括战役战术和战略两个层次，有限核威慑的灵活性得到加强，“逐步反应”战略开始同北约的“灵活反应”战略协调起来。第三，主张以打击敌方城市进行威慑。法自知核武器命中精度不高，尚难确保击中军事目标，所以以城市为打击目标。并认为“打击城市”战略，是拥有少量核武器的中等国家对付超级大国“唯一可行的办法”，因为依靠少量核武器就足以给敌人造成难以忍受的损失，从而产生巨大的威慑作用。

1981 年，密特朗就任法国总统，开始了法国有限核威慑战略演变的第三阶段。密特朗提出，威慑是“以弱制强”和“避免冲突的唯一战略”，其核心是遏制苏联，力求避战。法国作为中等强国，核武器数量有限，但如苏联悍然发动“大规模进攻”，危及法国安全，法将动用战略核武器对苏联本土进行报复性还击。为了保持威慑的有效性，法国公开宣称不能担保“不首先使用核武器”，同时，还强调不可忽视实战准备。认为实战准备不仅有助于提高威慑的可信性，而且还可以作为对付危机的重要手段。密特朗的“以弱制强”战略也主张在使用战略核力量之前，有一个“分阶段逐步反击进攻之敌”的过程，即首先使用常规力量抗击敌人进攻，尔后视情况使用战术核武器“发出最后警告”，警告无效，再以战略核武器实施“大规模报复”。

从戴高乐到密特朗，法国核政策发展的历史脉络清楚地表明，法国核威慑战略的特点是有限核威慑同大规模报复的结合，即以有限的核力量摧毁敌城市目标相威胁，达到威慑的目的，其本质是“以弱制强”。为提高以弱制强的核威慑的可信性、灵活性，必须坚持保留一支“独立的”核威慑力量；必须以可能首先使用核武器相威胁；强调核威慑与实战的紧密结合；以及必要的常规力量与核威慑力量的结合。

为推行“有限核威慑战略”，法国经过二十多年的努力，建成了一支小规模的“三位一体”战略核力量。

1994 年，法国政府再次发表国防白皮书，明确拒绝任何从“纯粹核威慑态势”向“战争制胜型”战略演化的可能；再次重申“有限打击”仅仅是用于“最后警告”。20 世纪 90 年代后，法国官方基本不使用“预战略”或“最后警告性”核战略的概念了，不过仍宣称保留释放信号的选择性打击。1991 年，法国将空基战术核武器划归战略空军部队，1996 年后明确声称其核武器都是战略性的，任何核武器的使用都意味着战争性质的巨变，核武器不适合有限冲突。

尽管法国自称其核战略是防御性的，坚持“非用”原则，但长期坚持首先使用核武器的政策，认为法国在面临侵略时将以首先使用核武器作为应对措施；“非用”强调的是不追求进行战场作战和制胜能力，不将核武器视为战场工具，但这不等于不首先使用。法国认为保持首先使用核武器的政策是威慑敌国侵犯的重要保证，需要明确宣示以加强威慑效果。冷战末期，北约曾试图对冷战时期的“灵活反应”

战略进行调整，提出将核武器作为“最后手段”的说法。1990 年 7 月，在北约峰会上，法国总统密特朗对北约核战略表达了不同看法，拒绝接受“最后手段”的提法。在法国人看来，宣布在最后关头才使用核武器削弱了核威慑作用，那意味着法国将不得不承受巨大的常规损失以后才诉诸核武器，这是法国不能接受的；法国认为较早威胁使用核武器有可能会防止战争发生。对法国而言，宣布首先使用核武器政策在慑止常规侵略会获得威慑效益，它明确宣示了政府在常规战争中某个时刻可能就会使用核武器，以此增强威慑力度。

对今日法国而言，“以弱慑强”式威慑的说法不太准确了，因为目前法国要比威慑对象中的“地区强国”可能还要强些。另外，“相称威慑”一词在法国也不再被使用了。目前，法国以“严格足够”一词描述其核战略特点。无论使用什么概念，法国核威慑力量的具体技术指标是确保可生存的第二次打击能力。尽管法国从不应用美国的“确保摧毁”等概念，但从其发展部署的核力量规模看，法国基本以确保摧毁的标准为核力量规模要求指标。在 20 世纪 80 年代初，法国自称已经形成威慑力量，据专家估算，此时法国核力量具备了摧毁苏联 20％人口和 50％工业的能力，与美国“确保摧毁”的一个公开指标，即所谓的“麦克纳马拉标准”基本相符。

法国虽然一直是北约成员，但因不满美国在北约内部防务等问题上的主导，曾一度与北约关系紧张。1966 年法国退出北约的一体化军事机构，并要求撤除所有美国和北约在法国领土上的军事力量。法国从未同意北约的灵活反应战略，也从未参加北约的“核计划小组”。可以说，法国在核武器发展、运行及使用等方面保持了较大的独立性，不过法国也声称，自身核力量及其独立决策权也为北约整体核威慑做出了贡献。北约在 1974 年渥太华峰会上声称：北约整体核力量包含有美国、英国、法国的核力量，尽管三者在核政策、核态势方面有些差异，但这种不同，以及三个不同决策中心同时存在的现实，却对北约整体核力量的威慑都有贡献，因为它们增加了潜在对手心中的不确定性，从而加强了核威慑力。

法国在核武器技术发展方面虽然有较大的独立性，但也为此消耗了巨大的人力物力，花费了更多时间。不像英国那样，因为与美国保持紧密联系，在核武器发展方面获得了不少美国的技术援助。戴高乐去世后，法国政府逐步开始寻求与美国的合作。而尼克松政府意识到法国已经拥有了核武器，因此觉得有必要一改 20 世纪 60 年代以来对法国发展独立核力量所持的反对意见，寻求改善与法国关系。自 1972 年始，美、法两国在核技术方面开始了一些秘密合作，1985 年双方签署了新的合作协议，其中包括核武器弹头安全设计等技术。

冷战结束后，法国与北约盟国的关系进一步加强，法国于 2009 年重返北约军事一体化机构。法国在核问题上也向欧洲盟国表现出更开放的姿态，提出法国核威慑“欧洲化”建议，即所谓的“协调威慑”。但法国从未公开声称为其他国家提供核保护伞，只是表示过，鉴于法国国土的地缘特点，欧洲各国被侵犯时，也将直接影响法国的命运，因此法国的核心利益也不得不包括邻国领土。其实，法国之所以不像美国及英国那样愿与盟友分享核威慑，主要源于法国核战略文化中的一个根深蒂固的理念，即认为在国防问题上，核风险是不可分享的。

2008 年 6 月，法国国防部发布了新的白皮书，称核威慑仍然是国家安全战略的一个实质性基础，“是法国安全与独立的最后保障”；核威慑的唯一目的是防止任何国家发起的针对法国核心利益的侵略；法国仍将保持“严格足够”的政策，将核威慑的有效性建立在能为总统提供独立、足够广泛、灵活反应的能力基础之上；核力量将继续进行现代化更新。

事实上的核国家的核战略

印度核战略

20世纪50年代起，印度以“和平利用核能”的名义，有目的、有计划地从国外引进军民两用的技术、设施和材料。1968年《不扩散核武器条约》开放签署时，印度以条约存在歧视性条款为由拒绝签署，使印度的核活动长期以来基本上游离于国际原子能机构（IAEA）的保障监督之外，可以不受约束地把核技术、核设施和核材料转用于核武器计划。1974年印度首次进行核试验，1998年又宣称进行了5次核试验，是“事实上的核武器国家”。印度宣称奉行“不首先使用核武器”下“有效的最低威慑”核战略。目前已初步建立了“三位一体”核威慑力量，且仍在继续生产军用核材料，继续开展核武器技术研发，以提高核武库质量。

《印度核战略草案》指出，印度奉行最低核威慑理论，印度发展核武器的根本目的是慑止任何国家或实体对印度或其军事力量使用或威胁使用核武器。为实现这一目标，印度需要建立有效的核威慑，以及在威慑失败情况下足够的核报复能力和动用核武器的决心，从而使潜在侵略者相信，对印度或其军队的任何核攻击，必将遭到印度核武器的惩罚性报复。《印度核战略》重申要“建立和维持有效的最低威慑”。

《印度核战略草案》指出，为满足最低核威慑，印度核力量应具有最大的有效性、生存性、安全性和安保性；核力量应由飞机、机动陆基导弹以及海基核武器系统构成“三位一体”的结构；确保核武库的生存能力，以便在遭受对手第一次打击后仍能发起有效的核报复；此外，还应建立可靠的指挥控制系统，具备有效的情报能力与早期预警能力。

在核武器使用政策上，《印度核战略》和《印度核战略草案》都提出两个关键点：第一，不首先使用，即核武器仅用于报复对印度领土或军队的核打击，旨在给对手造成不可承受的损害；第二，消极安全保证，即不对无核国家使用核武器。与《核武器战略草案》相比，《核武器战略》在这两点上有所弱化。《印度核战略草案》指出，承诺无条件地不对无核武器国家或未与核武器国家结盟的国家使用或威胁使用核武器，而《核武器战略》虽然也提出“不对无核武器国家使用核武器”，但也表示，“对印度或印度军队（无论何处）发动的使用生物或化学武器的重大攻击，印度将保留核报复选项”。言下之意，对其进行生、化武器打击的国家无论是否拥有核武器，印度都有可能首先动用核武器。

印度把核军控政策作为国家安全政策的一部分，而且在《核武器战略草案》和《印度核战略》中都提出致力于“全球性的、可核查和非歧视性的核裁军”，可是在实际实施过程中又表现出矛盾性。其一，宣称在不扩散方面采取了严格措施，但以条约是不公正的、带有歧视性的为由，拒绝作为非核武器国家签署《不扩散核武器条约》。其二，宣布自愿暂停进行地下核爆炸试验，但至今未签署《全面禁止核试验条约》。其三，支持“禁止生产核武器用裂变材料条约”谈判，但仍在扩大军用裂变材料生产能力，继续生产军用裂变材料。其四，支持全球核裁军进程，但不接受与巴基斯坦共同放弃核武器、实现南亚无核化的提议。

巴基斯坦核战略

巴基斯坦的核武器计划始于 20 世纪 70 年代初，80 年代中后期成功突破核材料生产及核装置设计等难关。1998 年，巴基斯坦在数天内先后进行了两轮共 6 次核试验，自此成为事实上拥有核武器的国家。巴基斯坦未签署《不扩散核武器条约》和《全面禁止核试验条约》。

外界普遍认为，巴基斯坦针对执行的是针对印度的“动态”全谱型核威慑，这是建立在对印度做出反应基础上的核威慑政策。虽然巴基斯坦多次声称，自身实行的是最小威慑战略，不与印度展开核军备竞赛，但又一直“不得已而为之”地努力建立一支与印度核武库相当规模的核力量。巴基斯坦官员表示，不同的武库规模都可以实现最小威慑战略，但由于印度在进行庞大的常规、核及反导防御等方面的军力建设，迫使巴基斯坦不断对核力量结构与规模需求进行“定性及定量调整”，目前无法对所需的武库规模进行准确量化。

2013 年，为回应印度提出的“冷启动”战略，巴基斯坦声称其将谋求针对印度的全谱型核威慑能力，力图拥有应对不同冲突等级的不同核选项，这意味着巴基斯坦试图增加自身核打击战略的灵活性，以更可信地威慑印度的军事入侵。然而，多数外界分析认为，以巴基斯坦目前的核能力，全谱型核威慑在更多层面上是一种宣示战略，难以落实到实际的使用战略中去。

2001 年，巴总统穆沙拉夫在不同场合曾多次表示，无论在什么样的压力下，巴基斯坦的核武器发展计划都不会逆转，在这一问题上没有任何妥协的余地，巴将不惜代价保持有效的核威慑。

巴基斯坦一直不承诺“不首先使用核武器”政策。巴基斯坦承诺不对无核国家首先使用核武器，但不排除对攻击巴基斯坦的核武装侵略者首先使用核武器。巴基斯坦之所以提出“首先使用核武器”的核战略，是为了在核问题上与印度针锋相对，以期维持印巴之间的战略均势。

以色列的核战略

以色列 1948 年开始启动核计划。以色列政府采取“核不透明”政策，即不证实也不否认拥有核武器，但国际社会一般认为以色列是事实上拥有核武器的国家。

一般认为以色列的核威慑战略是一种所谓的“核不透明”战略。1965年3月，当时的以色列总理列瓦伊·伊斯克声称，“以色列不会是第一个将核武器引入阿拉伯—以色列地区的国家”[①]。这样的声明可能包含不同的含义，不能说明以色列是否发展了核武器，因为美国曾在地中海第六舰队上部署了核弹头，因此即使以色列拥有核武器，也可以自称不是第一个将核武器引入中东地区的国家。另外，这一声明也可能暗指以色列当时的核武器只是以零部件的形式存放，需要时才组装，因此可以否认拥有实际意义上的“核武器”。

1967—1969年，以色列逐渐从上述的“核模糊”态势转变为一种所谓的“核不透明”态势。当时的背景是，1968年夏天，美国推动《不扩散核武器条约》（NPT）的签署，并以向以色列出售常规先进武器为条件施压以色列同意签署NPT。对此，以色列向美国提出签署NPT的前提条件，包括美国向以色列提供核安全保证、长期向以色列销售常规先进武器、以色列从当时的占领区撤出要与地区的和平协定挂钩等。以色列的主要目的是，通过提出这些美国可能不会同意的条件，间接告诉美国政府，以色列的安全利益不允许它加入NPT。1969年新的美国总统尼克松上台后，无意要求任何盟友加入NPT，其中也包括以色列。1969年，尼克松政府与以色列当时的戈尔达·梅尔政府达成一项秘密协定（也称“尼克松—梅尔协定”），根据这项约定，以色列不公开宣布或测试核武器能力；作为交换，美国同意停止对以色列的相关视察，并且不对以色列签署NPT施加压力，也不对以色列核

① Israel's Nuclear Development & Strategy: Future Ramifications for the Middle East Regional Balance [OL], http: //www. arabmedia. com/ jnucler. html.

计划设限[①]。自此后，每一届以色列政府都执行了这项“不透明”政策，在保留制造核武器选择权的同时，既不承认、也不否认拥有核武器。

由于所谓的“核不透明”战略，以色列的核使用政策也相应地非常模糊和不确定。以色列核计划由其开国总理本·古里安为首的几个领导人在 1948 至 1963 年间发起，其核使用决策同样也只限于高层，缺乏系统的、可靠的指挥控制系统。1988 年一项研究以色列核武器使用决策过程的研究称，以色列“根本没有系统的和有组织的决策制订过程”，其国家决策缺乏详细规划和长远目标，仅仅由其领导人根据个人经验和对当时情况的评估进行决定。当决策人员认为以色列面临极度危机时，就有可能使用核武器。据分析，所谓的“极度危机”可能包括以下几种情况：阿拉伯成功入侵以色列人口稠密区；破坏以色列空军；大规模空袭以色列城市；对以色列使用大规模杀伤性武器。问题是：如何判断这个危急时刻来临？

由于以色列的“核不透明”政策，阻碍了中东地区的核军控谈判进程，甚至其他大规模武器的谈判进程。最显著的例子是以色列未签署 NPT，以色列表示只有在与阿拉伯邻国和伊朗和平相处时，才考虑加入 NPT，这导致一些阿拉伯国家拒绝签署《化学武器公约》。同样，因以色列反对“中东无核区”的协议自 2014 年以来未获推进。另外，以色列政府虽然签署了《全面禁止核试验条约》（CTBT），但一直未在国内法律层面上批准。与核问题具有联动性的中东地区安全问题在未来相当长时间仍将是国际安全领域关注的焦点。

① Avner Cohen，The Worst Kept Secret：Israel′s Bargain with the Bomb［M］，New York：Colombia University Press，2010.

朝鲜核战略

朝鲜核武器计划始于20世纪50年代，到90年代，朝鲜核武器的相关能力进入到研发关键阶段。2006—2017年，朝鲜共进行了6次核试验，掌握了原子弹的武器化设计，外界一般认为，朝鲜在第六次核试验中进行了氢弹设计试验，成为事实上拥有核武器的国家。自2016年以来，朝鲜密集进行弹道导弹试验，并在2017年在远程和洲际弹道导弹技术上取得进展。

朝鲜通过长达六十多年的核发展历程，建立了关键核材料与核爆炸装置的完整生产流程，具备随时扩大核材料生产规模，从而具备核弹头批量生产能力。通过6次核试验，朝鲜掌握了包括原子弹、氢弹在内的核爆装置设计原理，实现了核爆装置的武器化。不过，虽然朝鲜在第五次试验后声明已经完成核弹头的定型工作，但核武器系统在实战环境下的可靠性，核弹头在经历真实弹道后的安全和可靠，尤其是在洲际射程下再入阶段的隔热能力和结构稳定问题会影响到再入体飞行动力特性，进而影响打击精度，这些问题尚需通过更多飞行试验来验证。

时至今日，朝鲜已成为实际拥有核武器的国家，已经达到了拥核的政治目标。朝鲜发展核武器的历程也伴随着断断续续的无核化声音。

进入2018年，朝鲜再次把目光转向推动朝鲜半岛无核化。自2018年3月同意与韩、美领导人举行会晤以来，朝鲜陆续采取了一些措施，包括：决定停止核试验和洲际弹道导弹试射；废弃朝鲜核试验场，在媒体见证下对核试验场公开爆破拆除；与美国特朗普政府发布联合声明，重申“无核化”目标；就无核化路线图与美国展开谈判；拆除导弹试验场地部分设施等。朝鲜通过这些举动展现了废除核武器和洲际弹道导弹的意愿，但朝美双方在“无核化”的诸多相关问题上，包括无核化的实质内涵、进度安排和对朝鲜的补偿（包括安全保证）等，都存在巨大分歧，这些分歧不但使朝美之间的核谈判前景充满变数，甚至也不排除导致朝鲜核政策再次逆转的可能。

第五章　常规威慑——威慑战略的利剑

常规威慑是相对核威慑的一种威慑方式，指的是在核威慑条件下，通过大力发展和加强常规力量（即非核力量），使对方认识到采取任何侵略性的行动都将付出沉重的代价，从而达成遏制（常规）战争爆发或迫使对方放弃侵略的目的。

冷战期间，在激烈的核军备竞赛基础上，美、苏双方最终形成了“相互确保摧毁”的态势。然而，双方都认为，光靠核威慑还不足以遏制各种规模的常规战争，难以把威慑和实战两种形式结合起来，而常规威慑则是唯一一种可用于实战的威慑战略。为了提高常规威慑的可信性和灵活性，北约国家于 1985 年提出了“CDI”计划，即“常规防御倡议”。苏联在“新思维”的支配下，亦在削减战略核武器的同时，大力加强其常规威慑力量，以保持自己在常规武器方面的优势。冷战后，美国开始调整国家安全战略，提出以核与常规的打击能力、主动与被动的防御能力，以及快速响应的基础设施为内容的新“三位一体”战略，降低对核武器的依赖，重点发展常规威慑力量，并提出常规全球快速打击计划。世界其他主要国家也大力发展常规军事力量，常规威慑在军事斗争中的地位和作用显著提高，成为威慑战略中的一柄利剑。

以常补核：常规威慑的提出

在理论上，美国学者提出了可靠威慑的三要素：一是足以影响全球的威慑力量；二是有决心和意志使用威慑力量；三是以及通过一定的方法，使对方知道和相信上面的两点。冷战期间，威慑理论在核领域的实践，为威慑战略应用到其他领域提供了理论基础。高新技术的迅猛发展及其军事运用，为单一核威慑转变为多种威慑提供了物质支撑。

常规威慑概念的发端——CDI 计划

CDI 出台的背景。自第二次世界大战末以来，随着核武器的出现和发展，在世界部分有核国家中，常规力量一度遭受冷遇。比如美国就曾经试图用核讹诈、核垄断来“赢得每一张牌”，以“大规模报复”作为自己的战略。再比如苏联在掌握了核技术，特别是在自己的核力量有了较大发展后，也一度片面强调“火箭核战略”，试图依靠核力量制胜对手。然而，物极必反，这种对核力量“顶礼膜拜”情形随着战后历史的发展逐渐发生了变化。

20 世纪 60 年代开始，美、苏等核大国先后开始了对核力量与常规力量不同作用的反思，意识到在核条件下常规力量仍然有着重要作用。然而，从整个战略方面，立足常规力量的威慑作用来思考现代战争问题一直延滞到 20 世纪 70 年代末期才开始。

苏联自 20 世纪 70 年代后，更加注重全面发展各种力量，准备打各种类型的战争，特别是核威慑条件下的常规战争。20 世纪 80 年代以来，苏联军事战略又有所调整，面对美国及北约集团的种种挑战，它力图从质量上进一步提高战略核力量，同时继续扩大其在常规力量方面的优势，以争夺战略主动权。

美国及北约方面，随着“灵活反应”战略思想的不断深化，也开始把常规力量的发展提高到威慑战略的角度来重新加以认识。面对以苏联为首的华约集团在常规力量方面的数量优势，美国和北约集团普遍认识到，加强自身的常规力量建设，提高常规防御能力是北约的当务之急。

1984 年 12 月，北约国防部长会议一致同意北约集团必须采取改变常规力量不平衡的特殊步骤，并委托秘书洛德·卡林顿起草关于改进常规防御的建议。在 1985 年 5 月北约国防部长会议上，卡林顿提出了一整套改进常规防御的建议，并得到批准。后来，北约国家就把这项建议称为 CDI 计划，并把改进常规防御这一策略泛称为“常规防御倡议”，有时也称为“常规防御改进”。可以说，北约各国加强常规力量的各有关计划都属于 CDI 计划的范畴。

CDI 的主要内容、举措和关键技术。CDI 计划自提出后，引起了欧美军事专家们的激烈争论，他们把该计划称为北约军事战略上的一个“创新”。之所以如此，是因为计划提出了三个新的论点：一是其所主张的防御态势使战术和战略核武器的价值大为降低、并且不依靠核武器；二是其制定了不依赖现有兵器技术，而立足于新技术的军事战略；三是其提出了由西方盟国共同利用新技术，研制新的武器系统的计划措施。

在经费预算上，西欧盟国也进行了相应调整，它们同意在保持国防经费以每年 3%的增速下，在 1985—1992 年间，将每年增加拨款的 90%用于与 CDI 有关的计划。1986 年 2 月和 4 月的北约成员国军备主任会议上，有 7 个合作发展项目达成协议，其中每个项目都有 3～6 个北约成员国参加。美国参加了全部 7 个项目的研究，1986 年为之拨款达 2 亿美元。另外，作为 CDI 的组成部分，他们还就军备合作问题单独形成了一个“北约军备合作倡议”，明确了美国用于该倡议的拨款计划。美国国防部还专门成立了一个“防务合作工作组”，负责监督国防部军备合作政策和计划的执行。

1987年，为了进一步推动CDI计划的全面实施，美国国会又批准了发展常规武器的高技术计划。开展对提高常规能力至关重要的5项技术的研究。这5项关键技术是：“灵巧武器”技术，侦察、监视、目标捕获与战场管理、指挥控制和通信技术，装甲与反装甲技术，大功率微波技术，有潜在应用价值的特种技术。其目标是发展能大幅度提高常规防御能力并可望实现的跃进式创新技术，加快使苏联及华约国家武器装备过时的速度，迫使他们在防御上耗费更多的财力，以期实现常规力量平衡，提高常规威慑的可信性和灵活反应战略的有效性。

在美国为首的北约大力推动CDI计划全面实施的同时，苏军的整个武器装备系统也不断向非核化、电子化和隐形化方向发展。苏联陆军进一步提高火力、突击力和机动力，空军侧重加强远程奔袭和战略空袭能力，防空军发展远、中、近程和高、中、低空配套的多层防空体系，海军则继续向大型化、导弹化和核动力化方向发展。在美苏《中导条约》签署前后，苏联还主动提出首先在欧洲彻底销毁核武器的主张。这样，不仅迫使美国和北约集团在政治上处于被动地位，而且使北约陷入一旦失去核保护伞后，其常规力量的劣势将难以抵挡华约集团进攻的困境。正是在这样的背景下，苏、美之间开始了常规力量发展的新一轮竞赛。

常规威慑的形成

苏联解体之后，两极体系宣告结束，美国成为唯一的超级军事强国。冷战的结束极大改变了美国的战略地位、战略需求和所面临的安全形势，也对美国的军事战略产生了深远影响。当时的美国国防部认为，“无任何国家能在常规军事技术及其运用能力方面与美国相匹敌”。为适应国际形势、国内经济和军事技术等情况的发展变化，美国的军事战略进入了一个新的大调整期，在维持核威慑的同时，常规威慑的作用逐渐凸显。在不同政府时期体现为不同的战略：布什政府时提出了地区防务战略，该战略强调常规部队建设，重点发展高技术武器装备，发展远程打击能力，发展多兵种联合作战能力。克林顿政府提出了灵活和选择参与战略与塑造、反应、准备战略，前者战略强调威慑和冲突的阻止，强调常规威慑，以防止危机转化为冲突；后者强调依赖技术优势、信息优势，大力发展常规军事威慑能力，确保美军21世纪的“压倒性优势”。小布什政府提出了保护、防止和战胜战略，强调通过全球驻军以及先进的军事技术优势，威慑潜在的敌人，防止冲突与突然袭击，新“三位一体”威慑战略正是此时提出来的。奥巴马政府提出了重返亚太战略，强调陆、海、空、天、网络的跨领域协同，提高作战介入能力和反拒止作战能力；特朗普上台后则提出多域融合战略，重点推进跨域战、混合战、全球一体作战，强调联合部队发展和联合能力发展，以慑止战略攻击和常规攻击。

冷战结束后，美国及其领导的北约先后发动了海湾战争、科索沃战争、阿富汗战争和伊拉克战争等。凭借全球范围内的军事部署，借助各种军事同盟，依赖绝对的军事优势，美国及其盟友通过常规战争，在事实上确立了它们的常规威慑体系。

技术推动：常规威慑的发展

随着世界格局的持续调整，全球的军事格局正在发生深刻的变化，也正在呈现新的特点。与此相应，主要大国、强国的战略威慑体系也在发生新的变化，出现了新的趋势。作为战略威慑体系的一个组成部分，常规威慑的作用日益凸显，常规威慑与整个战略威慑体系的关系日益复杂。

常规威慑——战略

区域联盟延伸威慑。这种威慑形式通过直接建立军事基地，部署军事力量，将常规威慑力量前移，增强威慑效果，其使用的范围主要在中东、欧洲和亚太。在中东，美国及其领导的北约国家直接在盟国建立了大量基地，部署了先进的常规武器，直接威慑地区的潜在对手。在欧洲，北约加快东扩计划，整合北约国家力量，逐步推动其常规威慑力量东移，一步一步将其常规军事力量抵近俄罗斯的家门口。北约从空中、海上和地面都部署了大量的常规军事力量，监视、跟踪俄罗斯的军事活动，压缩俄罗斯的活动空间。近年来，北约又在北极地区建立大量的常规军事力量，全方位围堵俄罗斯的战略空间。针对北约的延伸威慑，俄罗斯针锋相对，逐步加强西线边界的常规军力部署，建立自己的延伸威慑能力。在亚太，美国先后提出了亚太再平衡战略和印太战略，加强亚太地区的军力部署，逐步推动常规军事力量前移。除加强关岛等基地的军事力量之外，美国还积极推动第一岛链、第二岛链的前移，并积极在亚太地区部署反导系统。美国的军舰长期在中国周围活动，并利用各种手段加强对中国军事活动的监视和跟踪。

非对称威慑。这种威慑形式指的是在力量无法全面与对手抗衡的条件下，采用非对称威慑手段，不追求力量的对等，而是利用和发展优势力量，针对对手的劣势环节，构建和巩固威慑力量，实现对整体力量占优的对手的有效威慑，其主要体现为俄罗斯的常规威慑方式。苏联解体以来，俄罗斯的力量已经大不如前。北约的东扩，使俄罗斯和西方整体力量的对比进一步失衡。在这种条件下，俄罗斯在常规威慑方面积极采用非对称手段，扬长避短，针对对方弱点，构建起了相对有效的威慑力量。为加强防御，俄罗斯已经全面部署了S-400防空导弹系统，并研发更先进的S-500系统。为加强空战能力，俄罗斯已经部署列装了多种先进战机，包括“苏”-57等。为加强打击能力，俄罗斯先后研发出了多种精确打击武器，包括“伊斯坎德尔”导弹、“口径”导弹、Kh-101导弹等。由于俄罗斯的海上力量要弱于以美国为首的西方国家，近年来，俄罗斯一直都在大力发展反舰导弹，以寻求海上力量的平衡。面对拥有强大海上航母编队、快速反应能力和远程预警能力的美欧国家，俄罗斯在反舰导弹的研制和装备过程中主要追求导弹的远程快速打击能力，专门发展了高超声速反舰导弹。2017年4月，俄罗斯国防部披露，成功完成了世界首型高超声速反舰导弹“锆石”的试射。该弹由“宝石”超声速巡航导弹改进而成，具有突防能力强、杀伤力大、通用性高等作战特征，代表了未来反舰导弹的重要发展方向。

整体威慑。在信息化时代，信息技术的主导地位极大改变了作战方式和作战手段，战争表现为体系与体系的对抗。集中体现在运用具有一定规模、相互作用的行动实体，依托网络化信息系统和大量高技术武器装备，在物理域、信息域和认识域进行的体系对抗。在这种情况下，威慑表现为整体威慑，强调以创新作战理念和综合作战能力形成对对手的“代差”优势。信息化条件下，运用强大的态势感知能力，快速打击能力，隐身作战能力，陆、海、空、天、电、网络联合作战能力，实施降维打击，着眼于破坏敌作战体系的整体结构，瘫痪其主要功能，进而使敌丧失抵抗意志和能力，达到不战或小战而屈人之兵。

常规威慑——战术

常规快速全球打击（PGS）概念。1997年，美国空军空间需求委员会签署《快速全球打击任务需求文件》草案，首次提出“快速全球打击”概念。2001 年“9·11”事件发生后，美国政府强调在前沿基地减少的情况下应对全球威胁，重视发展高精尖武器，PGS 概念定位于一小时实现全球打击，相关支撑技术演示验证项目纷纷上马。随着美国战略东移，亚太战略调整，美国目标对手逐步明确，更加强调应对地区性威胁，PGS 概念调整为数小时实现区域打击，实用性技术方案得到大力推进。2003 年 5 月，美空军正式颁布《快速全球打击任务需求声明》，提出美国需要具备在数小时内快速打击全球高价值目标的能力，而且必须能在冲突发生地区无永久军事存在的情况下实施此类攻击。同年，总统颁布命令，将战略司令部设为快速全球打击能力的管理部门，要求其“提供集成的全球打击计划、指挥和控制区，支持快速、远程、精确的常规武器和核武器投送”。

2006 年版美国《防务评估报告》（四年一度）指出，快速全球打击使美国具备“根据总统指示，以更高的精度打击全球范围内固定、坚固、深埋、机动或重新部署的目标的能力”。国会预算办公室 2006 年《远程对地攻击方案分析》指出，PGS 要具备在 1 小时以内打击全球任一地点的能力，强调全球进入、生存能力以及极快的速度。主要考虑方案为天基或地基的通用空天飞行器。2008 年 5 月，美国国家研究委员会向国会提交《美国常规快速全球打击：2008 年及以后的问题》中对快速全球打击概念定义为发射后 1 小时内，利用非核打击力量，以数米的精度打击全球任意目标。

2010 年版《防务评估报告》将快速全球打击系统阐述为“应对美国前沿部署力量和基地所受威胁以及确保美国力量投送”的一种可能方式。2010 年《核态势评估》报告同样认为，快速全球打击系统是美国地区威慑力的重要组成部分，指出“这些能力对于应对具有高度时间敏感性的地区威胁意义重大”。

“抵消”威慑理念。对美国及其西方盟友来说，通过压倒性的常规军事技术优势，建立有效的常规威慑始终是优先选项，同时它也是其他大国构建常规威慑的普遍做法。长期以来，美国总是通过建立压倒性的军事技术优势来巩固常规威慑的基础，并通过不断的战争来巩固其在常规威慑方面的有效性。

2014年11月7日，时任美国国防部长哈格尔在“里根国防论坛”的主题演讲中，提出了一个旨在投资尖端技术与系统的“国防创新计划”倡议，他将这个计划称为美军的“第三次抵消战略”。这是美军在战略层面利用技术创新谋求未来美国军事霸主地位的一个大动作。“抵消战略”是美国战略研究界一个独具特色的专有名词，它指利用技术优势抵消对手数量优势的战略手段，是一种战胜或削弱另一方优势的战略。“第三次抵消战略”旨在通过技术创新发展，抵消对手的优势，增加对手军力发展成本，特别是全面破解对手“反介入和区域拒止”的能力，以确保美国在大国军事竞争中占据绝对优势地位。为此，美国将研发颠覆性先进技术武器，用以支撑“第三次抵消战略”，抵消他国先进军事技术和武器的快速发展。美国提出“第三次抵消战略”的核心是通过谋求利用技术创新来维持美国未来的军事优势。

如果说前两次“抵消战略”的实质是核技术优势和信息技术优势，那么“第三次抵消战略”的实质则是谋求凭借能够“改变未来战局”的颠覆性技术群实现优势制胜。2016年3月，美国宣布将在2017财年投入120亿～150亿美元用于支持“第三次抵消战略”，并明确其五个关键技术领域：具有自主学习能力的机器、人机协作、人类作战行动辅助系统、先进有人或无人作战编组、针对网络攻击和电子战环境进行加固的网络赋能自主武器等。

特朗普政府公布的2020财年国防预算案也突出了通过技术优势，增强常规威慑的理念。预算案明确提出在常规军力现代化方面，要推进建立一支面向21世纪的空军力量，建设一支更具杀伤力的海军，同时要发展军种联合和多域融合的“多域战”能力，优化前沿存在威慑效果的动态军力部署。2020 财年国防预算案还要求为取得决定性的军事优势需要加速技术创新，把自动化系统、高超声速和人工智能、定向能作为美国军事投入的关键领域。为此，要求为高超声速技术研发提供 26 亿美元的资金，为无人机和自动化系统研发提供 37 亿美元，为定向能武器研发提供 2.35 亿美元，为人工智能研发提供 9.27 亿美元资金。美国认为，新技术的迅速进步和扩散正在改变战争的特点，为防止美国竞争优势受到削弱，必须对竞争、慑止，以及在必要时打赢一场未来战争所需的新技术进行投资。

常规威慑——技术

高超声速武器。高超声速武器分为高超声速滑翔飞行器和高超声速巡航导弹两大类。高超声速巡航导弹指的是在临近空间以超过 5 倍声速的速度巡航飞行的导弹，其在打击导弹发射架、航空母舰等高价值机动目标和时间敏感目标方面具有不可替代的作用。与现役亚声速（小于 1 马赫）和超声速（2～3 马赫）巡航导弹相比，高超声速巡航速度更快（大于 5 马赫），留给敌方防空系统的反应时间更短。飞行高度一般在 25～40 千米，现有防空系统难以对在这一高度巡航的导弹实施拦截，导弹的突防能力大大提高。美国空军的“X-51A”高超声速无人机和海军的“Hyfly”导弹属于高超声速巡航导弹。高超声速滑翔飞行器通过洲际弹道导弹等弹道导弹发射到接近太空附近的高空后分离，沿大气上层滑翔飞向目标。俄罗斯的“先锋”高超声速武器属于此类。

总体而言，目前俄罗斯的高超声速武器已经开始列装，美国高超声速武器计划发展虽然相对于俄罗斯有些滞后，但技术储备雄厚，推进扎实，2021 财年国防预算申请高达 32 亿美元，预计 2022 年具备初步作战能力。

事实上，美军已经实施了多个以高超声速巡航导弹为应用背景的技术开发项目，其中空军 X-51A 项目取得重大进展。X-51A 飞行器采用乘波体、双模态超燃冲压发动机设计，在 2013 年 5 月第四次飞行试验中，发动机持续工作 3.5 分钟、将飞行器从 4.8 马赫加速到 5.1 马赫，标志着超燃冲压发动机技术取得重大突破。在 X-51A 基础上，美空军启动了“吸气式高超声速巡航导弹”的研发，要求能够在 10～12 分钟内命中约 1100 公里外的固定或时间敏感目标，并具备在 18～24 公里的高度保持 5 马赫以上速度巡航飞行的能力，将可由 B-2 轰炸机携载。2016 年底，“吸气式高超声速巡航导弹”已经完成多种方案比较和武器系统论证，进入方案设计阶段，2018 年 4 月，美国空军与国防高级研究计划局（DARPA）合作，授予洛克希德-马丁公司一份价值约 9.28 亿美元的合同，用于开发“吸气式高超声速巡航导弹”。2002 年，美军开始研发“Hyfly”导弹，旨在通过双燃烧室冲压发动机实现 6 马赫的巡航速度。2005 年 1 月，美军进行了从 F-15E 战斗机上发射“Hyfly”导弹的飞行试验，2007 年和 2008 年也进行了同类飞行试验活动，但未达到目的。

美国空军的“猎鹰”HTV-2 超声速飞机与美国陆军的“先进高超声速武器”则属于高超声速滑翔飞行器。“猎鹰”在 2010 年 4 月和 2011 年 8 月进行了飞行试验，以 17～22 马赫的速度飞行了约 2 分钟，获得了高超声速飞行所必要的技术数据，但因为发生故障中止了试验活动。AHW 在 2011 年 11 月成功进行了飞行试验，但第二次试验以失败告终。2017 年 10 月 13 日，美国海军进行了“修正型先进高超声速武器”的飞行试验活动，速度达到 5 马赫。此项研发活动目前仍在继续。

不仅如此，美国还拥有高超声速飞机。高超声速飞机可重复使用、水平起降，巡航高度主要在距地面高度约 25～60 千米的临近空间，巡航速度大于 5 马赫，可在 2 小时内抵达全球任何地点，可执行情报、监视、侦察、运输和打击等多种任务。与现役轰炸机相比，高超声速飞机攻击速度快，飞行高度超出现役防空导弹的射高，具有很强的突防能力，但其红外特征更加明显，武器携载量也相对较小。如果将来能实现高超声速飞机携载高超声速巡航导弹，空对地打击作战就可能发生根本性的变化。当前，美国主要的高超声速飞机技术验证项目是洛克希德-马丁公司的 SR-72 计划和波音公司的 MANTA 计划。根据公布的设计方案，SR-72 高超声速飞机将采用涡喷发动机与亚燃—超燃双模态冲压发动机并联，能以 6 马赫的速度巡航飞行；MANTA2025 飞行器设计巡航速度为 7 马赫，采取与普通飞机一样的水平起飞和降落方式。美国空军高超声速技术路线图要求 2030 年开展情报、监视、侦察飞机研制，美国航空航天局（NASA）高超声速吸气式技术路线图也预期 2030 年左右具备工程研制条件。SR-72 高超声速飞机的验证机在 2018 年开始研制，并在 2023 年实现首飞，该机除具备情报、监视、侦察能力外，还考虑了携带导弹的打击能力，并要求能在无通信和导航卫星支持情况下具备生存能力，能够在高对抗区域执行任务。

俄罗斯在高超声速武器研发方面的目标是逐步实现实战化部署。2018 年 3 月，俄罗斯总统普京向联邦议会发表年度国情咨文时披露，俄罗斯在研发对抗美国导弹防御系统的“新型武器系统”，其中包括两型核常兼备的高超声速打击武器：战术级的“匕首”（代号 Kh-47M2）高超声速空射导弹和战略级的“先锋”高超声速导弹系统。2018 年 12 月 26 日，俄罗斯总统普京亲临国防控制指挥中心，观摩“先锋”导弹的试射过程。在指挥中心大屏幕上，一枚携带有高超声速滑翔弹头的“先锋”导弹从奥伦堡州出发，成功命中位于堪察加半岛的预设靶场。“先锋”高超声速武器的飞行速度 20 马赫，最高可达 27 马赫。“先锋”在空中的飞行动向根本无法预测，导弹防御系统将无法拦截。按照正常20马赫的飞行速度计算，携带常规弹头或核弹头的“先锋”导弹从俄境内发射，仅需15分钟，就可飞临华盛顿，比现役洲际导弹的飞行时间至少缩短一半。同时，超高速飞行的“先锋”导弹还能突破目前世界上所有的防空反导系统，对目标进行精确打击，是不折不扣的俄制“大杀器”。2019年“先锋”高超声速导弹，正式列装俄军战略火箭部队。

2018年3月10日，俄罗斯国防部宣布成功进行了“匕首”（Kh-47M2）空射高超声速导弹发射试验。据称最大速度为10马赫，射程为2000千米。在俄罗斯2018年5月9日举行的阅兵式上，搭载“匕首”空射高超声速导弹的“米格”-31战斗机进行了飞行展示。另有报道称，俄罗斯空天军搭载“匕首”导弹的飞机从4月开始在里海上空担负巡逻任务。有消息指出，由于“匕首”导弹是通过固体火箭推进，被分类为弹道导弹，是史上首型空射弹道导弹。在2017年年底已列装。

舰载高超声速导弹3M22“锆石”目前在测试之中。2017年6月3日，俄罗斯进行了“锆石”高超声速反舰巡航导弹的飞行试验，据称达到了8马赫的速度。2019年2月20日，普京总统在俄联邦议会上针对3M22“锆石”高超声速反舰巡航导弹指出，其可加速到9马赫、飞行距离在1000千米以上，可摧毁海上及陆上目标。据俄罗斯塔斯社2020年7月26日报道，俄国防部内部人士透露，俄成功开展了“锆石”高超导弹试射，验证了导弹射程、命中精度、高超声速等技战指标。目前，该导弹正在按照计划开展试验，预计将于2021—2022年列装。

天对地打击飞行器。天对地精确打击飞行器可从空间轨道（包含亚轨道）再入大气层，对地球空中、海上和地面目标进行直接攻击或布撒子弹药攻击、破坏乃至彻底摧毁目标。天对地打击飞行器反应时间快，能够应对多个战场、可最低限度飞越其他国家空域。

目前，美国已经开展的与天对地打击飞行器相关的项目主要是“通用空天飞行器”（CAV）天基打击星座和X-37B轨道试验飞行器。CAV天基打击星座方案现处于概念探索阶段。讨论中的方案有两种：一是构建CAV星座，待机重返大气层打击目标；二是利用CAV母舰（装载多架CAV），在轨待机发射CAV，执行打击任务。美空军X-37B轨道试验飞行器2010年以来已成功进行了五次在轨飞行试验，2019年10月27日X-37B升空2年后成功返回地球，在美国肯尼迪航天中心成功降落。加上此前的升空时间，美国空军的X-37B计划在轨的总天数已经达到2865天。X-37B具备机动变轨能力，但美军对其功能和试验任务严格保密。该轨道试验飞行器尚属技术演示验证机型，距离真正生产、部署空间作战飞行器还有一定距离。

对抗高超声速武器的手段。为对抗高超声速武器，必须提高进行探测和拦截的能力。美国在《导弹防御评估报告》中提出，今后将推动利用太空的导弹防御方针，谋求通过在太空设置能够全球追踪导弹发射后轨迹的探测装置和陆基探测装置，应对难以追踪的高超声速武器。同时，美国还将开始讨论在卫星上搭载激光武器等从太空拦截导弹的构想。此外，美国还提出了二级式改进型末段高空区域防御系统（THAAD），将其作为拦截弹。同时，美国正在加紧研发可连射数百发的“轨道炮”和激光武器等定向能武器。虽然限定于击落无人机，但美国海军正在研发激光武器，即高能激光和带监视的集成光学眩光器。另外，美国国防部高级研究计划局正在推动探索拦截高超声速武器等防御方法的“滑翔破坏者”项目。

有效威慑：常规威慑的动力

常规力量威慑，何以能冲破核威慑的“囚笼”脱颖而出，有其内在的原因。

首先，美、俄（苏）等国都认识到核武器具有很大的局限性。尽管这种武器具有空前的杀伤破坏作用，是人类武器装备发展史上的一次质变。但是，它却存在着一种“难言之隐”，即难以在实战中随意使用，难以作为达成战争目的的军事手段来加以选择。正因为这样，那种“大规模报复”式的战略，由于在国际政治环境中难以实际运用，而终于陷入了“死胡同”。同时，由于核武器惊人的杀伤力和对社会、心理、环境的持久破坏效应，几十年来在国际上逐步形成了核禁忌的理念，成为阻止核国家对无核国家随意使用核武器的重要政治和舆论力量。在核国家之间，由于害怕升级到核大战，也不敢轻易动用核武器。因此，核武器的主要功能便体现在威慑效应，而不是体现在它的实战效应上。再者，冷战结束后，核威慑面临新的窘境，即“非国家行为体”利用常规力量对核威慑体系进行袭击，其中“非国家行为体”或者是独立行动的，或者是作为某个幕后资助国的代理人，而这种敌人在这种攻击之下几乎不用承担风险，并且被袭击方很难迅速找到特定的参与者、国家或非国家组织。为了冲破这种种困境，必须发展强大的，多种类型的常规力量。只有依靠常规力量，才能适应爆发在世界某些地区的局部战争与军事冲突的现实需要，也才能适应对付非国家行为体或恐怖主义的需要。

其次，常规力量不仅可以用于实战，同时也可以用于威慑，具有双重效应。在核威慑表现出来的不可信性的情况下，常规威慑便成为唯一可以用于实战的一种威慑战略，实行起来，风险较小，舆论压力不大，实战中付出的代价也相对较低，一般不至于导致核大战，造成双方的毁灭性灾难。因此，常规威慑是最容易将威慑与实战两种形式结合起来的一种威慑战略形式。

第三，由于战后高新科技的飞速发展，非核武器与核武器之间的差距进一步缩小为常规威慑的建立提供了可能。首先是常规武器的威力不断增长。一颗高效子母弹，可达 2000～3000 吨梯恩梯当量。其次，由于精确程度方面的“革命”，使巡航导弹能按照预定程序，击中几千千米外的战略目标，而误差不会超过 1 米至 3 米。在这种情况下，摧毁已定目标所需要的爆炸当量就可以大大减少。以前，采用 1 亿吨当量的核武器才有把握摧毁发射井里的导弹，现在只要用相当于 1000 磅左右爆炸力的非核弹头的巡航导弹就能够摧毁。再者，以高超声速武器为例，由于其速度极快，且可变轨飞行，有强大的突防能力，使得当前的防空反导系统都对其无能为力。由于常规武器日益精确化、威力不断增大，并可以作为战略武器使用的发展趋势，使常规威慑效果更加突出。这也是美国和苏联在过去的几十年中，竞相开始大幅度削减战略核武器数量，而转向更加重视非核导弹武器的发展的原因所在。

第四，整体威慑的需要也是一个重要原因。如上所述，世界一些主要国家在其战略实践中普遍感到，面对各种形式的挑战，不仅需要强大的核威慑力量，同时也需要强大的常规力量，只有把两者有机地结合起来，才能有效地做出不同的反应，达成威慑与实战的双重目的。而常规威慑对于保持威慑力量整体性，形成多层次、多种类整体威慑是非常重要的。

可信威慑：常规威慑的困境

有效常规威慑的实现途径

常规威慑很大程度上需要依靠实力的相对大小，只有本国常规力量具有战胜对方常规力量的能力时，才具备强大的整体威慑能力，阻止大规模军事冲突的爆发。另外，如果具备局部优势，具有改变游戏规则的单项或者几项军事能力，也可以实现整体的威慑效应，阻止有限冲突的爆发，实现危机的管控。

像战略核威慑一样，常规威慑也能依靠报复威胁。我们可以使用与战略核威慑一样的逻辑，威胁潜在的敌人，并使之感到害怕。但是核武器会使整个社会处于危险之中，而常规武器被限于更确定的目标和行动，只有在某种全面攻击的情况下，才会使整个社会处于危险之中。利用常规武器进行威慑的关键问题是：对手到底惧怕什么？如果对手是一些非国家行为体，甚至就是没有对打击感到敏感的军队、民众和基础设施的国家，此时问题就转变为要弄清楚什么要素会影响对手领导层的认知过程。

报复也可采取冲突升级的形式，即威胁对手要将冲突扩大到超出对手所期望的作战空间范围。不同于核武器升级威胁，它往往意味着灾难，常规武器威慑的升级更像是一个试探和测试对方反应限度的一个过程。这就意味着，威慑力量的能力越灵活，挑战者的试探就越不成功，而且其威胁的可信度也将降低。

常规威慑的失灵

常规威慑并不是利用常规武器摧毁预定目标的核威慑的缩影，它在复杂性、逻辑和实施上与核威慑有显著的不同。冷战期间，战略核威慑的首要对象是主要冲突背景下的一个对等的敌人，而现在常规威慑的对象却可能是对称或非对称的敌人，它可能是单个恐怖集团，也可能是大规模的常规战争。同样，作战对象可以是从一个对等国到城市恐怖分子，或者其他意识形态的、种族的、宗教的无政府成员。

实际上，基于报复的常规威慑遇到了一些与核威慑同样的问题，它也存在着可信度阈值问题。对威胁要进行报复的国家利益的挑战越间接，遭到大规模报复打击的可信度就越低。这里还有一个两难的问题，若可信威胁的破坏强度降低，敌对方采取行动的后果和风险也随之降低。并且，只要敌对方认为风险是可以控制的，那么风险越低，威慑就越有可能遭受检验。这意味着，只要挑战者可以通过控制冲突的程度，以避免遭到大规模报复，那么他的威胁动作就拥有相当大的自由度。相比之下，如果挑战者的威胁试探遭遇到恰如其分、游刃有余的反应，那么他所要承担的风险也就会大大增加。

实施报复打击还存在更大的困难，在权衡风险和收益时，在很大程度上要受到以下因素的影响：敌对方的决策者想看到什么，以及随后倾向于寻找什么借口，增加完全逃避报复的可能性，或尽量降低报复的作用。敌对方决策者越是独断专行，就越有可能如此的避重就轻。推而广之，挑战者越是有机可乘，则越有可能发起挑战。

常规威慑还会降低战略稳定性，增加战争爆发的可能性。常规军事力量与核威慑不同，它不仅具有威慑效应，而且具有现实的实战效应。由于具有实战效应，因此常规威慑会降低原本相对平衡的战略稳定性，增加战争爆发的可能性。这也是常规威慑的局限性。

常规威慑的核纠缠风险

常规威慑的核纠缠风险是指非核武器与核武器及其相关的指挥、控制、通信和情报指控系统之间的相互交织及相互作用，增加了核武器因误判、误解或事故而被使用的风险。其主要表现形式有：新出现的非核技术正在增加对核力量的威胁。俄罗斯认为美先进非核武器和弹道导弹防御系统对其核威慑力构成威胁。此外，一些涉及核行动的指控能力，也易受到非核能力的影响；可配备核弹头或非核弹头的双重用途武器，以及类似核武器的非核武器，正得到越来越广泛的采用。俄、美都已部署具有双重能力的轰炸机和战斗机；双重用途指控能力正变得越来越普遍。美国公开承认，它的预警卫星和雷达能够提供核打击的预警能力，并触发旨在拦截常规弹道导弹的防御系统（以及其他非核任务）；核力量和非核力量部署于同一地点。美国和俄罗斯在港口同时部署运载核/非核武器的潜艇，俄罗斯将具有双重能力的战略轰炸机与其他飞机部署在相同的基地。

在常规战争中对纠缠在一起的目标发动非核攻击，以此来破坏对方的非核行动，这种攻击将导致风险升级。如，美国可能攻击具有双重用途的指控装备以影响常规战争的结果。然而，目标国家可能会误以为美国是对其核力量进行核攻击。因此，核国家应该提高对意外风险升级的认识，建立信任或加强军备控制，加强合作，来降低核常纠缠带来的风险。

结　语

当前，由于军事战略战术的调整与变革，常规威慑对核威慑产生了显著的影响。美国通过建立地区性军事联盟，在空间上对威慑对手形成封锁乃至包围的态势，并推动军事联盟逐步前移，实现了威慑的有效性。在这种情况下，军事联盟主要依靠联合的常规力量，而不是依赖核威慑，就可以形成对潜在对手的有效威慑。另外，俄罗斯等国则通过非对称威慑、实战威慑等战略，在一定程度上实现了常规层面的威慑，使得对手不敢轻举妄动。同时，常规快速全球打击、技术抵消等战术的提出，也进一步放大了常规威慑的潜力，从而在一定程度上降低了对核威慑的依赖。

近几年来，常规威慑的潜力通过技术理念和武器装备的不断发展而得到倍增。例如美国提出的“复合化”远程打击能力、一机多型协调互补的模块化发展模式和基于信息系统的一体化作战理念，以及卫星武器、激光武器、人工智能、无人机武器、高超声速武器等先进武器装备，都使常规威慑的效能发生了革命性的变化，从而进一步深化了人们对常规威慑的思考，也将会进一步降低国家威慑体系对核威慑的过分依赖。

第六章　太空威慑——威慑战略的新高地

当今世界，新技术革命正以磅礴之势席卷全球，太空在其中扮演了重要的角色。自 1957 年苏联发射第一颗人造地球卫星以来，太空技术的突飞猛进令人瞩目，极大促进了人类社会生产和生活的各个方面。同时，外空军事利用的迅猛发展，也在改变着世界战略力量对比，重塑着战争形态，从而对国际和平与安全形成了严重的挑战。

太空无际：战略边疆的新扩展

纵观人类历史，那些能够最有效地从人类活动的一个领域转入另一个领域的民族，往往能获得受用不尽的战略利益。15 世纪末，哥伦布凭借当时先进的航海技术进行了史诗般的航行之后，西班牙、葡萄牙通过对人类活动新领域——公海的军事和商业控制而统治了大半个世界。

太空，亦称外空，或外层空间，是地球大气层以外的宇宙空间。物理学家将大气分为 5 层：对流层（海平面至 9 千米）、平流层（9～45 千米）、中间层（45～80 千米）、热成层（电离层，80～400 千米）和外大气层（电离层，400 千米以上）。地球上空的大气约有 3/4 在对流层内，97％在平流层以下，平流层的外缘是航空器依靠空气支持而飞行的最高限度。关于大气层的边界，或外空的高度，无论在科学上还是法律上都是一个长期争论的话题，但就一般意义而言，国际上普遍把 100 千米的高度看作是大气层和外层空间的分界。

外空的特殊物理和法律性质决定了外空有着巨大的政治、经济和军事价值。1960 年 5 月，一架美国洛克希德 U-2 侦察机在苏联上空被击落。美方最初否认，但当苏方向外界展示被俘的飞行员和 U-2 侦察机残骸时，美方终于承认该机进行间谍活动。事件令美苏关系达到冷战以来的低点。正是这件事情，催生了美国日后的间谍卫星计划。与侦察飞机相比，军用卫星具有速度快，视野广的优势。飞机和卫星做比较，同样都是 20 度的视角，从 3000 米高度的飞机上能看到地面 1 平方千米的范围，从 300 千米高空的卫星上看地面，就可以看到 1 万平方千米，看到的范围相差万倍以上。同时，由于外空主权不属于任何国家，因此在外空的活动，不受国家主权的限制，利用卫星进行侦查，不仅可以减少人员损失，还可以减少产生法律纠纷。因为按照《外空物体所造成损害之责任公约》的规定，一国在外空对他国之外空物体所造成的损害只有在存在过错的情况下才承担责任。

外空的军事价值，使得美苏在外空的争夺不可避免。早在 20 世纪 60 年代，美国总统肯尼迪就曾预言：“谁控制了宇宙，谁就控制了地球；谁控制了外空，谁就控制了战争的主动权。”美苏争夺从军、民两个领域展开。人造卫星、载人航天、月球探索、反导、反卫等无不成为美苏两国的争夺高地。从 1957 年到 1966 年，由美国和苏联发射的卫星数量占全球发射总数的 98%。20 世纪 80 年代初，在美国总统里根提出高边疆国家战略，试图把宇宙这一“未开垦的处女地”作为美国扩张的新领域，继 18 世纪开辟“老边疆”、20 世纪开辟“新边疆”之后，开辟美国新的战略边疆——“高边疆”，实现所谓的“国界之外的”“美国第二次革命”，进而夺取 21 世纪的战略主动权。

现代战争更是凸显了外空的重要性。外空是情报获取之源，是信息传输的媒介，是战态势感知的支撑，是力量投送的基地。它是维护国家安全的高边疆，也是谋求战略优势的高地。目前，地球轨道上约有工作卫星1700多颗，约70%的卫星被广泛用于通信、导航、侦查、精确制导、态势感知等战略、战役和战术层面。要想获取战略优势，赢得战争主动权，就必须获取信息优势；要获取信息优势，就必须获取外空优势。外空技术与装备不仅是传统军事力的倍增器，并正在成为新的战略力量。随着一些新的大型星座的入轨，特别是SpaceX公司"星链计划"的实施，未来数年，在轨航天器数量可能成倍增加。与此同时，越来越多的国家拥有发射卫星进入空间的能力，外空日益呈现出"拥挤、竞争、对抗"的特征，空间安全问题日益突出。

当前，外空军事利用的扩大不断冲击着和平利用的底线。军用卫星的广泛利用加强了现代战争对外空的依赖，增加了将外空变为冲突场所的风险。而伊拉克战争以来的一系列局部战争经验表明，军用卫星除了传统的军事作用以外，越来越多地参与到具体的战役战术行动中，发挥着指挥控制、战场感知、目标锁定、攻击引导和作战效果评估等关键作用。更为值得注意的是，当今时代，外空的战略地位进一步凸显，越来越多的国家将外空视为争夺新的战略优势和战场制胜手段的关键，并以各种名义发展空间攻防力量，保留部署天基反导系统的选项，使得外空成为冲突场所的风险进一步加剧。一场旨在争夺"高边疆"并建立太空威慑力量的角逐已经拉开了帷幕。如何防止外空军备竞赛，规范和延缓外空军事化的进程，以防止外空武器化和战场化正成为国际社会的当务之急。

以天固核：太空威慑的开端

太空力量，最初并不是独立的威慑力量，而是为了加强核威慑才发展起来的。二战结束，美苏陷入冷战深渊。到了20世纪60年代，美苏核军备竞赛达到高峰，双方都获得了毁灭对方的能力，单纯地增加核弹头或运载工具很难赢得明显压倒对方的战略优势。但是，如果能够通过建立导弹防御系统拦截敌方来袭导弹，则可以大幅度抵消或减弱对方的首轮核打击的效应，从而极大地改变双方的战略态势。于是反导计划应运而生。

苏联是第一个拥有并实战部署导弹防御系统的国家。其“橡皮套鞋”反导系统于1957年开始研制，1962年在莫斯科周围部署，最大射程640千米，最大拦截高度320千米，用以保护莫斯科不受核攻击。1956年，美国开始在原有防空导弹的基础上发展了“奈基—宙斯”导弹防御系统，统分A、B两型，以城市为主要防护对象，最大射程分别为320千米和400千米，最大拦截高度分别为45千米和280千米。到了20世纪60年代，美又以“奈基—宙斯”系统为基础发展了“卫兵”导弹防御系统，部署在全美25个城市周围。

导弹防御的核心是利用导弹在大气层外拦截敌方来袭导弹，虽以防御为名，但旨在通过削弱敌方核优势及核威慑来巩固和扩大自己的核优势，为发动先发制人的核打击创造条件，因此在逻辑上是核竞赛的延续。而“星球大战计划”更是要建立一个以外空主要部署基地的导弹防御系统，利用动能以及激光、粒子束等定向能武器拦截来袭导弹，试图一举打破相互确保摧毁的局面。从这个意义上说，外空威慑是从加强核威慑开始的。

导弹防御竞赛将彻底打开进攻性和防御性武器竞赛的闸门，将核军备竞赛推入更加危险的恶性循环，使之从进攻性核竞赛，演变为攻防两个方向的竞赛；从地面的竞赛，转为地面和太空两个作战域的竞赛。

然而，美苏任何一方加强自身的安全的努力，都会招致对方的反制，从而使自身安全处于更大的威胁之中。为了打破“安全悖论”，逃脱“囚徒困境”，缓解军备竞赛，更确切地说，为了使两国竞赛在可预测的基础上进行，作为限制进攻性战略武器协定的一部分，美苏两国于1972年签署了《限制反弹道导弹系统条约》（简称《反导条约》）。条约规定：双方保证不研制、试验或部署以海洋、空中和太空为基地或陆基机动反弹道导弹系统及其组成部分。通过限制反导基地和反导拦截器的数量以及反导系统的能力改进来禁止双方发展出可以保护全国的反导系统。换言之，反导系统只能在规定的能力内对规定的地点进行保护，以此来确保相互之间的确保摧毁的状态，用所谓的“恐怖核平衡”来避免核战争。虽然这样的安排并不理想，但对于双方毫无节制地进行核与外空军备竞赛来说，《反导条约》不失为一个最佳安排。

恐怖核平衡显然不是一个理想状态。为此，历届美国政府一直试图突破《反导条约》的限制以弥补所谓“安全漏洞”。20世纪70年代末，里根的竞选班子在审查前政府的核政策时，认为苏联凭借其核武器的数量优势，可以先发制人地发起核攻击，解除美国的核武装，从而赢得核战争，并断定这是美国核战略的一个“漏洞”，建造导弹防御系统是堵塞这一“漏洞”的唯一办法。他们的理由是：美苏之间在进攻性核武器的技术方面差距不大，在数量和质量上较量不能有效地堵塞这一“漏洞”；在太空技术方面，美国却占绝对优势，利用这种优势发展导弹防御系统，美国则可稳操胜券。正是在这种背景下，里根政府提出了“战略防御倡议”（“星球大战计划”）。不过，在随后的岁月里，“星球大战计划”逐步萎缩，老布什政府时期称“对付有限打击的全球保护系统”，克林顿政府时期称国家导弹防御系统（NMD）和战区导弹防御系统（TMD）。即便如此，但要真正实施，也面临《反导条约》的限制。1997年，美俄达成所谓“划界协定”，从而使美国仍然以发展战区导弹防御系统为掩护继续发展具有拦截战略导弹能力的国家导弹防御系统。

小布什政府继续着星球大战的梦想，谋求研制和部署导弹防御系统的合法化，且试图建立一个涵盖陆海空天、助推段中段末段全弹道的导弹防御系统。《反导条约》再成障碍。在无法说服俄罗斯同美国一起退约的情况下，2001 年 12 月 13 日，美国政府单方面废止《反导条约》。条约的废止，标志着美国抛弃了与俄罗斯之相互确保摧毁的战略默契，使得双方战略稳定性与平衡失去法律基础，也摧毁了防止外空军备竞赛的法律屏障。奥巴马政府没有否定小布什政府的导弹防御计划，但对导弹防御计划做了务实的调整，将重点放在区域防御方面。特朗普政府则赋予导弹防御系统更大的使命，向上发展天基拦截系统，向下发展高超声速武器防御系统，从攻防两个方向、核常两个领域、天地两个层面全方位加强自身的战略威慑。

以天制地：常规作战倍增器

战后军事史上的一个重大事件是出现了核武器。原子武器的巨大杀伤破坏力，使所有的战略家们为之愕然瞠目。一时间，崇拜核武器的狂潮席卷全球，人们无不把原子弹视为一种包打天下的“绝对武器”，军事理论家们急急忙忙地断言，由于核武器的出现，以往的一切军事原则都将改写。然而，自人类进入太空时代，以往的一切军事原则再一次被改写。太空时代似乎也有了这样的冲击。与核武器相比，太空不仅是高边疆，也是战略的制高点和常规军力的倍增器。

20 世纪 70 年代初到 80 年代末冷战结束，是空间力量快速发展的阶段。在这一阶段美苏两国在空间技术应用方面不断取得突破性进展，太空活动规模不断扩大，各类军用卫星系统相继投入使用，空间站和航天飞机的研制和发射相继成功，空间力量逐步从探索实验阶段过渡到实际应用阶段。如果说在早期，受空间技术发展水平的制约，美苏空间力量发展的重点是建立空间战略预警系统，强化核战略稳定性等战略层次的话，那么在后期，随着空间技术的不断进步，依靠卫星进行侦查监视、通信中继、导航定位、气象测绘等战场信息支援和保障能力大幅提高，太空力量的作用日益向加强常规作战的战术和战役层次发展。这种体系性力量实质上成为新兴战略力量的重要组成部分，发挥了核武器所不能发挥的作用。

有人认为冷战结束是第一和第二太空时代的分水岭。第一太空时代的显著特征是利用空间力量支持常规作战。1973 年第四次中东战争期间，美苏就将军用卫星投入使用，开创了空间力量直接用于支持战场作战的先河。在 1982 年英阿马岛之战、1986 年美国空袭利比亚的作战中，空间信息系统都发挥了重要作用。但这仅仅是太空有限的辅助作用。在第一太空时代，尽管也存在竞争，且美国和苏联都具有削弱和摧毁对方太空系统的必备能力，但尚无太空对抗，因为两个超级大国都担心它会升级为核冲突。

随着 1991 年冷战结束，“第二太空时代”随之开启。对 20 世纪末的战争和武装冲突的分析表明，太空技术在完成军事对抗任务中的作用在上升。例如在 1990—1991 年的“沙漠风暴”和“沙漠盾牌”行动、1998 年的“沙漠之狐”行动、1999 年的科索沃“联盟力量”行动和 2003 年的“伊拉克自由”行动中，太空侦察手段在作战保障中发挥了主要作用。

1991 年的海湾战争是空间力量深度介入传统作战的首次尝试，是太空力量军事运用的转折点。在短短的数周内，美军即以零伤亡的代价，摧毁了海湾地区头号军事力量，让世人看到美军是如何利用太空优势彻底颠覆传统战争观念的。其间，美军动用了其几乎全部军用卫星系统，并征用了部分在轨商业卫星，参与到作战通信、情报保障、防御预警、军事导航等各种活动提供信息支援和保障之中。其中70多颗卫星，118个机动卫星地面站，12个商用卫星终端、81台交换机、329条话音线路，30条文电线路、3万种无线电频率和4万台电脑，形成了一个庞大的信息获取、传输、处理与分发系统，为此次战争提供了全面的信息支持和保障。在准备阶段，航天系统获取了90%的敌情。在作战行动区域，在展开地区综合数据接收和处理系统的同时，还部署了装备计算机的用户接收终端。它们在几分钟内将所接收的情报与已有情报进行对比，并将更新后的情报显示在屏幕上。营和营以上各级指挥机构、战略轰炸机、侦察机、预警机、战舰都使用了航天通信系统。还使用了Intelsat公司的国际卫星通信信道。在军事行动区域一共部署了超过500个接收站。多国部队广泛使用导航系统修正空射导弹和巡航导弹的飞行轨迹。导弹以15米的坐标误差进入预定点，然后用弹上传感器自主寻的。太空信息支援为赢得这场战争的胜利发挥了关键作用。正因为如此，海湾战争也被称为“第一场太空战”。

8年后，外空力量的颠覆性再次在南联盟上空重演。1999年3月24日至6月9日整个战争期间，北约为保障陆海空三军协同作战，首次将自己的全部军事太空系统用于保障作战行动的准备和进行。其间共动用了约120颗各种卫星，其中包括36颗通信卫星，35颗侦察卫星，27颗导航卫星和19颗气象卫星，这一规模是“沙漠风暴”和“沙漠之狐”行动的两倍。商业航天器也被征用于侦察地面情况，对实施空中打击后对目标进行补充侦察，评估打击精度，向武器系统传递目标指示信息，为部队提供航天通信和导航信息。美军联合目标瞄准工作站将从卫星和无人机上获得的目标信息进行判定、处理，结合形成三维地形数据，再经过卫星和无线电传输系统分发至各作战单元，包括直接发送给正在执行空中巡逻任务的飞机上。这些太空系统被用于完成战略和战术任务，并在取得行动胜利中发挥了很大作用。1999 年 10 月 27 日，美军前航天司令部司令迈尔斯在一份科索沃战争的总结报告中将讲到："科索沃战争，确实是一场从太空发动的战争"，"在科索沃，我们的太空支援达到了一个全新的高度"。有人估算，美国太空力量在两次伊拉克战争和科索沃战争中对提高作战行动效能所做的贡献分别是：侦察 60%，导航 40%，通信 65%。

2001 年，阿富汗战争再一次证明了太空信息支援的威力。这个极不适应机械化作战的多山王国，曾经使当年的苏军深陷泥潭，这次面对的却是全新的对手。仅仅用了 1 个多月的时间，以美国为首的联军就成功将塔利班政权摧毁。美军为了在作战中牢牢掌握信息权，使用了空间、空中和地面的信息侦察力量，在战场上建立起庞大的情报体系。在战争中，美军共动用各类卫星 94 颗，严密监视塔利班武装的无线通信。尽管阿富汗地理环境恶劣复杂，不适合地面展开行动，塔利班武装也试图利用这些条件，但它面对的与其说是美军，不如说是体系的力量。美军动用了包括外空能力在内的体系力量，营造了电子战、网络战、情报战等信息化作战环境，并将作战的主动权牢牢掌握在自己手中。这是一场极不对称的战争，而弱势的一方没有丝毫取胜的机会。

数据统计表明，空间技术的进步使得高精度武器在武装冲突中扮演越来越重要的角色。越战期间的 1972 年，美国空中力量投放的弹药中制导航空炸弹和导弹仅占 2%的比例，1991 年海湾战争期间这一数字上升到 8%，1999 年科索沃战争期间，这一比例达到了约 30%，2001 年阿富汗"持久自由"军事行动中该项比例超过了 50%，到 2003 年的"伊拉克自由行动"时则超过了 60%。此外，在 2011 年美国击毙本·拉登的行动和 2017 年美军用"战斧"导弹袭击叙利亚军用机场，电子侦察、成像侦察、卫星测绘、气象信息采集、卫星导航等，对于降低作战风险、提供战场情报保障和打击效果评估都发挥了极其重要的作用。

利用天地一体的信息和远程、精确、隐身的打击手段，美国在全球各地耀武扬威，横行霸道，在不动用核武器的情况下瘫痪一个国家的意志，迫使一个国家屈服。如今美国拥有全球在轨卫星数量的40%以上，从事着预警、通信、导航、侦查、监视等任务，成为美国的战略和战术优势之源。俄罗斯继承了苏联的外空遗产，尽管近些年在外空活动方面有所放缓，外空资产数量略微落后，但实力仍不可小觑。叙利亚战争是俄罗斯新式武器的试验场。从2015年9月驻叙俄军发起首次军事行动，到2017年12月普京宣布撤军两年多时间里，俄罗斯空军在叙利亚上空执行3.4万次战斗任务，摧毁8000多个目标，消灭恐怖分子6万余人。从里海发射远程巡航导弹，直接命中叙境内目标，给世人留下深刻印象。这些成就如果没有强有力的空间信息支援和保障是不可想象的。早在2014年，俄罗斯总统普京就强调发展非核战略力量，正是看到了核威慑的局限性以及包括空间力量在内的常规威慑和实战力量的灵活性以及在未来局部战争和大国对抗中的特殊地位。

外空作为信息获取和信息传输和力量投送的媒介，推动着战争日益走向信息化和智能化，其战略地位日益凸现。军用卫星发挥着核心作用，不仅可以侦查、预警、导航、通信，还承担着战场态势感知、引导打击的作用。信息化武器装备，特别是高技术侦查监视系统、指挥控制系统和精确制导武器的发展，使军队的信息获取和处理能力、全方位的机动能力、远程防区外精确打击能力、全面防护能力和一体化指挥控制能力出现了质的飞跃。战争节奏加快，进程明显缩短，战场界限区域模糊。作战样式也呈现出非接触、非线性、非对称的特征。传统的陆、海、空三军协同转变为陆、海、空、天、电磁一体化的联合作战。空间力量通过信息传输和空间态势感知，充分发挥外空的作战支援和力量倍增效果，也使核威慑条件下的机械化战争转变为核威慑条件下的信息化战争。

空间控制：太空威慑的新阶段

如果说第一太空时代意味着以空间系统加强核威慑和对常规作战的支撑和辅助作用，第二太空时代意味着太空系统参与作战过程，发挥对常规作战的信息保障、支援以及倍增作用，那么以太空为作战域，以空天飞机为作战平台，以动能或定向能攻击作为软硬杀伤手段遂行作战任务则可以被视为第三太空时代了。

美军自 20 世纪 60 年代开始将太空力量纳入作战体系，到了 20 世纪 70 年代开始正式形成太空作战理论；到了 20 世纪 80 年代把太空军事活动的目的确定为制止外来攻击，保证美国太空活动不受外来干扰，加强美国及其盟国军队作战力量等；20 世纪 90 年代进一步发展为控制空间，确保空间自由行动，且能在必要时阻止敌人的行动。

按照经典的威慑理论，空间威慑的实现，需要有足够的空间能力和使用这一能力的决心，并让对手充分了解这一点。多年来，美国正式按照上述理论不断推动空间威慑战略的落实，通过《国防战略》《国家安全战略》《空间战略》以及各种作战条例和学说，将空间视为作战域和美军战争准备的重点，把不断强化空间威慑作为美军努力的重要方向。

能力是空间威慑的基础。美国拥有最多的在轨卫星和强大的地面监视系统，发挥着通信、侦查、导航、预警、太空监视、战场态势感知的功能。它拥有最完善的空间攻防能力和体系，早在 20 世纪 80 年代就已经拥有动能反卫星技术，如今致力于软杀伤能力建设，其导弹防御系统建设更是拉动空间能力建设的抓手。2008 年美国利用宙斯盾舰发射的“标准”-3导弹系统，成功击毁一枚低轨卫星，展示了其导弹防御系统的空间打击能力。

美空军航天司令部长期致力于太空作战概念的开发和战法研究。根据2013年美参联会“空间作战条例”，美军空间攻防主要作战方法包括空间进攻和空间防御两个方面。空间进攻手段主要包括直接碰撞、激光毁伤、微波毁伤、粒子束毁伤、信号干扰、喷涂关键部件、刮擦防护层、智能攻击（吸附和捕获）等。防御则包括主动防御和被动防御。主动防御包括空间拦截、轨道机动、反激光防护罩等。被动式防御主要有实施干扰、伪装、隐蔽、欺骗和分散部署等。

有了太空实战能力，才有可信的太空威慑。美国从来不是单纯从威慑的角度看待空间能力建设的，而是始终为空间作战作实实在在的准备。空间作战实际上是体系作战，其中空间态势感知能力是核心，旨在感知太空威胁、进行攻击溯源、实施作战效果评估、提供战时信息支援保障。有了空间态势感知能力，有助于强化太空威慑，掌控太空冲突升级处理的主动权。空间态势感知能力一般包括空间监视系统、轨道深空成像系统、作战即时响应系统、空间跟踪和监视系统、天基红外预警系统等。美国国防部太空政策将其列为五大任务的首位，力争提高其对太空的持久、全方位的监视能力，力图实现战场的单向透明，同时提高空间态势感知的时效性和快速反应能力。

鉴于空间态势感知系统对于太空作战的重要性，保持该系统的弹性就十分重要。按照美方的解释，所谓弹性是一种体系结构的能力，即在对抗行为或在不利条件下，仍能够提供任务所需的功能。如果一类体系提供这些功能的概率更高、功能降级时间更短，并且应对场景、条件和威胁的范围更广，则可以说这类体系结构弹性更强。还可以利用跨域或政府、商业和国际能力获得弹性。简言之，弹性体系就是一个抗打击的体系，如果遭受打击后功能降低，也能快速恢复。长期以来，美国基于太空作战的规律和实战的需要，通过分解功能、分散部署、增加备份、抗扰加固、快速补充等措施，增强主动与被动防护能力，提高太空体系结构的可恢复性、防护性和重构能力。此外，还可以征用民用卫星或借用盟国的系统，以保证战时整个空间支撑系统正常发挥功能。与此同时，美国政府、军方及智库根据太空安全环境特点和发展趋势，研判太空安全形势，军方对太空安全的关注度日益提高，太空战呼声高涨，太空军演日益频繁，已呈现出常态化、扩大化、实战化和高技术化的特征。除了“施里弗”太空军演外，2017 年，美国空军新设立了一项名为“太空旗”的太空军演，其核心任务面向实战的战役战术层次如何实施和操作的问题，实战演练意味浓厚。

特朗普总统就任美国总统后，进一步加强了对外空的投入。除了在《导弹防御评估报告》中明确提出部署天基拦截系统外，还于 2017 年提出要建立天军，并于 2019 年获得国会批准。其实，美国并非没有天军，只是原来隶属于空军。这次单独成军，意味着美国加紧为太空战进行组织准备，向太空作战转型，并将在太空装备采购、作战指挥和协调、力量编成等方面有新的飞跃。如今，美天军作战学说已经发布，原隶属于空军的 23 支与太空有关的空军单位已顺利转隶天军管理。太空感知系统、信息支援系统、太空控制系统、太空支持系统等正加速建设，太空作战样式、作战概念不断演进，作战指挥体系构架不断完善，太空战呼之欲出。世界范围内，多个国家以不同的目的，纷纷跟风和仿效美国，法国、日本和印度等先后在 2019 年提出了本国组建天军的计划。

发出威胁，展示决心，是太空威慑的重要因素。如果说能力的展示旨在打消潜在攻击者的信心，从而放弃进攻的企图，威胁实施报复和惩罚则可迫使潜在的进攻者在可能的获利与可能付出的代价之间进行权衡，认识到得不偿失后放弃进攻的企图。美国《空间政策》明确将对美国太空资产的攻击视为对美国主权的侵犯，声称将综合运用政治、军事、外交、经济等多种手段进行严厉报复。

需要指出的是，空间威慑并不总是那么有效，诱发冲突的风险无处不在，这也给战略稳定性带来了冲击。非动能武力攻击可产生干扰、降级、毁伤卫星的效果，但攻击行为不太容易发现。如激光和高功率微波系统，可以在几秒钟内瞄准太空系统，且卫星的运营者不可能立即发现攻击的毁伤效果，因而很难追溯到攻击源。电子攻击可以达到干扰或欺骗效果。像许多现代军事系统一样，卫星也容易受到网络攻击，与电子攻击干扰射频信号的传输不同，网络攻击可以截获损坏数据，或恶意接管系统的控制，网络攻击的溯源更加困难，甚至是不可能的。没人能准确界定空间资产所受到的攻击。激光武器干扰是否属于攻击？还是对卫星的动能袭击才能被视为攻击？该问题在国际法律中尚未得到解决，并且可能长期也不会解决。由于发动太空非动能攻击隐蔽且门槛较低，因此也就降低了太空冲突的门槛。如果被攻击国在没有证据的情况下根据自己的判断采取空间报复行动，势必导致冲突的升级。

有限太空战：从庇护所到战场

在古代西方，神庙、教堂等宗教场所被看作是非常神圣的地方，是神祇所在之处。在这些场所杀人或抓人被看作是对神的大不敬。因此，罪犯、逃亡者进入神庙或教堂后就获得了神的庇护，世俗的司法机构不得进入这些场所执法。在政治斗争或战争中失败的一方也可以躲进教堂寻求庇护。这些能够给予庇护的地方被称为庇护所。后来，这一习俗演变成为武装冲突规则，即使在战争期间这些地方也不应该受到攻击。

外空一直被视为全球公域，应当用于和平目的，这一点颇似古代的庇护所，人们习惯性地认为这里的空间资产是免于受到攻击的，它更不应该是一个武装冲突的场所。

2016年初，美国智库“新美国安全中心”发布了一份题为《从庇护所到战场：美国太空防御与威慑战略构想》的研究报告。该报告针对当前美国在太空防御与威慑问题上面临的挑战，提出系统的“有限太空战”构想，引起国际战略界广泛关注。

所谓有限太空战，言下之意就是太空可以作为战场，但应按照一定规则行事，这些规则包括：首先使战争蔓延到太空是促使事态升级且不负责任的，禁止发动对人类利用太空能力造成持久伤害的动能攻击，攻击或扰乱战略太空系统将使事态高度升级而应当遭到反对，没有直接和充分参与冲突的卫星和太空资产不是合法的攻击目标，使用非太空手段回应太空系统的攻击是合法的。

按照这份报告最后提出的建议，美国未来太空安全战略与政策发展方向可大致归纳为以下几点：一是构建为太空战，尤其是有限太空战做好准备的未来太空体系；二是研发有效但有限的太空攻击手段，尤其是不会造成碎片的非动能攻击手段；三是采购并在卫星上安装防护系统，旨在提高对手实施太空攻击的成本、风险和不确定性；四是高度重视对美国太空威慑体系的组成部分适当进行解密或降低密级，以向对手展示美国有效且有针对性地回应对其太空体系攻击的能力；五是争取将战略太空系统与其他功能，尤其是与常规作战功能分离；六是针对太空冲突和影响太空的冲突，优先发展周密的、适应能力强的作战规划系统。

显然，报告试图为未来的太空冲突设定一些规则，或者说是美国可以接受的规则。该篇报告则发出了一个重要的信息，即：太空交战对美国而言是可以接受的，只要按一定规则进行。如果说以往，美国的外空战略更具支撑性作用，强调威慑，强调防御，那么这篇报告表明，至少在美国战略界，已经在认真思考和从理论上准备太空战问题，太空即将与陆、海、空一样成为武装冲突的场所。

然而值得关注的是，技术进步到今天，美国并不能垄断太空攻击手段。冷战时期美苏已经拥有共轨式反卫星武器，进行过激光或粒子束反卫星武器的试验。俄罗斯限于经济状况，冷战后对太空的投入减少，但近些年明显加强了对太空能力的投入。不断有报道显示，俄罗斯多次进行了在轨卫星操作试验，尽管这很难说是反卫星试验，但毫无疑问具有反卫星的潜力。2019 年，印度也成功进行了一次上升式动能反卫星武器试验。

历史一再表明，有限的太空战不过是一厢情愿罢了。战端一旦开启，就很难控制烈度和规模。因为战争从来都是以效率为依据，当冲突升级导致发动太空攻击的收益超过代价，每个国家都以赢得战争为目的而选择最高效的手段，只要这些手段不为既有武装冲突法所禁止。更重要的是，未来的武装冲突是在多域融合的条件下进行的，不同的国家，不同的能力和手段，不同的作战对象和目标，任何一个环节的问题都可能引发错误判断或过激的反应，从而导致事态升级。报告所提出的规则甚至连美国自己都做不到，因为它多次声称，其空间系统一旦遭受攻击，它将利用一切手段进行报复，换言之，报复可以不是有限的。“有限太空战”的思想提醒世人，这个时代充满冲突的危险和不确定性，老的规则面临冲击，新的规则亟待形成，大国竞争，纷杂无序，亟待国际社会采取行动。

军备控制：避免重蹈核覆辙

外空是全人类共同遗产，是当今人类社会进步发展的宝贵资源，为和平目的探索和利用外空是国际社会的共识和初心。外空威慑的思想将会刺激外空军备竞赛，导致外空武器化和战场化，诱发武装冲突，将彻底破坏和平利用外空的前景。人类在核领域已经犯下严重错误，走了一条先发展后又设法控制的崎岖道路。从目前看，消除核武器威胁仍然遥遥无期。在外空不应当重复这一错误，太空威慑战略值得反思。

为了明确军事利用的边界，学界和一些国家主张将军事利用划分为被动性利用和主动利用。所谓被动性利用，是指该空间系统本身不是武器，而是可以用来加强其他武器系统的作战效能，如侦查、导航，气象、预警、通信、气象等，这类应用是应该许可的。所谓主动性利用，是指该系统本身就是武器系统或其组成部分，比如天基反导系统、天基反卫系统、轨道轰炸系统等等。主动性利用具有进攻性、破坏性，必然导致外空成为武装冲突的场所，因而应当禁止。近来又出现了试图将外空部署武器和使用武力合法化的倾向，并为此寻找理论依据。果真如此的话，和平利用外空原则将名存实亡。

外空军事化的快速发展已经引发了国际社会的担忧。联大及其附属机构、外空委、裁军谈判会议一直致力于推动外空的和平利用，讨论与外层空间相关的种种问题。早在 1957 年 11 月 24 日，联大在一项限制核军备的决议中明确提出“研究建立一个监视系统，以保证所有射入外空的物体专门用于和平目的”，1963 年底联大通过《各国探索和利用外空活动法律原则宣言》，郑重宣布应当为全人类的利益和福祉探索和利用外层空间，各国可在平等的基础上自由探索和利用外层空间及天体，不能通过主权要求、使用、占领，或以其他任何方法据为一国所有。1967 年，联大又通过《各国和平探索和利用外空，包括月球和其他天体活动的原则的条约》（简称《外空条约》），将宣言的精神以条约的方式固定下来。此外，还有 1963 年的《部分禁止核试验条约》，1977年的《禁止为军事或任何其他敌对目的使用改变环境的技术公约》、《月球协定》（1979）等，确立了外空的法律地位和外空活动的一些规则，形成了处理和平利用外空事项的若干制度，特别是在规范和限制各国外空军事活动方面也取得了一些具体成果。比如：禁止在外层空间进行核武器试验爆炸或任何其他核爆炸；禁止在外层空间包括环绕地球的轨道、月球、月球轨道和其他天体上部署核武器或其他大规模杀伤性武器（《外空条约》）；禁止在月球上使用武力或以武力相威胁，或从事任何其他敌对行为或以敌对行为相威胁，禁止利用月球对地球、月球、宇宙飞行器、宇宙飞行器的人员或人造外空物体实施任何此类行为或从事此类威胁；禁止为军事或任何其他敌对目的使用具有广泛、持久或严重后果的改变环境的技术（包括改变外层空间动态、组成或结构的技术）作为摧毁、破坏或伤害任何其他缔约国的手段等。

然而，相对于限制，不限制的地方更多。未普遍禁止在外空部署除核武器或大规模杀伤性武器以外的其他武器；未禁止外空武器或其他任何具有外空打击能力武器的研制、试验和生产。此外，一些条约缺乏普遍性，致使其效力大打折扣。这些不足，部分是缘于认识水平的限制或技术障碍，但更多是基于当时各方可接受的程度，是对国际政治现实的反映。

从《外空条约》达成至今，相继有许多国家或非政府组织提出相关倡议，通过修改《外空条约》或另订新约的方式弥补《外空条约》在防止外空军备竞赛方面的不足。比如，有的建议将禁止部署的武器从核武器和大规模杀伤性武器扩展至“任何种类的空间武器或此类武器的系统”；有的建议各缔约国承诺不试验、生产、储存或使用空间武器；有的建议缔结“非天基反卫星系统”附加议定书和核查议定书；有的建议《外空条约》进一步明确“和平目的”的概念，将原有适用于月球的非军事化规定扩展到整个空间。

1978年特别联大最后文件明确指出外空军备竞赛的危险，呼吁各国展开防止外空军备竞赛的多边谈判。自1982年开始，联合国大会每年均以压倒性多数通过防止外空军备竞赛的决议，呼吁所有国家特别是空间大国不要从事有悖于防止外空军备竞赛目标的活动，在联合国框架下采取实际步骤，立即就此展开谈判，缔结协议。

日内瓦裁军谈判会议（简称裁谈会）是当今唯一的政府间裁军谈判论坛。自1982年以来，防止外空军备竞赛一直是裁谈会的重要议题。1985年，裁谈会成立防止外空军备竞赛议题特委会。一些国家希望严格限制各类反卫星武器系统，禁止试验和部署陆基、空基和天基定向能武器系统，但这显然与美国当时的《战略防御计划》相抵触，特委会仅限于围绕定义、透明与建立信任措施、空间交通规则等问题进行讨论。1995年以后，连讨论也无法进行了，更不用说进行谈判了。

然而，随着美国开始加速推进其导弹防御系统，并借助导弹防御系统发展空间攻防能力，防止外空武器化的呼声进一步高涨。一些国家开始提出防止外空武器化的具体设想。特别是在2008年，中、俄向裁谈会提交了《不在外空部署武器、不对外空使用武力条约草案》，主张以此为基础进行实质性讨论，并在该草案的基础上展开条约谈判。该条约草案是预防性的，所设定的两个主要目标“不在外空放置武器”和“不对外空物体使用武力”考虑了当今国际政治和军事现实和有关各方的可接受程度，旨在从最紧迫的威胁入手，遏制外空武器化的势头，是防止外空武器化的最低限度措施。虽然没有开启谈判，但在裁谈会和联大的一般性辩论显示，中、俄提出的条约草案获得越来越多国家的支持。这是因为外空武器化的危险是客观现实，防止外空武器化条约谈判是确保外空安全的重要途径，任何国家都无法完全回避。

美国对中、俄倡议的态度耐人寻味。它坚持外空没有军备竞赛，认为现有条约足够，而中、俄的条约草案不能满足其标准，即所谓有利于“公平、有效、可核查、符合美国及其盟国的安全利益”。其实按道理，美国拥有最多的外空资产，对外空的依赖程度最高。一个和平安全的外空环境最符合美国的利益。但美国坚持绝对安全，不愿放弃将外空军事手段作为选项，其中最现实的考虑是保持在空间所谓“行动自由”，保持导弹防御系统的开放性，为在条件成熟时在外空部署导弹拦截器预留空间。

欧盟于2008年正式提出“外空活动行为准则”，要求各国在从事外空活动中尽可能减少碎片的产生，特别是不要故意摧毁空间物体；提出了若干透明与建立信任措施，并为争端的解决提供了框架。欧盟“外空活动行为准则”属于联合国框架外的议程，但其内容又与联合国框架内的其他议程相交织；虽然在本质上属于规范和平利用外空活动的范畴，但又涉及自卫权问题；虽然以自愿为基础，却又设立调查机制，规则的性质并不十分明确。由于各方对准则的性质和内容仍然存在较大分歧，进程受挫。

裁谈会的僵局凸显了联大的作用。为激活外空问题的讨论，并为防止外空军备竞赛谈判创造条件，1990年和2010年，大会两度决定成立外空透明与信任措施政府专家组，对涉及防止外空军备竞赛特别是与建立透明和信任措施相关的政策、法律、技术问题以及有关建议进行梳理，提出了若干工作建议。外空透明与建立信任措施涉及信息分享、空间谨慎机动、避免碰撞、减缓碎片、发射通报等空间合作措施，以自愿为基础。随着空间活动的增加，危及空间安全的因素随之突出，加之外空条约谈判迟迟难以启动，外空透明和建立信任措施得到重视。2017年，联合国成立防止外空军备竞赛政府专家组。经过两期会议，专家组围绕未来防止外空武器化条约的要素进行了讨论，并形成报告的初稿，最后因美国的反对无果而终。

此外，鉴于外空活动的军民双重性，联合国外空委员会的讨论也越来越与军备控制具有相关性。2010 年，在联合国外空委技术委员会下设立“外空活动长期可持续工作组”，试图为空间活动建立一套最佳实践指南，并提交联大审议。所谓最佳实践包括：支持地面可持续发展的可持续空间利用；空间碎片、空间活动以及支持空间态势感知信息分享；空间气象；针对新的空间活动参与者的规范机制与指南。

结　语

这是一个全球化的时代。空间技术的发展，信息技术的进步，使世界各国从来没有像现在这样休戚与共。外空应当专门用于和平目的，这是数十年前国际社会的呼声，也是未来人类社会和平发展的必然选择。在这一过程中，联合国及众多多边国际论坛进行了大量努力，但由于大国关系的紧张，更因为外空对于军事决策者的诱惑，加上外空的军民两用性以及条约核查的困难，使得防止外空武器化的讨论和谈判步履维艰。目前外空军事化和武器化仍在加速发展。一些国家的决策者奉行以实力求安全，对外空威慑的价值深信不疑，并为外空的实战做准备，这是一个危险的迹象。外空碎片并不区分国别，外空环境的破坏影响每一个国家。问题的解决，也需要国际社会各成员国相互协作并采取行动。

无可否认的是，外空具有的极高战略和军事价值，外空系统对于陆、海、空等传统战力具有倍增作用。这种情况使得一些国家在外空军控决策时，对军事上好处的思考可能会压倒对外空武器化后果的担心。但是，外空的特殊性决定了外空安全不可能通过武器的堆积而获得，在外空单方面追求自身安全利益而无视普遍安全利益最终会损害自身的利益。此外，对外空日益加重的军事依赖，将使外空系统在战时成为高价值的目标，反过来刺激外空打击手段的发展，诱发对外空物体的攻击。国际社会不可以再犯类似在核武器问题上的错误，坐等空间武器化，然后再设法予以逆转。在当前外空尚没有武器化之前采取预防措施，可以避免未来付出更大的代价。

第七章　网络威慑——威慑战略的新疆域

全球信息化已经进入全面渗透、跨界融合、加速创新、引领发展的新阶段，而网络空间正在加速成为战略威慑和控制的新领域、意识形态领域斗争的新平台、维护社会经济稳定的新阵地、捍卫国家安全的新疆域以及信息化局部战争的新战场。威慑作为人类社会的一种斗争样式和政策手段古已有之，网络空间威慑是人类社会进入信息时代一种新的威慑样式。网络空间威慑战略的提出，极大丰富了已有威慑战略理论体系。随着网络空间重要性的日益凸显，网络威慑已经成为网络空间重要的战略制衡手段，成为信息时代的国之重器。

什么是网络威慑

人类社会发展历程进入信息化网络化时代后，传统的威慑理论逐渐拓展延伸至网络空间。网络空间威慑是继常规威慑、核威慑、太空威慑之后一种新的非对称战略威慑方式，与其他领域的威慑相比，网络威慑的核心要素虽与传统威慑理论一脉相承，但其在基本属性、运用领域、威慑对象以及所使用的方式方法等方面都发生了很大的变化。主要体现在以下几方面。

一是非对称性。网络空间威慑既是大国的“利器”，也是小国穷国的“核武器”。建设网络空间威慑能力，往往不需要雄厚的经济实力支撑，小国穷国只要发展可以一招制敌的“杀手锏”手段，就可以对军事实力强大的国家实施网络空间威慑。

二是非杀伤性。网络空间威慑无须建立在大规模杀伤性核武器的基础上，一般不会产生物理毁灭、生灵涂炭的核恐怖、核冬天，其具有更为人道、更为环保、更为灵活，但同样能够达成威慑的战略效果。

三是跨域复合。与核威慑不同，网络空间威慑的运用更为灵活多样，可适用于低、中、高等不同烈度的对抗场景，通常要和外交、军事、法律和经济等手段配合运用，涵盖领域多，辐射部门广，而且协调复杂性高。

四是动态升级。与核威慑能够保持长期战略威慑力不同，网络空间威慑能力是动态变化的。网络空间技术代际跃迁快，动态发展明显，攻防转换迅速，只有不断更新技术装备，才能持续保持网络空间威慑能力。

五是隐蔽无形。网络威慑主要作用于无形无象的虚拟网络空间，威慑的作用方式通常看不见摸不着，可以光速在任何时间攻击世界上任何地点，于无形之中影响人的思想、意识和决策。

在对网络威慑本质内涵和特点规律理解的基础上，我们还可以围绕网络威慑对象确定、威慑层级划分、威慑门槛设定等三个方面的问题更加深入的探讨剖析。

网络威慑主体确定。信息技术有着广泛辐射性、渗透性和极强的军民共通性。事实上，网络技术的获取便捷、成本较低，网络攻击行为实施主体具有鲜明的多样性和多元化，既可以是国家、非国家行为体、非政府组织或者跨国集团，甚至还可以是个人。但由于网络威慑的目的是慑止战争，实现国家政治目的，不足以对国家安全造成严重影响的网络攻击一般不列入网络威慑的考量范畴。通常来讲，真正有意愿有能力实施大规模网络攻击的往往为国家行为体，或者是有国家政府支持的非国家行为体。因此，虽然网络攻击的主体具有鲜明的多样性，但真正能够实施网络威慑的主体通常是国家。

网络威慑层级划分。网络攻击规模有强弱，影响程度有高低，影响范围有大小。国家面对不同级别的网络攻击，为达成最佳的威慑效果，必须保持网络威慑的战略的灵活性和模糊性，应综合运用国家政治、经济、军事等领域的整体威慑力量，建立融合多元力量、多种手段、多个途径的多层级威慑，来应对不同程度和不同样式的网络威胁，建立体系完整的多样化、多层级威慑战略体系。

网络威慑作用范围。网络威慑主战场在网络虚拟空间，但又不仅仅局限于网络空间。与传统威慑只作用于单一领域相比，其威慑影响范畴得到了前所未有的拓展延伸。网络空间作为连接万物的媒介，已经全面渗透至陆海空天等传统物理空间，甚至拓展至社会域和认知域等非物理空间，其作用范畴可以跨越虚实、辐射万物。因此，针对网络空间或者通过网络空间产生的威慑效果，都应该属于网络威慑的考量范畴。

网络威慑的概念。通过对威慑理论本质内涵，以及网络空间特点规律的总结分析，可以初步得出：网络威慑是指国家在网络空间或者经由网络空间，通过建设强大的网络空间能力，展现意志和能力等方式，让对手感到无利可图或无法承受后果，从而达到慑敌止战的战略效果，实现维护国家主权、安全和发展利益的目的。

其中，能力是网络威慑的物质基础，实战能力是威慑能力的核心，网络空间威慑能力建设，既包括阻止对手进攻的防御能力和遭受攻击后的恢复能力，也包括惩戒对手的攻击能力。威慑意志是威慑的主观条件，使用力量的决心必须通过能付诸实施的行动方案和计划来表达，而不是立足于抽象的声明和空洞的恫吓措施。信息传递是威慑的重要前提，保持通畅渠道向外界传递清晰准确的威慑信息，让对手不敢动手，是确保威慑有效性的重要渠道。

美国的“网络威慑”战略

美国是世界上最早对网络威慑开展系统研究的国家，也是最早将威慑作为系统的战略理论，主导军事政策的国家。作为对威慑理论研究和运用最为成熟的国家，美国在网络威慑研究和实践方面同样走在了世界前列。

美国“网络威慑”的历史演变

“萌芽”于后冷战时代针对威慑战略的研究。在冷战结束之后，美国开始考虑如何把冷战时代的核威慑理论运用到后冷战时代，讨论并建立新的威慑理论，慑止其他潜在或现实的各种威胁。1995 年，美国战略司令部颁布秘密文件《后冷战时代的威慑实质》，建议扩大威慑的使用范围，要超越美俄双边关系框架，用威慑战略应对其他威胁。随后，美国形成了第四波威慑理论研究热潮。2006 年美国国防部发布《威慑行动联合作战概念》，认为传统威慑战略可以运用于后冷战时代的各种威胁。美国军方、学界以及社会舆论开始讨论网络威慑战略的可行性。讨论的问题重点是如何将威慑战略运用于网络空间，形成有效的威慑从而保证网络安全。

随着政策制定与实践运用不断“发展成熟”。在奥巴马总统任期内，美国网络威慑战略开始从理论研究层面走向政策制定和实践运用等层面。这一阶段，美国密集出台了一系列网络威慑政策文件，威慑实践也日益丰富。网络威慑理论逐渐成熟，对网络威慑对象、威慑门槛设定、攻击行为界定等关键问题的认识更加清晰深刻，威慑策略更加明确，更具指导性操作性。

2009 年 6 月，美国时任国防部长盖茨指示正式合并网络战联合功能，组成司令部与全球网络作战特遣队，正式成立隶属于战略司令部的二级作战司令部——网络空间司令部，该司令部于2010年5月具备初始作战能力。

2010年11月，伊朗总统穆罕默德·内贾德公开承认“震网”病毒给“我们数量有限的核离心分离机”制造了麻烦。伊朗纳坦兹用于铀浓缩的离心机遭受“震网”病毒攻击，伊朗核计划被迫推迟。“震网”事件的攻击目标直指实体工业基础设施，开启了对与互联网物理隔离的重要工业设施进行网络攻击破坏的先河。值得注意的是，在发现“震网”病毒之前，许多人认为针对工业控制系统的网络攻击行为是无稽之谈，或者起码是不太可能的。计算机安全领域知名专家给“震网”病毒的定位是“空前的”“一次革命性的跨越”和“一种我们永远不希望看到的威胁”。可以说，“震网”病毒第一次真正让人们看到了网络攻击的巨大潜力及其无限可能，给人们带来了极大的心理震撼。对于这次秘密网络攻击美国不置可否，坦称具有这种网络攻击能力。

2011年春季，美国通过脸谱、推特等网络媒体渲染炒作突尼斯、埃及等国政府当局的腐败行为和民生疾苦，引发两国政府垮台，同时导致利比亚政府瘫痪，随后也门、叙利亚等国也陷入混乱。这一事件是美国等西方国家利用网络媒体开展网络心理战的典型案例，其试图利用网络干预甚至颠覆别国内政的企图昭然若揭。由此，网络攻击的范畴进一步拓展，从以虚击实对现实空间的物理摧毁，延伸至以虚击虚地对人们心理的干预和引导，甚至可由此达成对国家政权的颠覆。网络攻击的巨大威力和无形的影响力，使人们逐渐认识到实施网络威慑具有一定的可行性和可预期的有效性。

经过几年理论探讨和实战后，美国各界就网络威慑理论的主要立场观点，已经基本达成共识。美国于2011年5月和7月先后公布了《网络空间国际战略：互联网世界的繁荣、安全和开放》和《网络空间行动战略》两份文件，宣布美国将采取威慑手段应对敌对的网络行动，并保留诉诸武力的权力，这标志着美国正式高调实施网络空间威慑战略。美国政府发布的《网络空间国际战略》表示，要在网络空间“阻止和威慑恶意行为体”，并“保留使用一切手段的权利”。美国国防部发布的《网络空间行动战略》，正式把网络空间视为美军的作战域，与陆海空天并列，表示在网络空间压倒一切的重点是“威慑”。2015 年 4 月，美国防部出台《国防部网络战略》，该战略的发布表明美国的“威慑与报复”时代已经到来。战略提出要在未来的网络环境中构建威慑力，宣称必须宣示能力以慑止对手的网络攻击，建立有效的网络防御能力，以阻止潜在攻击取得成功，强化网络系统整体弹性和容灾备份能力，提升情报侦察、调查取证、攻击预警等能力。

《网络空间威慑战略》出台，标志美国网络威慑战略最终成型。2015 年 12 月，美国政府向美国国会提交《网络空间威慑战略》，这份战略虽被认为是实施网络威慑的初始路线图，但美国政府将会根据新威胁和地缘政治的调整，不断优化战略内容。首先，这份战略突出网络安全的重要性，指出网络安全是美国及其盟国在 21 世纪所面对的重要安全问题之一。网络攻击和某些恶意网络活动，特别是由国家或有技术能力的非国家行为体实施的，针对美国重要基础设施和重点产业，并且能够对美国国家安全和经济利益构成重大威胁的行为，是美国推行网络威慑战略的根本原因和前提。第二，网络威慑战略对象判定标准。文件指出主要有三大对象：通过破坏关键基础设施及其提供的基本服务，从而可能造成生命损失的网络攻击；针对军事指挥控制、金融市场有序运行等，试图扰乱或者削弱支撑核心功能系统的网络攻击；侵害个人隐私、表达自由等核心价值观，从而造成国家级的网络活动。第三，网络威慑的方式方法。战略指出，将采取多元化的方法来制定网络威慑战略与战术，强调运用“整个政府层面”和“整个国家层面”

的力量应对网络安全事件，即利用包括外交、信息、军事、经济、情报以及司法领域的国家力量，加强政府与互联网企业的合作，构建网络空间国际联盟等方式来确保网络空间安全。

实践反馈理论，网络威慑战略步入“丰富完善期”。特朗普上台后，美军拥有更多对“攻击性网络行动”实施打击的权力，网络威慑理论和实战的结合更加紧密。美国网络威慑战略发展完善对威慑实践进行了有益的理论指导，网络威慑实践反过来推动理论成果固化为战略政策的进程。

特朗普上任不久，美国国防科学技术委员会于2017年2月发布《关于网络空间威慑的工作组报告》，继续细化奥巴马时期的网络威慑战略，系统提出了实施网络威慑的指导原则：统筹拒止威慑和惩戒威慑，强化定制威慑；实施惩戒威慑重在知敌；要制定针对各种冲突的可靠响应选项；必须对实施严重网络攻击的主体实施惩戒威慑；减轻关键基础设施的脆弱性等。

更为值得关注的是，美国在此期间不断加快网络空间作战力量和组织机构的建设步伐。2017年8月特朗普总统宣布，批准美军将网络空间司令部升级为一级作战司令部，2018年5月网络空间司令部的升级工作正式完成，标志着美军网络部队建设进入快速发展的新阶段，网络战向着“成为一种主流战术级军事能力”的方向迈出了关键一步。此外，隶属网络空间司令部的133支网络任务小队，其中13支国家任务部队主要保护美国国内电网、核电站等重要基础设施，68支网络保护部队主要负责保护美国国防部的网络和系统，27支作战部队负责执行网络进攻任务，25支支持部队负责为国家任务部队与作战部队提供情报分析和发展规划等方面的支撑。美国网络任务部队经过4年多的发展，到2018年5月也已经具备完全作战能力。

网络作战力量发展壮大的同时，美国的网络威慑理论也在持续迭代发展。2018 年 9 月，美国总统特朗普接连签发《国防部网络空间战略》概要和《国家网络安全战略》两份文件，二者均将网络威慑作为实现美国繁荣与安全战略目标的重要手段。《国防部网络空间战略》概要，指责中国窃取美国知识产权，侵蚀美军事和经济优势；俄罗斯利用信息作战，侵犯美国民主生活；伊朗、朝鲜与恐怖组织和网络犯罪也对美构成一定程度的挑战。强调要在网络空间建设更加强大的军事力量，包括加快网络战和打击恶意网络行动的能力建设，确保联合部队能够在日常行动和战时利用网络空间开展行动。概要还表示美国将利用所有国家权力手段遏制恶意网络活动，若威慑失败，联合部队随时准备动用一切军事力量予以回应；该战略首次提出“前置防御”作战概念，宣称通过网络空间建立更致命军事力量，加快网络作战和打击恶意网络行动的能力建设，强调在威胁到达目标之前予以阻止，通过前置防御来应对日常的恶意网络活动。

新版《国家网络战略》继续强调要“维护多利益攸关方治理模式”“实施网络威慑”、维护互联网自由、加强志同道合国家的合作、重视关键基础设施等理念，更加突出司法起诉、经济制裁和境外羁押等强制措施，强调要公开归因溯源的结果，表示将对网络经济间谍、信息影响行动等不构成武装冲突的恶意网络行动不再“坐视不理”。

2020 年 3 月，“网络空间日光浴室委员会”——美国负责制定新的网络战略的跨参众两院、跨两党的政府间机构，发布了“网络空间未来警示报告”，继续遵循“前置防御”作战理念，降低了网络威慑的门槛，战略更加大胆，更加具有侵略性。“前置防御”提出，为击败对手的网络攻势，美国必须主动观察、追击和应对对手的网络行动，并在不引发武装冲突的前提下施加成本。美国政府将利用一切工具，依据国际法对一切网络攻击做出反应，即使是那些武装冲突阈值以下，不会造成人身伤亡的网络攻击。报告首次提出分层网络空间威慑战略手段，主要包括塑造行为、获益拒止、施加成本等三层威慑。基于这三层威慑，美国政府将继续与盟友和合作伙伴联合推动网络空间规则制定，对那些长期利用网络空间实施较低成本网络攻击的对手实施获益拒止，同时强调美国必须保持相应的能力以反制对手。分层威慑包括改革美国政府网络空间架构和组织、强化规则和非军事工具、强化国家韧性、重塑更安全的网络生态系统、实施与私营部门的网络安全协同合作、保持和利用军事手段等 6 项政策支柱，以及政策支柱所包含的 75 条具体的政策建议。该报告战略目标更加清晰，建议举措更加细化，具有很强的规范指导作用和实践操作性。

总的来看，美国网络威慑战略的形成发展，是理论成果和网络实战紧密结合、相辅相成、相互促进的过程。美国政府部门既是网络威慑战略的理论研究者，也是威慑战略的实践者。从美国网络威慑战略的主要内容来看，其战略可以划分为拒止型威慑、惩戒型威慑和规制型威慑三种类型，三者共同构成了美国威慑战略的主要内容。其中，拒止型威慑主要通过增强网络防御能力，提高网络弹性，网络容灾备灾，以及受攻击后的网络恢复重建能力等，达到阻止网络攻击，或者使网络攻击最小化的目的。惩戒型威慑是指通过对恶意网络活动发起者实施经济、法律或者军事领域制裁等报复行动，迫使进攻者认识到得不偿失而放弃进攻行动。而军事手段既可使用网络武器进行报复，实施“实体瘫痪”，也不排除进行常规军事打击，甚至核打击，实施“物理消灭”。规制型威慑主要体现在网络空间国际规则的制定上，美试图从规则、道义层面对网络空间行为进行制约和约束。前两种能力分别指向网络防御和网络进攻能力，是开展网络威慑的重要能力支撑。规制型威慑是基于网络攻防能力基础上的，网络空间领域软实力的重要体现，是国家网络话语权控制权的重要体现。

美国网络威慑战略主要特点

一是注重顶层设计，明确宣示网络威慑政策。对网络安全实行最高领导，奥巴马政府时期就提升协调网络安全机构至总统层级，由总统直接领导。特朗普政府调整“繁荣”“安全”“开放”网络空间三大目标优先次序，将“安全”置于“繁荣”之上。美国先后颁发了多项战略，并在《国家安全战略》中突出网络空间威慑相关内容。在《网络空间国际战略》中宣称，如果潜在敌对国家对美国发起网络攻击，美国将不惜动用军事力量。《国防战略报告》和《网络空间行动战略》明确将网络空间与陆海空天定义为同等重要、需要维持决定性优势的“第五大空间”，列为美军“作战行动域”。

二是加强力量建设，奉行“以实力求和平”。根据媒体透露，从2011年到2014年，美国国防部投资5亿美元用于研究网络武器。网络司令部2012年用于网络攻防技术的资金高达34亿美元。特朗普在《2018财年国防授权法》中要求大幅增加对网络空间威慑和防御能力预算投入。美国防部将网络空间威慑作为工作的重点，围绕其进行了一系列排兵布局与力量建设。美军将网络司令部升级为第十个联合作战司令部，地位与美国中央司令部主要作战司令部平级，还成立了133支网络任务小队。

三是突出攻击能力建设，基于能力强化威慑效应。美国的惩戒型威慑强调先发制人报复打击，强硬色彩十分浓厚。美国将“进攻优先”作为网络空间威慑战略的核心，主张采取更为直接和强硬的手段回击网络攻击，让袭击者认识到网络攻击不会带来“任何好处”。特朗普政府在《国家网络战略》中再次重申，将利用外交、军事、财政、情报、公开归因和执法能力等所有国家权力工具，来防止针对美国的恶意网络活动。

四是加强网络空间合作提升网络威慑能力。在国内，主要是加强政府部门之间以及政府部门与私营部门之间的合作，例如加强国防部与国土安全部等其他政府部门及私营企业合作。例如，“分层网络空间威慑”战略明确要把公私合作作为一项关键要素，强调发展政府与私营部门的关系，提高网络态势感知合作水平。在国际，美国通过与其他国家在情报、执法、军演等方面的广泛合作，提高共同打击网络犯罪和应对网络威胁的能力。美国在《网络空间国际战略》《网络空间威慑战略》以及“分层网络空间威慑”战略中明确，要建立并维持强大的国际联盟和伙伴关系，组织共同威胁，增进集体网络安全。

五是构建行为规范制度上规制网络攻击行为。经过多年努力，美国已经成功建立起网络空间国家活动应当适用于国际法的国际共识。在美等西方国家的主导下，北约卓越合作网络防御中心于2017年2月正式公开发布了涵盖适用于和平时期和战争时期的网络空间国际法规则《塔林2.0》，该手册由国际法律专家编撰，虽不具有法律效力，但对各国开展网络实践活动具有重要的理论参考价值和行动指导意义。

其他大国有关网络威慑的基本立场

俄罗斯、英国等世界大国虽也对网络威慑相关概念开展了理论性研究，但都没有颁布专门的网络威慑文件。英国在最新版网络安全战略中有较大篇幅对网络威慑进行了论述，主要观点和美国基本保持一致。

俄罗斯有关网络威慑的立场

俄罗斯的网络安全战略思想主要体现在《俄罗斯联邦信息安全学说》之中。该学说首次发布于2000年9月，2016年12月经修订后再次发布。俄罗斯在持续调整完善网络安全政策的过程中，形成了具有自身鲜明特色的网络安全逻辑体系和话语体系。以“网络空间”为关键词的网络术语，经过美国多年宣传推广后，逐渐被世界其他国家接受，但是这些术语从未出现在俄罗斯的官方文件中。长期以来，俄罗斯一直使用“信息空间”代指“网络空间”，使用“信息安全”代指“网络安全”，在外交场合也避免使用“网络空间”一词。俄罗斯也没有正式提出网络威慑的概念，而用“遏制”取而代之，明确提出要建设信息作战力量，从战略上遏制利用信息技术引发的军事冲突。

俄罗斯总统普京高度重视信息安全，指出在信息空间拥有军事能力，对武装斗争即便没有决定意义也有重大意义。俄罗斯采取措施加快信息空间军事力量建设，增强应对信息空间威胁，遏制军事冲突的发生。

首先，实现俄军在信息空间活动的合法化。2011 年，俄国防部颁布了《俄联邦武装力量在信息空间活动构想》，明确了俄军在信息空间完成防御和安全任务的基本原则、规则和措施，赋予俄军在信息空间活动的合法性。

其次，加强俄军信息作战能力建设。2016 年版《俄罗斯联邦信息安全学说》提出，未来俄在国防领域保障信息安全的战略目标是，防止利用信息技术达成政治军事目的，为实现这一目标，俄军要提高信息威胁应对能力，从战略上遏制利用信息技术引发的军事冲突。2017 年 2 月 22 日，俄国防部长绍伊古在国家杜马会议上，正式承认俄军组建了能够在信息空间开展行动的信息战部队，表明俄军在信息空间的军事行动正式转入实施阶段。

英国的网络威慑立场

英国是世界上网络和信息化建设最先进的国家之一，英国政府认为网络安全对维护国家安全和利益具有重要的战略意义。2009 年英国政府出台了首部国家网络安全战略，用以指导和加强国家的网络安全能力建设。随后根据网络安全形势和建设需求的变化，分别于 2011 年和 2016 年先后发布了第二版和第三版国家网络安全战略。英国国家网络安全战略虽也提出要加强网络威慑能力的建设，但不谋求争夺网络空间主导地位，而是聚焦维护本国网络安全、提升本国网络安全产业竞争力等方面，确保英国在网络空间的优势地位，实现英国经济繁荣、国家安全和社会稳定。

从英国最新版国家网络安全战略来看，英国政府高度重视战略威慑，希望通过采取网络威慑战略降低英国面临的网络安全威胁。英国在新版网络安全战略中明确提出要加强网络威慑能力建设，使英国具备世界领先的、可适当支配的进攻性网络能力，可在必要时采取网络进攻行动，以此来“削弱对手攻击意愿和能力”“震慑、阻止网络攻击”。

英国政府在新版网络安全战略提出了“防御”“威慑”“发展”三大目标，“威慑”是实现战略的三大支柱之一，这也是英国首次提出网络威慑战略。该战略表示，英国将致力于建设侦察、跟踪、调查和破坏敌对网络行动、追捕和起诉网络侵犯者，以及必要时在网络空间采取进攻行动的能力。同时在指导原则章节中强调，将对英国的网络攻击视为与常规攻击等同的严重攻击，必要时采取自卫行动。在行动方案建设的内容中明确指出：要通过提升追查、起诉等执法能力、建立国际合作伙伴关系、采取早期干预措施、加强行业合作等方式减少网络犯罪；通过加强国际法在网络空间的适用、国际网络威胁信息共享、国家间集体防御等打击外国敌对势力；通过加强情报侦察和国际合作制止恐怖主义；通过开发网络技术、发展网络作战力量、维持加密能力、加强政府间合作等提升维护国家网络主权的能力。

实施网络威慑的优劣分析

网络威慑较传统的常规武器威慑、核威慑、太空威慑等战略有其独特优势，具有实施成本低、运用范围广等优点，但受制于当前的技术水平，实施网络威慑还存在诸多亟待解决的难题。

网络威慑的优点主要体现在：第一，实施网络威慑成本较低。常规武器、核武器和太空威慑都是建立在高成本投入基础之上的，不仅要建设规模适度的作战力量，还需要建造数量可观、价格不菲的武器装备。而网络攻击能力的提升主要依赖于无形的网络武器，这些武器主要以软件的形式存在，价格低廉且可瞬间无限制进行复制，相较传统武器而言，成本要低得多。第二，平时战时都可运用。核威慑破坏力巨大，会造成财产和人身安全不可逆的巨大伤害，基于人道主义原则和对称原则，不能轻易使用，否则将给人类带来灭顶之灾。网络威慑与核威慑截然不同，一般不会造成物理损害或者人员伤亡，平时就可以根据面临的网络威胁等级，灵活制定威慑手段，达成战略目标。第三，有利于常规弱势一方弥补与主要战略对手的差距。同时，我们也应该正确认识实施网络威慑存在的困难。

一是归因判断难。要实施网络威慑，首先必须确定威慑对象，归因是威慑的核心，只有正确归因确定攻击者才能让基于惩戒的威慑发挥作用。网络空间本质上处于“霍布斯”状态，加上网络武器成本低易扩散，以及网络空间具有互通性、匿名性、隐蔽性等特点，导致网络空间极易被各种行为主体所利用，形成既有来自程序员、黑客、有组织网络犯罪的低烈度攻击，也有来自黑客、恐怖组织、国家间谍机构发起的中等烈度对抗，更有军事化网络部队发起的高烈度对抗。网络空间的特点，决定网络行为是侦察行为还是攻击行为的性质判定存在困难，也导致网络攻击难以准确追踪溯源，即使能够准备定位攻击者，但仍因网络行为主体多样性、难以跨界取证、可能被嫁祸等问题，仍无法准确认定行为方，以及行为方的政治属性和意图。

二是效果评估难。网络威慑效果与对象信息化程度有关，网络化程度越低的国家，对网络威慑越不在乎和敏感。网络对抗的动态性、复杂性、技术性等特点，决定了网络攻击存在不确定性，实施方很可能无法准确判定是否达到目的。网络报复的不可控性消减了威慑的对称原则。根据罪恶与惩罚相匹配的国际法精神，威慑报复所导致的损失在效果上应与攻击所造成的损失持平。网络攻击往往具有非对称性与不可控性，导致“牵一发而动全身”，在实际开展网络惩戒性威慑时很难进行精准控制。

三是优势维持难。与核武器能够保持长期战略威慑力不同，网络空间技术发展的时效性、动态性明显，攻防转换迅速，网络技术必须要迅速迭代，才可能一直保持网络威慑能力。加之网络武器属于一次性资产，一旦利用即极易被破解和复制，给网络空间“破坏者”以可乘之机，潜在被攻击者也忌于公开展示实力。

网络威慑走向何处

从近年来网络空间发展现状来看，网络威慑的有效性和合理性一直遭到质疑。网络威慑到底能不能产生类似核威慑一样的效果，实现威慑下的和平，目前仍没有得到实践的有力证明，以至于唱衰网络威慑的论调依然不绝于耳。但从当前实际情况来看，网络威慑的提出与实践，并没有明显缓解网络空间军事化的发展趋势，反而有可能加剧网络空间的军备竞赛。

一方面，网络威慑有可能加剧全球网络空间的不稳定性和复杂性。

美国为慑止潜在对手对其发起网络攻击，研发各种网络防御与进攻武器，其他国家为确保自身网络安全不得不研发网络武器。他国网络攻防武器的不断升级，又迫使美国进一步研究更加先进的网络武器，如此循环往复，世界各国将陷入网络空间“安全困境”，网络空间军备竞赛也将愈演愈烈。自美国成立网络空间司令部后，英国、德国、法国、日本等国纷纷宣布组建网络作战部队，韩国、荷兰等国也公开表示正在研发网络武器，网络空间政治化军事化的特征越来越明显。特别是美国网络威慑战略出台后，将军事手段作为维护网络安全的重要举措，更可能引发各国在网络空间领域的新一轮军备竞赛。从这个侧面来看本意为维持稳定的网络威慑，反而有可能加剧网络空间的不稳定因素。

但也应该看到，规制型网络威慑的实施客观上将有利于完善现行网络空间治理规则，将促进世界各国就网络空间治理达成共识。虽然这些共识更多是美等西方大国出于维护其国家安全，以及网络空间主导地位的战略考量。但也是对网络空间治理理论的有益补充和创新，可以作为其他国家在规划自身网络政策时的参考理论。

结　语

战后 70 多年来，军事威慑战略沿着核威慑、常规威慑、太空威慑勾画出一条不断发展的轨迹。鉴于现代军事威胁和冲突的多元化、多层次、多样性以及复杂性，决定了依靠单一威慑力量不足以形成有效的威慑。随着核、常规、太空、网络等威慑力量的逐步建立和不断发展，必将赋予人们多种可供选择的威慑手段，整体威慑就理所当然地成为现代军事战略家的优先的选择。今天，当威慑战略向太空威慑的“新高地”前进之时，战略家们通过对历史的反思和对未来的展望，得出一个新的结论：未来的军事威慑既不是太空威慑时代，也不是常规威慑时代，更不是曾经主宰世界的核威慑时代。未来的军事威慑必将以不可阻挡之势进入整体威慑的时代，即综合运用核、常规、太空、网络等多种基本的威慑力量，采取不同的威慑方式，对来自不同方面、不同程度的威胁，做出灵活、有效的反应。

第八章　科技创新——形成局部反威慑优势

科技革命及由此引发的产业变革，对于时代而言可遇不可求。当前，世界科技革命、军事革命迅猛发展，科技发展深刻影响着国家安全和军事战略全局，战争正加快向太空、电磁、网络等多维战场空间拓展。以太空攻防、网络空间、人工智能、信息态势感知等为代表的新质作战能力，正在不断孕育新型的作战能力，并产生战略威慑效应。

新一轮科技革命

迄今为止，人类总共经历了四次工业革命。现在正在经历的第四次工业革命刚刚开始、方兴未艾。前两次工业革命使人类利用能源的水平实现了飞跃，第三和第四次工业革命则使人类运用信息的水平实现了飞跃。

开始于18世纪60年代的第一次工业革命，主要以蒸汽机的发明为标志，其意义在于将传统的应用生物能与生物做功的旧生产方式，转变为运用煤炭等新能源与机械做功的生产方式。机械化代替人工席卷了生产、交通等各个部门，带来产业变革与生活方式的变革。人类社会最终明显分裂为工业资产阶级和无产阶级两大对抗阶段。兴起于19世纪六七十年代的第二次工业革命，主要以电力的发明和广泛应用为标志。这一时期发展起来的是以电力、石油开采、钢铁冶炼、内燃机、电机及化学工业为标志的主要重工业部门。电力取代煤炭成为主要能源，自然能源转化为电力之后不但更加清洁，而且能够长距离输送，稳定地供应。第三次工业革命开始于20世纪四五十年代，以原子能、电子技术、合成化工等为标志。人类开始进入信息时代，这段时期世界主要资本主义国家实现了高速发展，发达资本主义国家先后实现了高度的工业化。

第四次工业革命的进程是在社会和技术指数级进步的推动下开启的。目前，这场革命正以前所未有的态势向我们席卷而来，它的发展速度之快、范围之广、程度之深，丝毫不逊于前三次工业革命。它以石墨烯、基因、虚拟现实、量子信息技术、可控核聚变、清洁能源以及生物技术为突破口，核心是智能化与信息化，最显著的特征是各项新技术相互推动、彼此融合、交叉发展。由于物联网的出现，实现了万物互联，消除了物理、数字和生物世界之间的界限。因此，第四次工业革命是一场深刻的系统性变革，不局限于某一特定领域，不再是某一个产品或者服务的革新，而是整个系统的创新。这场革命将对经济、商业、政府，甚至个人带来巨大的影响，不仅颠覆了人们的生活方式，还将改变人们的固有观念。

目前，新一轮工业革命中一些初见端倪的科技成果已经初步运用于日常生活，逐渐成为人们生活中必不可少的重要组成部分。随着信息技术的飞速发展，拥有70多亿人口的地球，终于建立了地球村的概念，大规模普及的移动设备把每个人紧密地联系到一起，庞大的储存能力和流畅的处理速度让相隔天涯海角的个体近在咫尺，由此诞生的无限精彩天天都在上演。例如，人脸识别、乘网约车出行、听商品说话、无人机送货，人们对各种消费新模式已经感到稀松平常；互联网医疗、可穿戴设备、基因测序智能诊断，这些全新的概念改变了人们的医疗体验；在制造业领域，“黑灯工厂”越来越多，穿梭的机器人自动取货、搬运、装配，自动运行，完成生产操作；城市拥有了智慧的大脑，基础设施运行维护的效率极大提高；能源领域，区块链技术的进步或将颠覆现有的能源系统……

马克思曾经说过，“手推磨产生的是封建主社会，蒸汽磨产生的是工业资本家社会”。工业革命带来的不但是生产过程、产业形态的重组，同时还将带来经济社会的革命性变革与生产力的飞跃，其影响力同样也延伸到军事领域，带来未来战争形态的革命性、根本性的变化。

第四次工业革命将推动军事领域的智能化进程。智能时代的战争将是全新形态的战争，未来的作战目标将不仅仅是陆地、海洋、空天等物理空间控制权的争夺，更重要的是对超级智能体控制权的争夺。未来战争将是高度依托于智能化指挥中枢的战斗体系，战士和武器都将是智能化的，他们相互之间将形成高度智能化的战斗集群。战争形态的变化，也终将导致战略理念和作战形式的转变。

未来已至，第四次工业革命将席卷一切，改变一切。虽然它还处于早期阶段，但其所表现出来的宏伟规模和深刻寓意，已经让身处这一伟大时代的每一个人都感到惊心动魄。主宰未来世界的是作为生物体的人还是人工智能，这将是一个美好的时代，也可能是一个恐怖的时代。人类社会将享受科技革命带来的丰盛成果和极大便利，也将面临技术迅猛发展带来的严峻挑战，科幻电影中频繁出现的人类和机器人争夺世界控制权的战争场景将有可能在现实生活中上演。在时代大潮扑面而来的时刻，既要前瞻预置引领潮流，也要提高警惕防患未然，只要妥善处理、积极应对，这场革命将是人类的福祉，而不是人类的终结。

新质作战能力生成

新质作战力量是指有别于传统的陆海空之外的新型作战力量，它最重要的增长点是传统陆海空领域之外的“天、电、网”。新质作战力量运用除前述章节的太空、网络领域外，在智能、信息等领域的新技术优势也可形成对敌的局部反威慑。

人工智能领域

人工智能、基因工程和纳米科学，并称为21世纪三大尖端技术。将人工智能技术应用于军事领域，可适应未来“快速、精确、高效”的作战需求，使武器装备对目标进行智能探测、跟踪，对数据和图像进行智能识别以及对打击对象进行智能杀伤，大大提高装备的突防和杀伤效果，是典型的新质作战力量。世界各主要军事强国大力推进武器装备的智能化战略，人工智能的军事应用成为国内外研究的热点。

人工智能对人的智能进行模拟、延伸和扩展，以实现某些机器智能或脑力劳动的自动化，并使之具备感知、决策和反馈的功能。目前，模拟人类思维结构、人类语言、视觉和听觉成为现代人工智能的重要方向。未来战争中，为了提高武器的作战效能，协同作战、体系化作战已成为发展趋势，需要武器装备像人一样相互协作，自动识别、智能决策，将人工智能技术应用于武器装备，势在必行。美军计划2035年将首批完全自主、高智能的机器人士兵投入实战。人工智能对军队组织形态、作战方法和战争观念等，都将产生广泛而全面的冲击。

人工智能技术在武器装备中的应用主要体现在模式识别、专家系统、深度学习和运动控制等几个方面。

模式识别是计算机模拟人类感觉器官，对外界产生各种感知能力的技术途径之一，包括语音识别、机器视觉、文字识别等。模式识别技术有助于武器装备获得自动目标识别能力。模式识别中的机器视觉，可通过光学非接触式感应设备，自动接收并解释真实场景的图像，以获得系统控制的信息。例如DARPA的“心眼”项目和“图像感知、解析、利用”项目开发的机器视觉系统，具有“动态信息感知能力”，对动态物体的解构，利用卷积神经网络图像识别技术，将图片中的信息转化成计算机的“知识”。在实际作战中，模式识别系统通过观察目标的视频动态信息，借助神经网络、专门的机器视觉硬件，可在复杂的战场环境下，自动识别出潜在威胁，为目标打击提供参考信息。

专家系统是一类具有专门知识的计算机智能程序系统，运用特定领域中专家提供的专门知识和经验，采用人工智能中的推理技术来求解和模拟通常由专家才能解决的各种复杂问题，是目前人工智能领域最活跃、最有成效的一个分支。专家系统一般由知识库和数据库、推理机制、解释机制、知识获取和用户界面等组成。

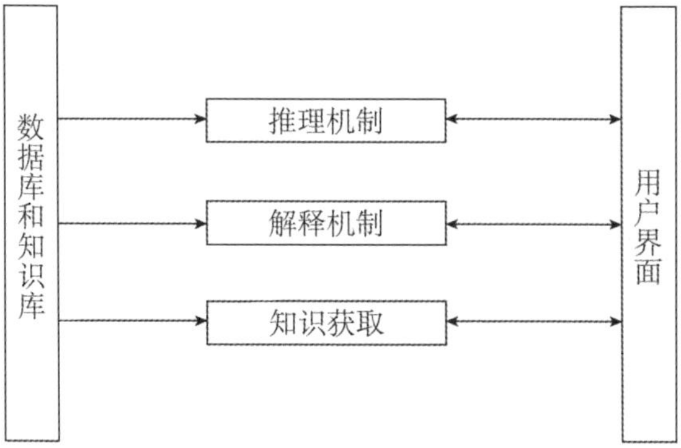

专家系统的基本结构

DARPA 于 2007 年提出“深绿”系统，可预测战场的瞬息变化，帮助指挥员提前思考，判断是否需要调整计划，并将注意力集中在决策选择而非方案细节制定上。

整个系统由指挥官助手（人机接口）、闪电战（模拟仿真）、水晶球（系统总控，完成战场态势融合和分析评估）、“深绿”与指挥系统接口四部分组成。其主要特点：一是基于草图指挥，包含“草图到计划”“草图到决策”两个模块，实现从战场态势感知、作战方案制定到作战行动执行、作战效果评估，全部实现“基于草图进行决策”。二是自动决策优化，决策通过模型求解与态势预测的方式进行优化，系统从自动化接口的“指挥官助手”进去，然后通过“闪电战”这个模块进行快速多维仿真，再通过“水晶球”模块实现对战场态势的实时更新、比较、估计，最后提供给指挥员各种决策的选择。三是指挥系统的集成，负责将决策辅助功能集成进一个名为“未来指挥所”的指挥信息系统中。

深度学习技术基于多层网络的神经网络，能够学习抽象概念，融入自我学习，收敛相对快速。它模仿人脑机制，可以完成高度抽象特征的人工智能任务，如语音识别、图像识别和检索、自然语言理解等，深度学习具有多层的节点和连接，经过这些节点和连接，它在每一个层次会感知到不同的抽象特征，且一层比一层更为高级，这些均通过自我学习来实现。代表项目有 DARPA 启动的应用于合成孔径雷达“对抗环境下的目标识别与自适应”项目，应用深度学习领域最新研究成果，有望在合成孔径雷达图像中自动定位和识别目标，增强飞行员的态势感知能力。

将深度学习技术应用于武器装备的目标识别和定位，有望实现武器装备的自动目标识别和实时态势感知。采用了包含多个隐藏层的深层神经网络模型，利用隐藏层，通过目标特征组合的方式，逐层将目标信息的原始输入转化为浅层特征、中层特征、高层特征，直至最终实现对目标的定位和作战态势感知。

运动控制技术集人工智能感知、决策和反馈于一体，包括单体运动控制和群体运动控制，主要应用于机器人和无人系统。单体运动控制以美国的四足“大狗”机器人和双足人形“阿特拉斯”机器人为代表，它们自带大量传感器，用于监测身体姿态与加速、关节运动、发动机转速，以及内部机械装置的液压等参数。通过先进的学习算法，机器人能够不断累积经验，自主避障，穿越越来越复杂的地形，具备在高危战场环境下的作战能力。

群体运动控制又包含无人系统集群控制及无人和有人系统编组协同技术。无人系统集群控制由无人系统根据任务及外界环境的变化自主形成协同方案，具有分散性和非线性，使武器作战效能成倍增加。2014 年，美国成功完成无人艇“蜂群”技术的作战测试。13 艘无人艇组成的集群自主发现目标，制定行动计划，并成功完成对目标舰船的拦截。2016 年 10 月 25 日，美国军方在加利福尼亚州进行试验，用三架 F/A-18 战斗机释放了由 103 架“灰山鹑”微型无人机组成的机群。其机群决策系统展现出的出色相互协调能力令人关注，专家分析这一系统可能会在不久的将来投入使用，执行侦察任务。

随着人工智能技术的进步和计算机处理速度的不断提高，新技术、新材料、新工艺等前沿基础技术的发展应用，将推动基于人工智能的武器装备向着更加自主化、小型化的方向发展。纳米电子技术和微（纳）机电技术的进步，推动纳米合成孔径雷达以及智能化微机电导航系统的发展，有望使武器装备的制导、导航、推进等各方面发生质的变化，推动基于人工智能的武器装备整体更趋小型化。

人工智能技术作为信息化时代的关键技术，甚至影响一个国家的格局甚至国家的国际竞争力。该技术在军事领域的应用，将显著提升武器制导精度、命中精度、毁伤能力、反应速度等。各国都会利用最新的信息技术和人工智能技术有针对性地开展关键技术研究，逐步把人工智能的理论和技术引进到未来武器系统的研制中去。

信息领域

信息战是海湾战争后在全球兴起的一个作战概念，它是指“一种综合运用与信息相关的能力和其他作战手段，来影响、扰乱、破坏或削弱敌方和潜在对手的决策能力，同时保护己方决策能力的军事行动”。21世纪以来，随着网络技术的迅速发展，网络空间成为重要的作战空间，信息战这一概念虽很少被提及，但在战争中的作用不容小觑。2019年7月11日，美军参联会主席提名人选马克·米利在国会听证会上表示：“美国国防部已将重点放在大国竞争上，而对手都拥有强大的信息战能力，这将会造成美军作战行动混乱，并对己方系统失去信心，美军必须重新大力发展信息战能力。”据悉，美军各军种如陆军、空军、海军等已重新将信息战列为重点关注方向。在大国竞争的形势下，信息逐渐由作战支援功能转变为一种重要的作战能力，信息战的影响力不断提高，我们必须采取行动，提高信息战的地位，才能在21世纪大国竞争中保有一席之地。

当前阶段，影响信息战的主要技术包括5G技术、区块链技术和量子技术。

5G技术。在过去几年里，4G支持下的移动支付、视频通话、高清影视等，为人们的生活带来了诸多便利。与4G相比，5G不仅可以用于语音通话、收发视频，还将支持物联网、虚拟现实、人工智能等技术发展，推动社会进入万物互联时代。从这一点上看，5G不是对4G网络技术的简单升级，而是将通信网络技术推向更新的高度。目前人工智能在军事领域上的应用越来越多，推动着战争形态朝着智能化方向发展。人工智能本质上是一种自下而上的数据驱动，依靠不断“喂食”海量数据产出最大价值。但数据规模持续上升的同时，数据传输与存储压力随之也越来越大。5G网络的超高速率、超大容量和超低延时等特性，对人工智能进一步发挥作用十分重要！

5G网络使用较高的通信频段，传输速率大幅提升，测试中达到10Gbps峰值下载速率。超高速率保证云端和终端高效连接，形成相辅相成的协同发展路径。例如，在5G条件下，自动驾驶可实现云端和终端同时赋能，大大提高自动驾驶技术的可靠程度。

作为下一代移动通信基础设施，5G为庞大数据量和信息量的传递提供可能性。5G基站可以同时为更多终端提供服务，拥有每平方公里连接100万台设备的带宽，相比4G千余台的设备连接量，连接能力大幅跃升。未来，具有超级链接能力的5G网络可以承载10亿个场所的连接、50亿人的连接、500亿物的连接，推动社会进入万物互联时代。

数据表明，5G极大降低了网络延时。为更多延时要求极高的应用发展提供可能。2019年年初，福建省外科医生使用5G技术实施全球首例远程外科手术，使用的智能机械臂延时仅0.1秒。在5G条件下，智能制造云化机器人可以达到低至1毫秒的端到端通信延时，并支持99.99%的连接可靠性，这一指标将是未来工业4.0的发展方向。

5G的军事化应用将推动智能化战争加速到来。一是提升战场信息共享速度。现代战争是基于信息系统的体系作战，信息量呈爆炸式增长，数据体量也越来越大。基于5G技术的未来信息系统可以高效采集、传输、处理海量战场数据，为指挥员提供实时数据分析结果，帮助后者建立对战场态势的高度感知。还可以借助智能化指控平台对战场目标进行实时侦察、识别、跟踪和预警，快速更新指挥信息系统中的态势信息。指挥员不仅可以利用历史信息做决策，还可以将其与实时数据结合，以获得更全面的视角。二是改变战争指挥控制模式。5G高速率、低延时的特性，帮助操作员实现对战场各类智能化作战系统的精确操控。在战地医疗中，5G网络可以实现医生与机器人手术平台远程连接，为伤员提供远程手术支持。后勤保障部门可以灵活控制无人运输车队，使战场物资配送更加高效。各类自动化武器系统可以实现在毫秒级别的控制周期内完成传感器测量、数据传输和智能解算等。三是提高系统构建效率。智能化战争时代，作战行动迅速、攻防节奏加快，要求信息系统具有快速机动、快速展开、快速通联的能力。借助基于5G的智能化指控系统，指挥员和指挥机关可以协调和优化通信网络上各类设备使用频谱的方式构建高效系统。另外，5G具备覆盖面广、适应性好、兼容性强等特点，能提供高速可变速率传输，满足不同作战区域的联网需要。作战时军队无须频繁调动军用通信卫星、预警机等资源，即可实现战场信息终端的互联互通，能够显著降低行动成本。

区块链技术。区块链是分布式数据存储、点对点传输、共识机制、加密算法等计算机技术的新型应用模式，具有去中心、去信任、集体维护和可靠数据库等特性，其技术的广泛应用实现了数据分布存储和数据非对称加密的有机结合，目前已在金融、物联网、公共服务、公益慈善、供应链等诸多领域崭露头角。

区块链本质上是一个去中心化的数据库。它作为比特币的底层技术，是一串使用密码学方法相关联产生的数据块，每一个数据块中包含了一批次比特币网络交易的信息，用于验证其信息的有效性和生成下一个区块。2008年11月1日，中本聪发表了《比特币：一种点对点的电子现金系统》一文，阐述了基于P2P网络技术、加密技术、时间戳技术、区块链技术等的电子现金系统的构架理念，标志着比特币的诞生。2009年1月3日，第一个序号为0的创世区块诞生；1月9日，出现序号为1的区块，并与序号为0的创世区块相连接，形成了链，标志着区块链的诞生。在随后的几年中，区块链成了比特币的核心组成部分，作为所有交易的公共账簿。通过利用点对点网络和分布式时间戳服务器，区块链数据库能够进行自主管理。

区块链本质上是一种分布式记账技术，它具有以下几个特点。一是去中心化，区块链采取分布式计算和存储，不依赖第三方管理机构，不存在中心化管制，任何参与者都是一个节点，每个节点权限对等。二是开放性，区块链技术的基础是开源的，除交易各方的私有信息被加密，区块链的数据对所有人都是公开的，整个系统高度透明。三是独立性，基于协商一致的规范和协议，整个区块链系统不依赖其他第三方，所有节点能够在系统内自动安全地验证、交换数据，不需要任何人为的干预。四是自动化，区块链基于协商一致的规范和协议，能够自动安全地验证和交换数据。五是匿名性，区块链能够在“去信任”的环境下运行，各区块节点身份信息无须公开或验证，信息可以匿名传递。六是安全性，区块链建立在分散的网络上，每条信息都被记录在块上，而一个块可以覆盖分布于多个节点上的多个副本，每个块通过称为哈希值的唯一代码链接到前一个块。由于区块链中不存在中央管理机构，是一种无中心故障点的系统，因此没有可供黑客攻击的中心点。只要不能掌控全部数据节点的51％，就无法肆意操控修改网络数据，这使区块链本身变得相对安全，避免了主观人为的数据变更。

区块链在军事领域的应用，大体表现在以下五个方面。

第一是武器装备全寿命周期管理。武器装备从立项论证、研制生产、交付服役到退役报废，需要对全寿命周期内包括设计方案、试验结果、技术状态等大量数据资料进行记录备案。现行的武器装备记录方式，通常为纸质或电子媒介备案，这种传统方式存在安全难以保障、转移交接困难、缺乏有效监管等缺陷。在武器装备管理中引入区块链技术，让上级主管部门、武器装备管理部门和武器装备使用方，甚至武器装备科研单位和生产厂家都参与到武器装备战技状态的更新与维护环节中，形成一个分布的、受监督的武器装备档案登记网络，提高武器装备档案的安全性、便利性和可信度。利用区块链技术，武器装备的每个零部件都可以追踪到原点，这也有助于解决武器装备采购合同的争议，因为块中的任何内容都不能被操纵或删除。引入区块链技术，构建一种不可被破解的完整监控、管理和控制系统，可以进一步提高武器装备管理的安全性、便利性和可信度。

第二是指挥控制系统。区块链技术有助于构建自主化、安全的任务指挥与控制体系。将区块链与人工智能和军事物联网相结合，将改变未来的军事指挥控制模式，即从集中战斗控制模式转变为分散控制，至少在单位级别。在未来战场上，一群军用无人机以分散的方式持续共享作战数据和决策，作为一个统一的组织运作，不依赖于单一的决策中心，能够在任何伤亡下不丧失作战能力。另一个适合分散指挥的领域是复杂的火力系统。过去北约海军舰艇一直依赖于“宙斯盾作战系统”的集中武器控制系统，这是一种巧妙而集中的大脑，能够从数十个传感器收集数据，同时协调几种致命武器的火力。虽然它已经过时了，仍然运行良好，但如果决策中心被拆除，它的集中化特征会使它变得很脆弱。一组通过区块链进行协调的自治系统，可以提供一种更可行的设计，既可以保留协调的优点，又可以消除中央控制固有的漏洞。

第三是军事物流。现代军用物流正向智能化时代迈进，智能仓储、智能包装、智能运输和智能配送等智能化物联网络将涵盖军事物流的全过程。运用区块链技术，可以降低军事物流的成本，追溯物品的生产和运送过程，并且提高供应链管理的效率。该领域被认为是区块链一个很有前景的应用方向。在智能军事物流系统中，人和物动态、自主组网，构成一个去中心化的对等网络，无须中心服务器，分布式的网络结构可提高军事物流系统的生存能力；接入网络的节点之间可以直接或以中继方式进行通信，实现信息自由交互；用户需求、仓储货品、装载运输、配送中转等军事物流链条中的重要数据信息，将统一保存在各区块中，信息安全系数也将大幅提升。“区块链＋大数据”的解决方案，就利用了大数据的自动筛选过滤模式，在区块链中建立信用资源，可以双重提高交易的安全性和便利程度，为智能军事物流模式应用节约时间成本，有效解决智能化军用物流面临的组网通信、数据保存和系统维护等难题，进一步提高军事物流系统的生存能力，确保系统有序高效运转。美国国防部委托美国国家制造科学中心和穆格公司，资助开发一个基于区块链的分布式交易系统，使国防部能够在安全的环境中，评估区块链技术对武器装备老旧零部件增材制造和智能数字化供应链流程的适应性。

第四是军事后勤保障。区块链技术还可以有效解决智能化军事后勤面临的组网通信、数据保存和系统维护等一系列难题。军事后勤保障网络一旦纳入区块链技术，军事后勤系统中的人员和物资就可实现自主组网，构成一个去中心化的网络。军事后勤保障系统中涉及的物资生产、采购、运输、配给等数据，都可以统一保存在各区块之中，使军事后勤信息的安全系数大幅提升。以联盟链为核心，以各军种、各部门需求为导向，可以组成一个完备的联盟链，使军事后勤装备及能源等与各军种、各部门的需求相匹配，时刻处于最佳状态。

第五是战场数据与网络安全。不论战争形态如何改变，战场数据的完整性和机要信息保护都是决定战争胜败的关键。区块链提供的去中心化的完全分布式域名系统（DNS）服务，通过网络中各个节点之间的点对点数据传输服务，能够实现域名的查询和解析，确保军事基础设施的操作系统和固件没有被篡改，监控军用软件的状态和完整性，及时发现不良的篡改，并确保使用军事物联网所传输的数据没有被篡改。区块链的多个节点网络通过共识机制运作，单个节点均会储存区块链上所有数据，即便是单一节点遭受攻击，也不会影响区块链系统的整体运行。区块链的分布式存储有效降低了数据集中管理的风险，在一定程度上提升战场数据保护的安全性。

量子技术。量子通信的基本思想主要由班尼特等于20世纪80年代和90年代起相继提出，主要包括量子密钥分发和量子态隐形传输。量子密钥分发可以建立安全的通信密码，通过一次一密的加密方式实现点对点的安全经典通信。这里的安全性是在数学上已经获得严格证明的安全性，这是经典通信迄今为止做不到的。现有的量子密钥分发技术可以实现百公里量级的量子密钥分发，辅以光开关等技术，还可以实现量子密钥分发网络。量子态隐形传输是基于量子纠缠态的分发与量子联合测量，实现量子态（量子信息）的空间转移而又不移动量子态的物理载体，这如同将密封信件内容从一个信封内转移到另一个信封内而又不移动任何信息载体本身。这在经典通信中是无法想象的事。基于量子态隐形传输技术和量子存储技术的量子中继器可以实现任意远距离的量子密钥分发及网络。

量子通信的实现基于量子态传输。为便于传输，现有的量子通信实验一般以光子为量子态载体，其表现形式即为光子态传输。量子信息的编码空间以光偏振为主。如前所述，量子态隐形传输只是在空间转移量子信息（量子态），但并不转移量子信息的物理载体。若以光子为量子信息载体，量子态隐形传输就是把量子信息从一个光子上转移到远处另外一个光子上。这样的量子态隐形传输有一个明显的应用：在恶劣信道情况下，若直接传输光子本身进行量子通信，将会由于误码率过大而无从实现通信任务。而基于量子态隐形传输的量子通信由于无须传输光子本身，其通信质量不受物理通道影响。量子态隐形传输需要通信双方预先共享一个量子纠缠态。为了共享纠缠对，需要预先进行纠缠对分发。实际上，纠缠分发本身也可以用来实现量子密钥分发。通信双方预先共享的纠缠对的质量取决于纠缠分发时的信道状况。用于各类噪声的存在，共享纠缠对一般是不理想的。班尼特等人的理论表明，通过对不理想纠缠对纯化可以获得高质量纠缠对。因此可以实现高品质的量子态隐形传输。

量子通信是经典信息论和量子力学相结合的一门新兴交叉学科，量子态具有不可分割、不可测量、不可克隆的特性，与目前成熟的通信技术相比，量子通信技术主要特点。第一是具有极高的安全性和保密性。量子通信是指利用量子纠缠效应进行信息传递的一种全新的通信方式，它传输的不再是经典信息而是量子态携带的量子信息。量子通信最大的颠覆性就是其无条件安全，信息传递过程中采用“一次一密”的加密方式，任何截获或测量量子密钥的操作，都会改变量子状态，同时，量子通信没有电磁辐射，第三方无法进行无线监听或探测，从而确保了两地之间通信的绝对可靠。第二是超大信道容量。量子通信的信息传输载体为光量子态，根据量子信息论原理，1 个光量子在常温下可携带几十比特信息，而现行的传统光通信系统，折合 1 个光量子在常温下仅能携带几十分之一比特信息。这使得量子通信容量比传统光通信提高了几个数量级。量子通信的大容量传输特性可以满足干线宽带大容量信息传输需求，也可以灵活应用于各支线容量需求不是很高的传输，在接入网、局域网等领域也可以灵活应用。第三是传输能力强，无须介质。量子通信与传播媒介无关，传输不会被任何障碍阻隔，量子隐形传态通信还能穿越大气层，既可在太空中通信，又可在海底通信，还可在光纤等介质中通信。基于量子纠缠的隐形传输技术是把量子态从一个地方传送到另一个地方。在量子纠缠的帮助下，待传输的量子态在一个地方神秘消失，不需要任何载体的携带，又在另一个地方神秘出现。经典通信系统都需要依赖一定的传输信道，只要是依赖介质传输，通信的有效性、可靠性就必然受到介质的影响，基于量子纠缠的隐形传输技术，既然不需要借助传输介质，就不受传输环境介质的影响，应用会更加广泛。第四是时效性高、传输速度快。量子通信的线路时延近乎为零，量子信道的信息效率相对于经典信道量子的信息效率高几十倍，并且量子信息传递的过程没有障碍，传输速度快。量子信息的传递速度取决于量子态的塌缩速度，而塌缩速度非常之快。因而，理论上量子信息的传递速度是超高速的。此外，量子超高速通信完全环保，不存在任何电磁辐射污染。第五是抗干扰能力强。量子通信中的信息传输不通过传统信道，与通信双方之间的传播媒介无关，不受空间环境的影响，具有完好的抗干扰性能。同等条件下，获得可靠通信所需的信噪比比传统通信手段低 30～40dB。

量子通信所具有的无条件安全性，可以运用在军事领域中，用来传递各个区域或者各个国家之间的信息，保证了军事安全和国家安全。

第一是构建通信密钥生成与分发系统。指挥作战信息在传输、接收和处理任何环节中，都涉及安全性和保密性，对信息的加、解密和密钥管理与分发技术一直是军事机要部门关注的热点。传统的加密系统，不管是对密钥技术还是公钥技术，其密文的安全性完全依赖于密钥的秘密性。然而为了生成密钥，发送方与接收方必须选择一条安全可靠的通信信道。但由于截收者的存在，从技术上来说，真正的安全很难保证，而且密钥的分发总是会在合法使用者无从察觉的情况下被非主动监听。而量子密钥生成与分发系统是在量子理论基础上提出了一种全新的安全通信系统，通过量子路由器互联，可以在任意两个量子密码机间生成共享的量子密码，供各类通信保密机使用。技术人员在现有的军事通信系统网络基础上，可以通过提案及平台部署量子通信密钥生成与分发系统，向未来战场覆盖区域内的任意两个用户分发量子密钥，从而构成作战区域内机动的安全军事通信网络。它从根本上解决了密钥的安全性问题，任何对于量子信道进行监测的尝试都会以某种检测的方式干扰在此信道中传输的信息，发送方与接收方均能发现窃听者的存在。

第二是构建安全通信网。如今，现代战争是诸兵种联合作战条件下的高技术战争，可以根据不同的作战区域大小，采用基于光纤信道的量子通信，通过量子密钥实时加密，可以构建区域高安全通信网络。同时，随着计算机技术、信息技术和网络技术的迅猛发展，通过计算机互联网窃取军事信息也成了作战双方利用的主要手段之一。由于军事办公机关与外界的互联主要通过互联网进行，传统的防火墙和信息过滤等技术只能治标不能治本，通过各种“黑客”攻击窃取信息的例子屡见不鲜。根据目前量子通信距离和量子通信现状，利用量子信息独特的特性组建各类军事机关加密办公通信网，可以在小范围内，任意两个用户之间实现量子密钥的加密通信，构成高安全性能的通信网络。

第三是构建核心加密信息链。信息链是连接“传感器到射手”的信息处理、传输和分发平台，指挥员必须根据各类“传感器”收集到的信息，进行综合分析和数据融合，通过各种辅助决策软件形成作战指挥信息，指挥作战信息下达采用数据链进行逐级和越级下达到“射手”。采用基于光纤信道的量子通信，分层次、分段进行量子密钥实时加密，可以构建成“高层、中层和基层”加密通信网络，完成“指挥员到射手”和“射手到指挥员”之间的高安全通信。由于光量子密码具有“不可破”和“窃听可知性”，且光量子加密设备可与现在的光纤通信设备融合。

第四是构建超高速信息网络。军事信息网络需要大容量、高速率传输处理及按需共享能力。随着量子通信技术的研发突破和日趋成熟，可以利用量子隐形传态及超大信道容量、超高通信速率和信息高效率等特点，建立满足军事特殊需求的超高速军事信息网络，保障军事网络中海量数据的安全传递和共享。除此之外，量子通信还能够应用于信息对抗，改进光网信息传输保密性，提高信息保护和信息对抗的能力。

威慑与反威慑

伴随现代科学技术的快速革新，跨领域的交叉融合以及基础科学的突破性成果，可能催生出“改变游戏规则”的颠覆性技术能力，进而演化出新的威慑与反威慑策略。例如，受核威慑的启发，“空间威慑”“网络威慑”等新型威慑概念几乎是顺理成章地被提了出来。可以施展威慑手段的领域前所未有地丰富了起来。而人工智能和信息技术作为给各物理空间进行赋能的基础技术领域，其技术支持手段在各领域的威慑概念的研究中也成了需要充分考虑的技术变量。

而今，不但单一领域内的威慑问题需要研究透彻，不同领域之间的跨领域威慑问题也被关注和研究。威慑的实施和应对正在成为跨领域的组合拳。

2001 年时任美国国防部长拉姆斯菲尔德提出，美国应着手预防“空间珍珠港事件”，而后美军开始加紧研究“慑止敌手的空间突袭以确保空间安全”的空间威慑概念。在多次“施里弗”演习中，美军深入探讨了空间系统遭受攻击的预防性和惩罚性措施，演习成果极大促进了美国空间威慑战略的形成。特别是“施里弗”—2009 演习全面模拟了美总统应对空间突袭的危机决策过程，演习总结报告指出，美国应研究可能引发冲突的空间“红线”，并使敌手认清这一空间“红线”，还应制定包括“冲突前、冲突中”应对手段的威慑战略来确保空间安全。

然而，也正是“施里弗”演习显示，在外空、网络等新兴领域实施威慑与核威慑等传统领域是有很大区别的。美国战略司令部官员根据“施里弗”演习 10 余年的实践提出①：冷战年代的威慑知识不适用于空间和网络电磁空间；空间威慑和网络电磁空间威慑不同于核威慑，不产生即时毁灭的恐怖效果；其关键点不是慑止使用空间能力与网络电磁空间能力，而是使对手明白，在冲突中主动攻击所获得的收益不

---

① 美国战略司令部计划和政策主管苏珊·赫尔姆斯的研究报告：《“施里弗”演习——2010：关于非动能领域威慑的思考》。

及他所付出的代价；非动能领域的有效威慑应是在全面冲突发生前慑止冲突的发生。

正是因为新兴领域中威慑特性的不同，为了提升军事威慑的灵活性和可信性，加强核与非核威慑能力的跨域整合，实施“跨域威慑”成了一个可选趋势。

跨域威慑即跨越多个领域，借助与对手不同的技术或手段实现威慑的战略目标。这样的威慑思维，在外交斗争中已先行体现为核、外空和网络安全问题的议题捆绑。

近年来，美国连续发布的《核态势评估》《太空安全战略》和《网络安全战略》等战略文件中，也都明确强调了各种力量的跨域效果。尤其美国在2018版《国防战略》中指出，美军将在其核心利益遭到极端非核战略攻击时采取核武器报复手段。以此将其核威慑的对象范围扩大到太空、网络及常规作战领域，实质上以降低核门槛为代价，延展核威慑的范围，实施跨域威慑。

与此同时，吸纳各新兴和传统领域的威慑要素，从整体威慑角度进行战略考量也已成为一个重要方向。2018年，美国《国家网络战略》将网络威慑置于美国整体威慑战略的背景下。[①] 网络要素作为战略威慑的重要组成部分，在美2008年至2012年版本的作战计划和美国战略司令部的主要威慑作战计划中也已出现。此外，美国智库也指出，跨领域威慑或整体威慑的实施，可能需要大力依靠非军事组织执行。例如，通过美国国内外的民用情报机构等民间组织实施，糅杂在美国国务院和外交部的外交事务中，借助美国广播理事会和其外国同行，甚至美国和国际一级互联网骨干供应商、美国财务会计准则委员会和其国际同行、保险行业和国家测试实验室等都是实施跨域威慑的重要渠道。

---

① National Cyber Strategy of the United States of America.

结　语

可以看到，随着网络、太空等新兴领域的发展，威慑的实施手段更加多样，但实施方式也更加复杂。而人工智能和信息领域作为给各领域进行赋能的基础技术领域的发展，也可能催生各领域威慑模式的丰富和革新。在科技创新的支持下，跨领域的威慑模式客观上正在改变核威慑的对等性力量较量模式，提供了在物质层面形成不对称威慑均势的可能性。可以想见，更为丰富多彩的组合方式，将在21世纪把威慑理论推向一片更加广阔的天地。

第九章　威慑下的战争实践

战后威慑格局对战争形态的影响

核武器的可怕威力以及可能带来的灾难性后果，没有吓阻人类开展各种各样的竞争与对抗。而威慑战略的出现与盛行，也并不意味着战争的终结。战争作为政治另一种方式的延续，仍然是二战后令人遗憾的事实。只不过，在不同的威慑格局下，战争开始呈现出不同的形态。

“相互确保摧毁”与“代理人战争”

与一战、二战形成两大军事集团并最终爆发大规模战争不同，冷战期间美苏两大集团之间的竞争与对抗，最终并没有引发大规模热战。其中，核武器的出现以及随后出现的美苏“相互威慑格局”，应该说对大战具有不可忽视的抑制作用。当时，“生存还是毁灭”，显然成为每一次危机时美苏决策者不得不考虑的问题。

不过，尽管新的世界大战处于被遏制的状态，但局部战争仍此起彼伏，连绵不绝，以往传统意义上的局部战争，如边界冲突、领土争端、民族宗教战争、民族解放战争等仍在继续。只不过在美苏争霸的背景下，这些局部冲突和战争，其背后不乏美苏争霸的身影，充斥着美苏借以扩张与反扩张、遏制与反遏制的斗争。但是，由于美苏之间

“相互确保摧毁”的威慑格局的形成，使得美苏之间的这种争夺与对抗呈现出一种新的表现形态。他们在考虑自己的军事行动时，不能不面对对方强大军事集团存在的现实；在图谋“彻底”打击别人之时，也不能不考虑到对方的“彻底”的“报复”。为此，在这种对称的威慑格局之下，美苏都尽量避免直接的大规模对抗，而更多地采取间接对抗的形式。

为此，“代理人战争”——指的是两个敌对国家不直接参加，但利用第三者作为代理人来替自己打仗的战争逐渐盛行起来。安德鲁·曼福特指出，代理人战争自从1945年后开始盛行起来，与核武器的出现及核时代的到来有着莫大的关系，超级大国出于免于核战争的风险意识，着重利用代理人为自己谋取国家利益与意识形态的好处①。尽管在涉及自身重要利益的地方仍有直接介入的情况，但随着“恐怖平衡”的形成，“代理人战争”的战争新形态确实越来越频繁地出现。据统计，冷战期间全球共爆发的战争（包括国际战争与国内战争）总共有110场，其中认定为代理人战争的达到30场，所占比例为27.3%。而且从时间段上看，20世纪70年代，代理人战争的发生率还远远高于冷战时期的其他阶段。通过数据统计，20世纪40年代与50年代超级大国介入的代理人战争均有2场，各占冷战时期总数的6.67%；60年代有5场，占总数的16.67%；70年代有17场，占总数的56.7%；80年代有4场，占总数的13.3%②。显然，这与20世纪70年代美苏之间已经形成的相对稳定、对称的威慑格局有关。

在这一段时期内，最广为人知的代理人战争包括历次的中东战争、越南战争等。例如，在越南战争初期，其实就是美国阵营支持的南越

---

① Andrew Mumford, “Proxy Warfare and the Future of Conflict”, The RUSI Journal, Vol. 158, No. 2, 2013, pp. 40-46.

② 转引自陈翔：“冷战时期代理人战争为何频发”，《国际政治科学》。

（越南共和国）与苏联阵营支持的北越（越南民主共和国）之间的战争。当年，美国为阻止越共向南发展引发“多米诺骨牌”效应，全力支持吴庭艳在南越建立反共政权，通过派遣军事顾问团、提供军备物资等方式，与得到苏联、中国等社会主义国家支持的北越政权进行战争。尽管随着战争形势的发展，美国最后一步一步直接加入战局，但由于美苏两大阵营“相互确保摧毁”的对称威慑格局，使得战争最后以美军的撤出而告终，并没有引发美苏之间的大规模战争。

“单极时刻”与“新干涉主义”

冷战结束后，世界权力格局发生了巨大变化。东欧剧变、苏联解体，冷战时期两极对立的格局轰然倒塌，美国成为世界上唯一的超级大国。

在苏联方面，曾经世界上版图最大的国家已经分崩离析，政治动荡，经济停滞，社会混乱。尽管仍然拥有世界上最为庞大的核武库之一，但其综合国力包括政治影响与经济实力，都已经无法和美国相比，甚至军事力量也因为军费拮据、结构混乱等原因而出现了各种问题①。不仅如此，包括俄罗斯在内的苏联加盟国，在冷战结束后都曾寻求在美西方的支持下推动政治经济转型，也因此或多或少地采取亲美西方的政策。例如，1992 年 1 月，俄罗斯单方面宣布其洲际导弹不再以美国为目标，并同意俄军从波罗的海三国全部撤出。1992 年 5 月，俄罗斯与美国、乌克兰、白俄罗斯和哈萨克斯坦签署协议，规定将后三国的核导弹全部运往俄罗斯销毁。1993 年初，俄美签署了《第二阶段削减战略武器条约》，俄同意将美多年来一直视为心腹大患的陆基洲际导弹全部予以销毁②。

---

① 朱明权：《当代国际关系史》，复旦大学出版社。

② 军事科学院世界军事研究部：《战后世界局部战争史》第三卷。

曾经对称的威慑格局随着国际权力格局的变动而产生变化。随着苏联的解体，美国宣布进入“单极时刻”，失去苏联威慑的美国显然以世界领袖自居，誓言打造一个“世界新秩序”。在此，冷战时期的对称式威慑格局已经变成非对称式威慑格局。而这种非对称式的威慑格局，实际上导致了美国更加肆无忌惮地推行霸权主义和强权政治，更加有恃无恐地对外进行武装干涉。

照理说，非对称式的威慑格局，有利于威慑者以超强力量慑止他者采取相关行动，实现“不战而屈人之兵”的理想状态。然而，尽管这一时期的美国拥有无人匹敌的威慑力量，但超强的力量已经使美国忘乎所以。冷战后担任美众议院军事委员会主席、后来出任克林顿政府国防部长的阿斯平就鼓吹在苏联消失之后，美国获得了更大的对外干涉自由。他认为，冷战后，决定出兵也不必过于谨慎，对于全球各地的种族、民族冲突，美国有必要通过动武发出信号。阿斯平还主张以空中打击为冷战后干涉的核心手段，依靠美军在隐形技术和精确攻击上的优势，随时准备在没有发动大战的情况下对海外目标进行外科手术式的打击，以期有效降低伤亡，并使干涉选择变得更灵活[①]。

在阿斯平这种观点的影响下，美国在冷战后奉行“新干涉主义”，频繁地对外进行武装干涉。据美国国防部公布的统计数字，在1990—1999年期间，美国发动的规模较大的海外干涉行动共计45次，就每年平均使用武力的次数来看已经超过了冷战时期[②]。其中，海湾战争、科索沃战争等令人印象深刻。尤其是，美国凭借强大实力，以“保护人权”“防止人道主义灾难”等为幌子，粗暴地对他国发动军事攻击，成为世界上“不受限制”的最大威胁。

---

① 方连庆，刘金质：《国际关系史》第十二卷，世界知识出版社。

② 方连庆，刘金质：《国际关系史》第十二卷，世界知识出版社。

威慑的“失效”与反恐战争

2001年9月11日，19名基地组织恐怖分子劫持4架民航客机，分别冲撞美国纽约世贸中心双塔大楼、弗吉尼亚州阿灵顿县的五角大楼等，造成数千人丧生，成为自1812年英国入侵以来外敌针对美国本土发动的首次也是迄今唯一最大规模攻击，给美国也给全世界造成了巨大的冲击与震撼。

“9·11”事件的发生，对美国的安全战略产生了重大的影响。这一事件表明，即便拥有太平洋与大西洋两大海洋的隔离保护，即便拥有世界上最庞大、最先进的核武库与常规武库，美国作为世界上唯一超级大国，也未必能保护自己的绝对安全。2002年，美国小布什政府发布的《美国国家安全战略报告》指出，与恐怖主义作战的形态与其他任何战争都不一样，因为这场持久的战争是“在众多的战线上与一个行踪特别诡秘的敌人作战”①。

尽管美国仍然是世界上唯一的超级大国，国际威慑格局仍然是非对称式的，但在这场美国与恐怖主义组织之间的对抗中，威慑显然已失效。一是威慑成功所需要的心理机制失效。威慑之所以能够成功，是因为被威慑者在通过敌我双方力量对比、风险回报、成本收益等一系列分析后，对威慑者的可能报复感到害怕而停止相关的行动。但是，如果被威慑者是一群不怕死甚至经常将自身做成人肉炸弹的极端主义分子，那么，威慑所需要的心理机制将无法发挥作用，威慑也就毫无效用了。正所谓“民不畏死，奈何以死惧之”。二是被威慑对象的飘忽不定使得威慑政策难以发挥作用。与传统对抗和新兴地区大国的挑战不同，恐怖主义组织和个人的行踪诡秘，事先很难确定其将于何时、何处发动攻击，也就无法事前对其行动实施威慑制止。

① 孙逊，潘光强：《冷战后美国核威慑政策与国际战略稳定》，军事谊文出版社。

总之，在恐怖组织与个人等非国家行为体面前，威慑战略的慑止效用显然不大，而且，一旦恐怖组织与大规模杀伤性武器结合，其造成的后果将是不堪设想的。在此背景下，美国的小布什政府借机提出了“基于能力”的威慑原则替代过去“基于威胁”的威慑原则，即“集中考虑和敌人作战应拥有何种能力，而不是考虑谁将是敌人，或者战争发生在何处，其核心就是要发展足以威慑和击败敌人的强大军事能力”①。同时，美国抛出了“先发制人”的政策，“我们在必要时也会毫不犹豫地单独行事，通过对这些恐怖主义分子采取先发制人的行动行使我们的自卫权，防止他们对我们的人民和国家造成危害”②。

显然，“9·11”事件发生后，面对新型的安全挑战，非对称式的威慑格局对相关行为威慑的失效，促使美国开始采用“先发制人”的对外战争政策，但也因为这种非对称式的威慑格局，使美国在发动对外战争政策时，更多地采取一种单边主义的做法。2001年10月，美国对阿富汗塔利班组织进行军事打击，拉开了全球反恐战争的序幕。2003年3月，美国还以伊拉克“与恐怖组织具有长期的和持续的关系”“发展大规模杀伤性武器”等为由，发动了伊拉克战争。

威慑格局的重建与局部战争的新发展

随着俄罗斯国家实力的逐渐恢复以及新兴国家的崛起，国际威慑格局也开始逐渐发生变化，对称性威慑格局正在重建之中。

一是俄罗斯的逐渐恢复。尽管冷战结束之初，为获得美西方对其正值经济转型所提供的支持，俄罗斯不仅在对外政策上采取亲西方的立场，在军备裁减与控制方面也对美西方做出重大让步。然而，美西

---

① 孙逊，潘光强：《冷战后美国核威慑政策与国际战略稳定》，军事谊文出版社。

② The White House, The National Security Strategy of the United States of America, September, 2002.

方对俄罗斯持续挤压，促使俄罗斯调整过去片面倾向和依赖西方的做法，并提出了“全方位”外交的战略，确立了恢复俄罗斯大国地位的外交目标。应该说，尽管苏联解体，但作为苏联最大继承者的俄罗斯仍具有较强的实力，尤其是军事实力。而且，在一些重大问题上，俄罗斯也开始不再顺从美西方的安排，包括反对北约的东扩，甚至对以美国为首的西方国家施加军事压力。1996 年 6 月，俄罗斯总统叶利钦发表了《总统国家安全咨文》，强调了军事力量特别是核武器的作用。经过冷战后二十多年的恢复，特别是在普京的主政下，俄罗斯已经再次成为不可忽视的军事大国。普京曾明确提出，俄罗斯军队应能同时在世界性冲突和地区性冲突中作战，也能同时在几个局部冲突中作战[①]。

二是新兴国家的崛起。过去几十年，中国、印度、巴西、南非等发展中国家实现了经济快速发展，综合国力不断增强。为维护自身和平发展环境，这些国家对各自地区的影响力也不断上升，寻求以发展求合作、以合作促发展开展对外交往，对美国霸权也形成了一定的牵制。同时，随着经济全球化、世界多极化的不断发展，日本、欧洲等曾经的美国盟友也在诸多领域与美国形成竞争，对美国一些单边主义的做法并不买账，一定程度上削弱了美国的霸权。

总之，随着 2008 年美国金融危机的爆发，美国尽管仍然是世界首强，但其“行动自由度”显然已经有所削弱，国际威慑格局也逐渐地走向多重格局。在此背景下，局部战争具有了更多的国际维度。例如，2011 年持续至今的叙利亚战争，不只是叙利亚政府与反政府势力之间的冲突，而且是分别有以俄罗斯和伊朗为一方、以美西方和逊尼派国家为另一方势力支持的国际性局部战争。这种局部性战争一方面虽说较难升级为大规模冲突，但另一方面也会因为短期内难以分出胜负而

① 朱明权：《当代国际关系史》，复旦大学出版社。

变得旷日持久。

威慑条件下的局部战争理论

冷战时期的局部（有限）战争理论

局部战争理论作为在威慑的时代条件下一种相对独立的战争理论体系，是在第二次世界大战后逐渐形成的。

美国的局部（有限）战争理论主要经历了三个发展时期。

从战后初期到50年代末，是美国局部（有限）战争理论的初步提出时期。1946年，一些资产阶级学者如伯纳德·布罗迪等人，开始深入研讨核武器及其威慑作用，提出在核时代应对战争有所限制。1950年朝鲜战争爆发，美国因陷入了“在其国防计划中未受重视的那一类战争”而损兵折将。1951年美国国务卿马歇尔在参议院作证时，把朝鲜战争称为一场“有限战争”，这可以说是美国官方对“有限战争”概念的首次使用。1953年以后，美国军事战略主张侧重准备打“闪电”式的核大战，并在“不发达地区”主要依靠当地武装进行局部战争。整个军事战略着重考虑怎样避免像朝鲜战争那样再次卷入局部战争，而试图以核威慑、核报复来推行其“战争边缘”政策，开始了以“大规模报复”为核心的威慑战略的实际运用。

1957年后，“大规模报复”战略遭到学术界的批评，有限战争理论随之兴起，罗伯特·奥斯古德、亨利·基辛格、托马斯·C·谢林等人主张建立局部（有限）战争理论。他们系统地论证了在相互威慑的时代中，有限战争的必要性和可能性，强调战争双方要达成某种默契，以及对战争的目的、手段、规模、时间等实行有效的限制。然而一直到50年代末，有限战争理论尚未被美国官方接受，也未作为政府军事战略的一个重要问题加以深入研究，更谈不上运用这种理论去直接指导美国的军事实践。

从 20 世纪 60 年代初到 70 年代末，是美国局部（有限）战争理论的确立时期。1961 年，肯尼迪政府以区别对待全面战争、有限战争和冷战的“灵活反应”战略，取代了“大规模报复”战略。该战略吸取了马克斯韦尔·泰勒将军，以及基辛格、奥斯古德等人的有限战争理论观点，形成了较为完整的战略理论体系，第一次对核威慑的条件与有限战争之间的相关性做出了较为系统的解释。60 年代初，与有限战争理论相联系的，还有特种战争理论和逐步升级理论。所谓特种战争理论就是综合运用政治、军事、经济和心理诸方面的力量，区别各种挑战与冲突的不同程度，来对付日益高涨的民族解放运动。赫尔曼·康恩的逐步升级理论，则试图将冷战至核大战间各种规模类型的战争联系起来统一处理，其基本理论依据是，核时代的战争是敌对双方比冒险、比决心和比资源的竞赛。由于双方都不想“自杀”，那么敢于冒更大风险者便能在冲突中获胜。因而主张在战争中不断增大压力，通过军事行动上的逐步升级迫使对方认输。特种战争理论和逐步升级战争理论，都是局部战争理论的具体化。

在 20 世纪 60 年代，美国政府多次运用有限战争理论于军事实践。然而，越南战争的惨痛失败，使有限战争理论的倡导者们倍受攻击，整个军事学术界关于局部战争理论的探索呈萧条状态。到了 70 年代，美国在总结了越南战争经验教训的基础上，积极酝酿新的局部战争理论。美国国防大学战略研究所首任所长约翰·柯林斯的战略理论专著《大战略》，从威慑的条件、作用，有限战争的定义、限制战争的方法，以及逐步升级等问题上，对美国有限战争理论做出了较为全面的理论概括。

20 世纪 80 年代，是美国局部（有限）战争理论进一步发展时期。

里根上台后，美国开始将局部战争作为一个具有不同层次的系统来研究，逐步形成了“低强度战争”理论。所谓低强度战争，主要指那些对美国利益威胁不十分严重，但爆发频率较高的恐怖活动，以及发生在第三次世界的革命或“暴乱”和国家之间的小规模冲突等。这一理论充分注意到威慑条件下局部战争的多样性和复杂性，兼收并蓄了特种战争理论和逐步升级战争理论的“有益”成分，认为美国一方面要对抗来自苏联的核大战威胁，另一方面还要对付并消除来自第三世界的所谓局部战争威胁。第一种威胁直接作用于美国本土和西欧诸盟国，因此威胁程度最为严重，强度最高，但发生的可能性小。第二种威胁，虽然其严重程度不如前者，强度较低，但由于爆发频率高，所以被列为最迫切的和最直接的威胁。美国认为，为了对付各种不同的战争威胁，必须从种类、来源、严重性、现实性和可能性等多个方面来分析判断美国国家安全所面临的威胁和挑战，并做出不同类型和程度的反应。在 80 年代的一些“小型战争”中，美军通过灵活使用武装力量，达成了威慑的战略目的，使当今世界的局部战争增添了一些新的特点，引起了各国军事学术界的普遍关注。

苏联的研究较美国晚。从战后斯大林领导下的苏联到赫鲁晓夫下台前的一段时间里，都认为局部战争同世界大战的区别仅仅在于规模不同而已，主张以对付世界战争的办法来对付局部战争。

1964 年以后，情况有了明显的变化，局部战争的研究在苏联得到承认和开展。随着对美国提出的有限战争理论的研究，苏联军事学术界开始认为，未来的全面核战争可能是短期的战争，而“非核”的有限战争则可能是长期的战争。这样，苏联军事学术界又重新把战争划分为：核战争和非核战争，局部战争和全面战争。开始认识到核武器的巨大威慑作用，战争的样式不一定都是短促的核袭击或核大战，而确实存在着核威慑条件下的常规战争和局部战争。

1968年苏联《军事战略》第三版发行，书中对有限战争理论进行了更为详细的介绍和批判。提出战争的激烈程度，取决于通过战争所追求的政治目的的大小。认为“战争的样式既可能是核战争，也可能是常规战争；既可能是世界大战，也可能是局部战争”。开始从僵化的“火箭核战略”向较为灵活的战略思想过渡，强调准备打各种样式、各种规模的战争。

20世纪70年代末，苏联更加重视了对局部战争理论的研究，侧重准备打以核武器为后盾的常规战争和局部战争，把威慑条件下的局部战争理论作为一种独立的战争理论体系加以研究。1981年出版的沙夫罗夫大将主编的《局部战争今昔》一书，通过对局部战争历史的系统研究，提出了苏联关于局部战争的基本理论。书中写道：“局部战争与世界大战的不同点在于，它的政治目的相对来说是有限的，因而也就决定了它的军事行动范围也是很有限的，同时也决定了要采用特殊的战略和战术，而且要限制使用武装斗争的手段。”该书还比较全面地提出了局部战争作战指挥、军兵种运用、后勤保障等一系列军事学术理论问题。

1985年，戈尔巴乔夫上台以来，苏联基本上接受了美国威慑战略中的某些思想，主张由长期准备重点应付“火箭核战争”转变为重点准备打以核武器为后盾的常规战争和局部战争。

苏联思想出版社1986年8月出版的《世界战争与人类命运》一书中，作者普罗埃克托尔提出，由于深刻的社会进步和科技革命的飞速发展，又由于两大社会体系之间出现了军事力量均势，军事力量的功能在不断分化，在不同的地区直接使用军事力量的可能性也出现了差异。因此可以将世界划分为三类地区。在第一类地区，直接使用军事力量的倾向仍占上风，但这里大多是远离东西方直接核对峙的地区，即使发生冲突，也只具有地区性意义，转变为全球性冲突的可能性不大。在第二类地区，因为可能触及核大国的利益，从而导致冲突升级，所以在这些产油地区，国际交通要道，与相互对立的中等强国邻近的地区或与其安全紧密相关的地区，直接使用军事力量所造成的危险比第一类地区大得多。第三类地区即东西方核对峙的地区。在这里，用传统方式直接使用军事手段来实现政治目的几乎是不可思议的，因为这将导致核大战或全球性灾难。普罗埃克托尔认为，今后的发展趋势是，第一、二类地区的范围将不断缩小，并逐渐接近第三类地区，这种发展趋势表明，世界上任何地区的冲突所造成的危险都将越来越大。

冷战后局部战争理论的新发展

冷战结束后，美国成为世界上唯一的超级大国，为维护其霸权地位，美国局部战争理论也有进一步的发展。

一是预防性战争的提出。所谓的预防性战争理论，指的是在对方能够发动确实的进攻之前，对之实行打击，在一种迫在眉睫的威胁形成之前对之加以阻止。这主要是美国在冷战后不仅享有超强的军事实力，又恰逢新军事革命的展开。为维护自身的霸权地位，实现绝对安全，美国开始加大对外干涉力度，对一些不符合自身利益的国家或政权以各种借口进行军事打击。到了“9·11”事件发生后，美国小布什政府更是进一步提出“先发制人”的政策，企图为自己对外发动预防性战争进行合法化的辩解。例如，美国总统小布什 2002 年 6 月在西点军校发表讲话，宣称美国不能坐等恐怖主义等威胁形成并且出现在地平线上，而是应该对恐怖分子以及庇护和支持恐怖分子的国家进行先发制人的军事打击[①]。

这一理论还获得当时新军事革命的强大支撑。例如，美国在海湾战争中采取大量高科技军事手段，使战争得以在短时间内结束。对美

① 孙逊，潘光强：《冷战后美国核威慑政策与国际战略稳定》，军事谊文出版社。

国而言，战争成本大幅降低。可以说，新军事变革增强了战争的可控性，为运用军事手段达到政治目的，提供了高效能、低风险、多样化的选择，也减少了美国对发动预防性战争的顾虑，在对外干涉战争中更加肆无忌惮。

二是混合战争理论的提出。一般认为，该理论是美国军事专家弗兰克·霍夫曼首次提出的，后来被写入2009年版《联合作战顶层概念》、2010年版《四年防务评估报告》、2015年版《美国国防战略》等重要文件。该理论认为，混合战争的实质是现代战争正在从传统的大规模正规战或小规模的非正规战向界限更加模糊、作战样式更为融合的形态发展，并已经发展为将常规战争、非正规作战、反恐怖袭击和反叛乱作战、心理战等攻防行动融合在一起，将现代条件下的电子战、信息战和网络战融合在一起的新型战争形态①。

其实，之所以出现“混合战争”理论，主要在于“全球化影响和技术扩散”，使各国之间日益形成一种相互依赖的复合体，这就逐步使战争界限变得更加模糊、作战样式变得更加融合②。在此战争理论指导下，美国的作战手法将变得更加多样化。正如哈萨克斯坦军事科研中心局局长拜西科夫在《从军事科学角度看“混合战争”》一文中所阐述的，超级大国进行的各种形式“混合战争”正在世界上清楚地呈现，包括各种金融制裁、石油禁运等，侵略国对某个国家有很多旨在破坏后者内部局势稳定的影响方案，而破坏内部稳定是现代“混合战争”的核心。美陆军2014年10月出版的《美国陆军作战概念：在复杂世界中取胜》则将传统信息作战、电子战和网络战作为混合战争的重要组成部分。

---

① 王鹏：“美军制定新战略升级‘混合战争’”，http：//www.xinhuanet.com/mil/2019－04/04/c_1210099551.htm（访问时间：2020年1月17日）

② 王湘穗：“混合战争是当前国际政治博弈的重要工具”，《经济导刊》2018年第11期。

除美国之外，俄罗斯也对“混合战争”理论进行了深入研究与探索，并形成了独具特色的俄式“混合战争”思想，即认为“混合战争”最重要的原则在于保证将现有资源最大程度地集中起来攻击对手的薄弱环节，促使对手国家政治和军事领导层、社会结构及文化世界观领域的动荡，以至作为国际法主体的主权国家被摧毁和肢解，并且将被转入外部控制之下；认为“混合战争”与常规战争中的传统武装斗争不同，取而代之的是信息、网络、外交、经济对抗方法及特种作战部队的应用①。西方认为，俄罗斯 2008 年对格鲁吉亚、2014 年对克里米亚的军事行动中其实都采用了混合战争理论，尤其使用了“复杂而协调的网络攻击”。拉脱维亚国防学院 2014 年一篇分析文章就指出，俄罗斯军队成功地利用心理战、欺骗行动、娴熟的内部沟通、威胁、贿赂和互联网或媒体宣传来瓦解抵抗，从而避免使用火力②。

显然，随着威慑格局的变动以及科学技术的日新月异，战争形态正在发生深刻变化，而混合战争无疑正在并将成为未来新威慑格局下战争的主要形态。

威慑背景下局部战争的特点

如果说代表战后战争新形态的局部战争，是威慑的产物，那么它具有何种打着“威慑”印记的特征呢？我们可以从以下三个方面来分析认识。

局部战争的分布特点

首先，我们可以从局部战争的分布情况来分析研究世界威慑格局

① 王鹏：“俄罗斯积极研究新型战争理论应对未来多样化威胁”，http：//www.xinhuanet.com/mil/2019－06/27/c_1210171712.htm.

② 亚瑟·图拉克：“混合战争：信息环境下的新挑战”，https：//ipdefenseforum.com

对战争的影响，找出两者之间内在的战略关联。尽管现代局部战争纷繁复杂，但是，只要紧紧把握世界战略格局的变化，从整个世界的结构，威慑局面的形成，以及威慑作用的程度上，去把握局部战争的主要特点，就能比较清楚地看出这种威慑条件下的局部战争所具有的显著特征，认清威慑与战争分布情况的某种必然联系。

在美苏双方“相互遏制、相互威慑”的威慑格局下，只要对本国没有致命的利害关系，他们之间就尽量避免对抗升级。美苏双方都认识到，在欧洲和远东，东西方的势力范围已经明确划定，无论哪一方如果企图凭借军事力量改变这种现状，就很可能发展成包括使用核武器在内的军事对抗。在这样的形势下，两家选择共处的道路比选择对抗的办法更为有利。基于这种避免直接引发世界战争的考虑，战后以来，欧洲爆发的局部战争和冲突为数甚少。远东在朝鲜战争后也维持了三十多年的总体和平状态。

与欧洲、远东的情况截然相反，在第三世界，形势却一直动荡不定。战后，美苏两国为了实现其全球战略目的，为了加强各自在第三世界的影响，争夺日趋激烈。从第三世界国家之间，以及第三世界国家内部发生的许多局部战争中，往往都能看到超级大国侵略干涉的背景。有的与两个超级大国的直接插手相关，有的开始虽与两个超级大国的干预并无直接联系，但随着战争的扩大，又逐步导致超级大国的介入。

20 世纪 80 年代后，在东西方关系中出现更加稳定趋向的同时，第三世界的冲突则更加激化。

为什么第三世界国家和地区频繁发生战乱？不能不看到，这与整个世界的威慑格局密切相关。两个超级大国的相互威慑作用对上述国家和地区的大多数是单向性的，其威慑效应不大明显。尤其是对于各类小型战争，其威慑作用更加不足。假如把世界比作一个中心＋边缘结构的话，那么美苏两国（或两极）已在中心形成了强烈的相互威慑作用。从威慑的层次性原理上讲，处在边缘的第三世界国家和地区所承受的威慑作用，远比两大力量对峙情况下的欧洲和远东要小得多。于是，对战争的遏制作用也相对较小。同时，国际战略格局的多极化趋势，也使两个超级大国不能像以前那样有效控制与干预第三世界的冲突。从另一方面讲，第三世界许多国家和地区在独立之后，仍然存在着历史上遗留下来的种种矛盾和纠纷。在这种情况下，一些置身于冲突的第三世界国家感到即使向对方使用武力，美苏双方也不一定采取行动，或者至少不会引起他们之间的直接对抗。有人认为，正是估计到马岛冲突不会发展成为美苏双方的军事对抗，所以英阿双方毫不犹豫地使用了军事力量。

到了冷战结束后，苏联的解体使得美国成为世界上唯一超级大国，世界威慑格局由对称式变成了非对称式。作为美苏冷战的胜利者，以美国为首的北约集团开始启动东扩进程，不断挤压俄罗斯的势力范围。在这一时期，在美俄对抗的前沿地带，包括中东地区和东南欧地区则逐渐成了局部战争多发地带。例如：海湾战争、波黑战争、科索沃战争等。

局部战争的可控性

我们可以从战后局部战争中所表现出来的“可控性”现象，分析研究威慑的作用机制，把握现代局部战争的威慑特征。

美国最负盛名的有限战争理论家罗伯特·奥斯古德认为，“核时代并未使武装冲突过时，也未排斥发生毁灭性战争的可能。然而它却反复提醒人们，对战争要进行着意的控制和限制。这种思想比有限战争战略家们以往任何战略思想都更为重要，而且更值得他们研究”。战后特别是 20 世纪 70 年代相继爆发的局部战争，一个重要的特征，就是战争目的的有限性，即战争一般不以占领敌国的全部领土为目的，而是通过军事行动，达成有节制的政治、经济目的。为此，战争的手段，也有一定的限度，这正是威慑的要求。为了在战争中更好地实现威慑，战争目的与战争手段相一致的原则，在今天的时代显得更为重要了。如果说，现代局部战争的一个重要原则是：战争目的通常不是使一国的意志完全服从于另一国的意志，其手段也通常不是投入双方全部的军事力量，那么并不是讲，凡是局部战争，其确定的目的越小越好，使用手段和战争规模越小越好。有的局部战争目的仍然是十分坚决的，但使用的手段则是"足够的"，或者是"有效的"。有时局部战争的目的是可变的，随着战争实际情况的变化，目的逐渐扩大或者缩小，或者通过战争手段的升级或降级来加以调节，从而使战争的目的与手段更加协调一致。两次世界大战给人类社会造成的巨大破坏表明，当手段扩大到远远超过目的价值的时候，后者便变得毫无意义。当代战争手段"无限制"的现状，迫使人们在战争问题上更加注重战争目的的有限性。换言之，正是当代"相互确保摧毁"的威慑局面，要求人们必须去谋求"相互确保生存"，必须着意对战争目的加以限制，自觉接受这种威慑的作用。不能采取过去那种谋求绝对的胜利，使用绝对的手段，将对方逼入绝境，从而破坏威慑局面的做法。

战后特别是20世纪70年代以来的局部战争，显示了战争进程的可控性。战争目的的有限性，决定了战争规模、手段的有限性。交战双方都必须充分考虑到对方的潜在力量和世界舆论，对作战行动的地理界限，投入作战的兵力兵器的种类和数量，都进行一定的限制。并注意控制整个战争的进程。比如美国在越南战争中，确定了对越南北方只使用海、空军，陆军不得越过北纬17°线；轰炸越南北方时，不得轰炸越南北方与中国毗邻的地带。英阿马岛战争中，英国战时内阁给特混舰队规定了封锁海区的范围只限于阿12海里领海线以外，并规定不得轰炸阿方的大陆领土等。所有这些，不仅是为了达到一定的政治、经济目的，其中还包含着防止战争逐步升级而导致失控。尽管战争中仍然存在着无限制地使用暴力的可能性与现实性，但人们着意避免由局部战争引发全面战争和世界大战，或者由于常规战争的无限扩大而升级为核战争的意图则是十分明显的。所以，对战争进程的控制也呈现出多种情况。其中，有双方采取相同类型的控制措施，如相互间都不攻击特定的对象，都禁止使用航空兵攻击，都禁止轰炸城市或扩大轰炸区域等。也有双方采取不同类型的控制措施，如相互间达成默契，表示我只限于采取某种手段，而不采取其他更严重的手段，那么对方也会只采用某种手段来对付，而不采用其他的措施。这种不同类型，但相互对等的控制，在某种意义上遏制了战端的扩大。此外，还有仅限于单方面的控制，即一方采取了一定的控制措施，而另一方没有采取限制性行动。有时是一方采取某种控制措施后，引起了对方采取不同程度的限制行动。总之，由于受世界上相互威慑局面的影响，采取不同程度，不同形式的战争控制措施，越来越成为局部战争中交战国必须慎重考虑的问题。

总体上，战后特别是 20 世纪 70 年代以来的局部战争，是在世界相互威慑的环境中进行的，它们受政治、外交因素的制约更为明显，在军事行动的选择方面，不仅要确保军事斗争的胜利，而且要适应外交斗争的需要。战争结局大多以政治解决而告终。日本防卫大学教授服部实认为，局部战争的结束方式大致可以分为六种：（1）自然结束；（2）签署停战协定；（3）签署休战协定；（4）发布战争结束宣言；（5）签署政治协定；（6）投降。除第（1）种和第（6）种通常是由于一方的军事胜利外，其余四种都是政治解决的不同方式。战后局部战争和冲突告诉我们，在战争进程中采用非军事手段的比重大大上升。交战双方都在遂行战略同时，展开紧张的外交活动，以求通过外交活动争取有利于己方的国际支持，必要时谋求国际调停。这就使战争的结局，除了处于有利地位一方，达成预定的目的，或根据政治、外交斗争的需要，主动停止军事行动转入外交斗争外，大多是通过外交谈判达成政治解决。

局部战争的威慑效用

我们还可以通过对战后某些局部战争实践的分析，充分认识威慑在局部战争中的运用特点，把握实战威慑所起到的独特作用。

战后特别是 20 世纪 70 年代以来的局部战争，在确定军事打击目标时，不仅限于考虑军事方面的效益，而且更注重于谋取政治、外交、经济、心理等综合效益，在打击军事目标时，力求一战而达成巨大的震慑作用，以小战达成较大的战略目的。正因为这样，局部战争中的实战威慑在现代条件下的作用日益受到人们的广泛重视。如 1986 年 4 月 15 日，美国空袭利比亚，作为军事打击目标，主要是指向利的军事指挥机构、重要军事设施，以及训练营地，但其根本目的则在于惩罚处处与美作对的卡扎菲，动摇其统治，利用国际上对恐怖活动的憎恶心理，对恐怖活动做出报复性的军事行动，遏制其不断发展的势头，同时也间接打击了苏联支持利比亚的活动。据外电报道，自从美军对利比亚采取行动以后，世界各地的恐怖活动骤然下降。这与军事行动所产生的巨大威慑作用不无关系。

这种重点打击式的战略，与以往局部战争的情况迥然不同。过去，进攻者一方通常是以全面打击，征服对方为自己的战争目的。其打击目标的选择，不仅包括军事目标，而且包括非军事目标；不仅包括对方的战争力量，而且包括对方的社会财富。战后 50 年代与 60 年代爆发的朝鲜战争与越南战争，也在一定程度上体现了这种全面打击式战争的基本样式。当前，尽管以全面打击为目标的战争仍在一定范围内发生，今后也还有继续发生的可能，但是，从总体上来说，这类局部战争由于耗资巨大，进攻者最后取胜的寥寥无几，选择这种战争目标风险较大，胜利值难以确定，其地位已有所下降。而通过小型的、有控制的战争行动，以谋求实战威慑的综合效应，则成为世界上许多国家战略指导上深入探究的重大问题。

在现代局部战争中，还可以采取不同等级的军事行动，来实现不同层次的威慑。近年来，美国军事学术界又有人提出了“战争行动领域各级的威慑”，即战略、战役、战术三级威慑问题。他们认为，战略级威慑涉及部队结构、战略机动、前沿部署和快速展开（部署）动员计划与潜力、预贮装备、交战规划、联盟义务，以及战略核武器。战略威慑的目的就在于吓阻敌方不采取威胁美国的领土和切身利益的行动。

战役级威慑则要求明确体现一个战区的战略目的，以及如何使用军队来支持战区战略目的的实现，使敌方不敢轻举妄动。对所部署的或投入作战的部队来说，战役级威慑还包括以下内容：战备水平、指挥与控制能力、总防御计划，最重要的是一整套指导战役实施的理论。这样，衡量战役级威慑作用的尺度，便是看其是否能使己方在战区冲突中所付出的相应代价和所冒的风险，与敌方可能的所得相比，更加值得。同时认为，不仅要靠能力来起到战役级威慑作用，还必须通过作战理论和实践来表达自己的意愿。使敌方面临风险和对敌方将使用的更难做出估计的作战力量捉摸不定。通过能力与意愿的结合，产生可靠的战役级威慑。

战术级威慑在于使敌军相信他们在战斗中不能获胜，或者至少要冒无法接受的风险。战术级威慑涉及的主要因素是：所使用的战术武器，部（分）队的编组，相应的战术作战理论，训练效果，持续支援能力，以及各种无形因素，如士兵素质、士气、部队凝聚力和领导艺术等。他们提出，部队的这些因素可以聚变出潜在的战斗力。有效的领导，加上正确而有活力的战术理论，可以把潜在的战斗力转化为强大的威慑力。

20 世纪 80 年代后，美国军方在入侵格林纳达、空袭利比亚、插手海湾战争等局部战争中，就是根据不同的威慑程度与不同的遭受威胁地区，采取不同层次的威慑战略方针，来谋求不同层次的威慑效应。另一方面，则通过发动局部战争来实现实战威慑的目的。尤其是冷战后，美国一时失去明确的对手，而核威慑对小国尤其是恐怖主义等非国家行为体的威慑效果受到极大削弱，因此通过局部战争展现超强军力，显然成为美国维持对外威慑的重要手段。

此外，随着人类科学技术的进步，高技术武器在实战中的使用，为限定目标范围，采取新的作战样式提供了物质基础；先进的情报侦察技术，使确定要害目标成为可能；精确制导武器使重点打击具备了强有力的物质手段；先进的突防技术，空前增大的射程与航程，使远程奔袭和远距离打击得以成功；军用航天器的发展，开拓了外层空间的军事新领域，利用空间技术支援地面、海上和空中作战行动已逐步成为现实。这样，在局部战争中，拥有高技术武器的一方在战争准备阶段，就可以保持自己的优势，给对方心理上产生较大的威慑作用；在战争实施过程中，就可以凭借“技术差”克敌制胜，获得巨大的作战效益和威慑效益。用较小的代价赢得战争的胜利，或者以较小的代价产生强大的威慑作用。如 1982 年贝卡谷地空战中，以色列采用高技术武器装备，以损失一架飞机的代价，取得了击毁叙利亚飞机 79 架、摧毁其导弹基地 19 个的战果。1981 年 6 月 7 日，以色列出动 10 余架先进的 F-16 战斗机，远程奔袭巴格达，两分钟内便一举摧毁了伊拉克经营多年、耗资巨大的核反应堆。1985 年 10 月 1 日晨，又以 8 架 F-16 战斗机，远程奔袭位于突尼斯的巴解总部，在数分钟内把它炸为废墟。

而处于技术劣势的一方，不仅遭受了物质上和精神上的双重打击，而且面对高技术武器的压力和继续抵抗可能付出的沉重代价，只得接受这种高技术打击的威慑，忍气吞声地放弃报复企图。

局部战争变得频繁与持久

随着世界威慑格局呈现多重性，各国之间相互依存与相互竞争并存，各种非国家行为体的威胁与暴力行为以及军事科学技术的迅猛发展等，都将使现代局部战争变得更加频繁。尽管这种局部性战争一方面由于多重威慑格局的存在而较难升级为大规模冲突，但另一方面也因为存在多方介入的可能，使这类局部战争一旦未能速战速决，将很难在短期内分出胜负，也因此使局部性战争变得旷日持久。而世界经济分化日益严重，极端主义、恐怖主义等恐怕也难以在短期内获得解决，由此带来的反恐战争也恐怕难以在短期内收兵。

威慑条件下局部战争的发展趋势

现代局部战争是威慑条件下的战争。现代局部战争的实践推动着威慑条件下局部战争理论的发展。只要世界这种威慑的格局没有发生根本性变化，战争形态就必然继续打上“威慑”的印记，实战过程也必然离不开“威慑”的效应和作用。深刻认识现代局部战争的这一总体特征，将有助于我们对威慑条件下战争的发展趋势做出预测。

威慑格局再次趋于对称，间接对抗再次成为大国竞逐全球战略利益主要方式

在冷战时期，由于整个世界处于相互确保摧毁的局面下，拥核大国直接参与局部战争的可能性将会减少，更多的是通过“代理人”战

争的形式进行相互争夺，通过出钱、出装备，扶植地区扩张主义者等手段，来达成各自的战略利益。未来，随着全球威慑格局再次趋于对称，拥核国家直接对抗的后果难以想象，间接对抗、混合战争或成为竞逐全球战略利益的主要方式。例如，与冷战时期一样，打“代理人”的战争，代价合算，风险较小，进退自如，政治上可大大减少国际国内的反对力量。而再打侵朝、侵越、侵阿以及伊拉克战争等一类的战争，则可能深陷泥潭，得不偿失。另外，通过打“经济战”，摧毁对方重要经济目标，以打击对方的经济潜力，并注重由单纯军事上的对抗行动转向“综合国力”的长期竞争，将成为当前及今后一个时期世界大国相互争夺的主要形式。尽管有时出于他们各自战略利益的需要，也可能对第三国诉诸武力，但即使这样，一般也是为了显示某种威慑力，以保证本国经济发展的需要或实现“经济战”的目的。可以预计，在今后的局部战争中，面对世界各地的地区性冲突，相关大国或以各种间接形式介入，即使直接武力介入，通常也会采用速战速决，打了就走的方式，以避免长期陷入而不能自拔。

为充分发挥高技术威慑作用，高技术与常规化将成为国家间战争的重要特征

核武器的超杀力量有力地遏制了核大国之间爆发核大战的可能性。两个有核国家之间发生的冲突，通常双方也要接受这样的战略默契：切勿把对方逼入绝境。即使是较小的核国家，也有能力给核大国造成难以忍受的后果。这就充分显示出威慑的效力。至少在对核武器尚无可靠的防御手段之前是这样。对于其他无核武器国家来说，这种威慑力量又过大，其威慑作用反而相对减弱。同时，一些核大国的常规力量特别是常规高技术对其他国家都占有明显的优势，一般也不需要动用核武器。随着现代科学技术的发展，常规武器也日益高技术化，非核武器的威力逐步接近核武器的威力，成为可以使用的强有力手段。一些大国为了达成各自的战略利益，追求更大的威慑作用，纷纷把高技术的发展和应用，放在军队建设和武器发展的首位。并把局部战争作为新武器试验与较量的场所，当作实战威慑大显身手的“新高地”。许多中、小国家也通过各种渠道以获取高技术兵器并运用于国家间的战争。因为这样，现代局部战争高技术、常规化的趋势日益增大了。

先进国家谋求高技术威慑激烈竞争，未来战争的空间逐步向多维战场过渡

在高技术迅速发展的时代，世界各先进国家竞相利用军事高技术的巨大效应，展开了相互间的激烈竞争，特别是在微电子技术方面的突破性进展，将使电磁环境逐步成为相对于地理战场的又一维空间战场。可以预计，在今后的局部战争中，争夺制电磁权的斗争将空前激烈，交战双方都将把夺取制电磁权作为夺取并保持对地面、海上、空中控制权的先决条件。电子战将成为重要的交战方式，从地面、海上和空中，一直到外层空间，发挥其重要的作用；指挥、协同、情报、通信、警戒、伪装、火控、制导、空袭、防空、反舰、反潜等无不充斥着激烈的电磁斗争。另外，电子战已具有“软杀伤”和“硬杀伤”的双重作用，反辐射导弹的出现与应用，标志着电子战已超越“软杀伤”的范围，变成一种直接进行“硬杀伤”的作战手段。正因为电子战系统所具有的“倍增”效益，对改变战争双方的力量对比和态势，对战争结局产生的巨大威慑作用，所以将越来越成为世界各国竞相攀登的技术制高点之一。

交战双方更加注重战略威慑效益，战争效费比在战略决策中的地位上升

现代局部战争的巨大代价，将使国家的经济承受能力“望而生畏”。从而使人们不得不更多地考虑战争的得失效益问题。现代科学技术的进步，武器装备的发展与使用，在战争中产生了两种日益严重的倾向，一是武器装备的成本急剧上涨，二是战争中的损耗率上升。有人统计，第一次世界大战中平均消灭一个敌兵需耗资 2 万美元，第二次世界大战时达 20 万美元，到马岛之战时已达到 285 万美元。历时 8 年的两伊战争，双方死伤达 250 万人，经济损失共计 9000 多亿美元，也没能达成任何政治目的，仍旧回到了 1980 年战前的分界线。据美国布朗大学 2018 年底发布的研究报告，截至 2019 财年，美国自“9・11”事件后战争经费支出近 6 万亿美元，预计 2023 财年前再支出约 8000 亿美元[①]。可见，如此高昂的代价，以及得不偿失的战争结果，即使是实力雄厚的超级大国，也将难以为继。于是，战争指导者们将不再满足于形式上的胜利，而着重去把握以何种代价打胜的问题，力求取得更大的效益。战争双方无论在确定战争目标、使用作战力量、采用技术手段、选择作战方法等方面，都将更加讲求战争的效费比。不仅谋求直接的作战效益，而且更加重视战略威慑效益，以求“不战而胜”。

为更好达成实战威慑效果，战争持续时间向速战速决发展

打一场旷日持久的局部战争，对发动战争一方来说只能是利少弊多。一是战争中巨大的消耗，使国家难以承受；二是战争一旦久拖不决，随时还有酿成升级难以控制之虞；三是成功率一般较低，难以迅速达成战争目的；四是国际国内压力大，处境被动。同长期战争相比，速决性战争对进攻者更为有利。主要是能够一举达成突然性，不给对方反应和还击的时间；对国内政治经济影响小；只需局部动员甚至不经动员，便可进行；能以有限的消耗达成预定的目的，以小战而屈人

① 报告显示“9・11”后美国战争经费支出近 6 万亿美元，http：//www.xinhuanet.com/mil/2018-11/15/c_129995344.htm.

之兵，保持较高的威慑作用等，即使是对于防御者来说，通常也不宜采取旷日持久的战法，使战争在本国国土长期延续下去，给国家经济建设造成严重影响。

当然在交战双方力量悬殊，较弱的一方为了进行消耗以拖垮对方时，或者是由于超级大国的间接插手，企图使双方不战不和而达成他们自身的战略利益时，局部战争仍将出现久拖不决、打打停停、谈打交替进行的僵持局面。

局部战争和边界冲突多发地区将围绕新兴崛起大国周边地区展开

在冷战时期相对对称的威慑格局下，世界范围内爆发的局部战争和军事冲突主要分布在亚、非、拉地区。据统计，爆发在亚洲的约占46.4%，非洲约占29.1%，拉丁美洲约占20.8%，欧洲约占3.7%。96.3%的局部战争和军事冲突发生在亚非拉广大第三世界国家和地区。究其原因之一，便是这些地区受世界相互威慑格局的影响较小，而且是《雅尔塔协定》划分的美苏势力范围以外的地区。作为一块未定的“生存空间”自然引起帝国主义、霸权主义者的竞相涉足。其原因之二，第三世界广大国家和地区拥有丰富的战略资源，同时瞰制世界海洋、陆地间的重要通道，政治上、军事上都具有十分重要的战略地位，因此，也自然成为超级大国全球扩张政策的必争之地。另外，亚非拉广大国家和地区独立后，大都陷入当地民族、宗教等错综复杂的矛盾之中，致使内战和国家间的冲突频繁发生。再加上帝国主义、霸权主义的直接插手和间接干预，也是局部战争多发的重要原因之一。

冷战结束后，美国一度处于世界唯一的超级大国地位，世界一度进入一个全球化快速发展的历史新时期。但随着美霸权衰落、新兴大国群体性崛起，美国为维护其既有霸权加大对中国、俄罗斯、伊朗等新兴崛起国家的打压力度。通过加大军事前沿部署、制造地区冲突，加强对新兴大国的遏制与打压。例如，近年来，美国先后推出“亚太再平衡”“印太战略”，大肆在中国周边挑拨矛盾、制造事端，还不断加大军事前沿部署。2020 年 7 月，美国在一个月内在南海地区开展两次“双航母”演习。同样，美国为遏制和打压俄罗斯，也不断在俄罗斯周边大搞颠覆活动与制造事端，美俄战略竞争导致中东、东欧地区局势不稳，甚至引发地区性局部战争。

局部战争中军事威慑与政治、外交斗争将融为一体，作战行动将受到更加严格的制约

现代局部战争是威慑条件下的战争，它是在有限的战略目的控制下的，与其他手段相协调的一种斗争形式。战争目标的选择一般不是由军事斗争的需要来确定，而必须从威慑战略的角度出发，以国家利益的总目标为准绳，与国家战略的目标保持一致。许多情况下，战争目的将直接通过一、二次战役战斗来达成，一城一地的得失，直接影响着战争全局的胜败，作战行动必须确实成为国家执行外交政策的后盾和工具。在今后某些局部战争中，战争初期、中期、后期以及防御、反攻、进攻等阶段的划分将不一定十分清楚。战役战斗的目的与手段、时间与空间、进程与结局，通常不单是以军事自身的意志与规律为转移，而是直接服从和服务于国家战略的目标，以国家战略利益的需求为依据。比如在作战行动的等级上，是否使用航空兵和战役战术导弹部队；在作战行动的范围上，是否超越国境作战；在武器装备的使用上，是否使用核、化武器等，都将受到严格的制约，不允许其超出政治、外交斗争需要而规定的行动范围。

第十章　威慑战略下大国博弈新变化

当今世界正经历百年未有之大变局。新兴市场国家和发展中国家力量持续上升，世界经济重心开始向太平洋沿岸转移。大国间博弈和战略竞争有所加剧，美国明确“重回大国竞争”。全球治理体系深刻重塑，即有治理体系受到特朗普“退出主义”严重冲击。美国坚持“美国优先”，藐视国际规则和协定的权威性，试图以不平等的双边关系取代现有国际政治经济秩序，一旦认为这些规则和协定损害美国利益就“退群”，严重冲击全球治理体系。

“百年未有之大变局”与“世界重回大国竞争”

世界格局新特点——百年未有之大变局

走近21世纪第三个十年的门槛，世界呈现纷繁复杂的图景：经济格局“南升北降”，全球化进程遭遇逆流，国际金融危机对西方自由主义秩序造成严重冲击，美国再次挑起大国战略博弈，地区冲突战火难息，恐怖主义威胁未除，新技术、新产业革命催生发展理念和发展模式深刻变化……

“当今世界正处于百年未有之大变局”的论断，深刻揭示了世界新的时代特征。何谓“百年未有之大变局”？“变”体现在哪些方面？

一是体现在经济基础方面。世界经济格局发生深刻变化，呈现东升西降，南升北降的走势。在18世纪工业革命以来，欧美在世界经济格局中一直居于中心地位，而其他地区总体上处于边缘地位。无论是日本的崛起，美苏冷战对峙，还是亚非拉民族解放运动，东亚四小龙的经济腾飞，均未从根本上动摇这一地缘经济格局。但冷战后新兴经济体的群体性崛起开始冲击西方主导地位。根据联合国贸发会议的统计数据，从1990年到2017年，发达国家占全球GDP的比重从78.7%降至57.8%，而新兴市场国家占全球GDP的比重则由19%上升至38.5%①。这是200余年来世界经济前所未有的一个重大变化。

二是体现在国际战略格局深刻调整上。大国间博弈和战略竞争有所加剧，原有以大国协调为重要支撑的国际政治秩序面临挑战。美俄在叙利亚、乌克兰、伊朗等问题上继续对立，关系紧张。北约持续扩员，加强在中东欧地区军事部署，频繁举行军事演习。俄罗斯针锋相对举行多次军事演习，并强化核、非核战略遏制能力，努力维护战略安全空间和自身利益。由于特朗普政府顽固坚持“美国优先”，在经贸领域以加征关税等手段强压他国让步，施压盟国承担更多安全防务支出，断然退出“伊核协议”、《中导条约》，美国与盟友的关系裂隙加深。国际安全形势更趋复杂严峻，传统地缘竞争热点有增无减。叙利亚、也门、伊朗、朝鲜半岛等热点问题仍处于紧张状态，和平进程艰难曲折，前景充满变数。极端主义、恐怖主义不断蔓延，网络安全、生物安全、海盗活动等非传统安全威胁日益凸显。

三是国家治理模式趋于多样化。冷战结束之初，西方曾宣布历史已经终结，人类社会发展已臻于至境，即资本主义国家的自由民主制度。但“9·11”以来，尤其是2008年金融危机之后，这套制度的弊端日益显露出来。在美国，阶级矛盾和种族矛盾凸显，政治割裂，左右“极化”，从“茶党”运动到“占领华尔街”，再到民粹主义兴起，

---

① 高飞：《大变局与中国外交的选择》，《国际问题研究》。

反建制代表人物特朗普上台执政，各种乱象丛生。在欧洲，各种社会矛盾也在发展，一些看似反常的“黑天鹅事件”屡见不鲜。例如，英国脱欧，法国“黄背心”运动经久难息，民粹主义和极右翼势力渐趋活跃。而中国等发展中国家坚决捍卫国家主权，主张维护社会稳定，优先保障人民的生存权和发展权，为世界提供了一种新的国家治理和发展路径。

四是新一轮科技革命和产业变革积聚力量。21 世纪以来，以信息技术、生物科技为主导的新一轮科技革命和产业变革，一方面成为产业推陈出新和生产力跃进的不竭动力，另一方面也深刻地影响着世界格局演变。人工智能、大数据、量子信息、生物技术等新一轮科技革命和产业变革正在积聚力量，催生大量新产业、新业态、新模式，给全球发展和人类生产生活带来翻天覆地的变化。

国际矛盾新特点——大国竞争卷土重来

在冷战之后，美国成为唯一超级大国，综合实力睥睨天下，其他大国望尘莫及。在二十多年间，美国主要关注反恐、防扩散等所谓非传统安全问题。但随着国际经济和政治格局的变化，国际关系的主要矛盾从美国与地区异己国家和恐怖主义转向美国与中、俄之间的矛盾。

美国对大国竞争的重视开始于奥巴马政府时期。2012 年，奥巴马政府推出的《国防战略指南》提出，美军要从反恐战争转向为未来的战争做准备。2014 年，美军提出面临三类军事威胁：中、俄的重量级威胁，流氓国家的中量级威胁，以及恐怖组织等跨国网络的威胁。2015 年版的《军事战略》宣称，美国卷入大国冲突的概率增加。奥巴马政府的“亚太再平衡”“空海一体战”就反映了这种理念。

随着特朗普政府上台，美国的战略进一步的根本性质变，片面强调大国关系中的竞争面，而对合作面选择性失明。2017 年 12 月 18 日，美国政府发布第 17 份《国家安全战略》，围绕特朗普“美国优先”的执政理念，视大国竞争为首要关切，执意以“美国优先”原则重塑世界秩序，导致大国战略博弈加剧。2018 年 1 月 20 日，美国发布新版《国防战略》，基于特朗普发布的《国家安全战略》，强调大国竞争对手的回归以及当今世界面临的其他威胁。《国防战略》宣称，美国对外战略中心将由反恐转向大国竞争，将中国和俄罗斯定位为“最主要的战略对手”，将“与中国和俄罗斯的长期战略竞争”视作美国国防部的“首要优先事项”，妄称“中国和俄罗斯意欲塑造一个与美国价值观和利益相对立的世界。中国寻求取代美国在印太地区的地位，扩大国家主导型经济模式的影响范围，并按其喜好重建地区秩序”。“它们（中国和俄罗斯）挑战美国的实力、影响和利益，试图侵蚀美国的安全和繁荣。它们决心使经济更不自由，更不公平，发展它们的军队，控制信息和数据，以压制自己的社会，扩大自己的影响”。《国防战略》更是认为：“国家间的战略竞争，而不是恐怖主义者，现在成为美国国家安全的主要担忧……随着中国继续其经济和军事优势，并通过一个全国性的长期战略扩大其权力，它将继续推行军事现代化计划，旨在近期寻求印太地区的区域霸权，在将来驱逐美国，实现全球领先。”

不仅如此，大国博弈中的传统地缘因素也更加突出，地缘摩擦和冲突风险增加。在欧洲，俄罗斯抵制北约侵蚀其在周边的影响力，在格鲁吉亚、乌克兰发起反击，并在叙利亚发挥重要作用，与北约针锋相对，开展大规模军事演习。在亚太，美国抛出印太战略，拉拢地区国家结盟对抗，并大搞军事演习，炫耀武力。美舰、机在南海横冲直撞，加剧南海军事化程度及擦枪走火风险。在核领域，美国的《核态势评估》片面强调大国竞争，重新将核武器奉为压制俄、中的争霸利器。美国核战略首要任务是威慑俄、中，而不再是奥巴马政府强调的打击核恐怖主义与防扩散。针对俄、中、朝、伊量身打造核威慑战略。

对俄罗斯，美国将增加核选项，以威慑俄核与非核攻击，包括对美国核指挥、控制与通讯系统的攻击。强化非战略核能力，准备搞地区核对抗。美国致力于发展“灵活、适应性强并具有抗打击能力”的核力量。其中“灵活”是重中之重，为此要强化非战略核力量：前沿部署核轰炸机及双用途战机，让 F-35A 执行核任务；近期改造部分潜射弹道导弹，使之携带低当量核弹头；远期发展携带低当量核弹头的海基巡航导弹。这表明特朗普政府既准备打核大战，也准备打地区核战争，谋求逐层升级，搞核战对抗。特朗普甚至宣称，要进行军备竞赛的话，“那就来吧，我们比谁都有钱”。在这种背景下，主要大国纷纷提出，要以“全政府模式”整合资源，开展竞争。

“美国优先”“以实力求和平”与“印太战略”

宣布大国竞争的回归不仅反映了美国政府对当前国际形势的基本判断，更具有明确的战略含义和政策含义。美国的错误认知很大程度上意味着美国在发展和处理与其他大国关系时将更多地基于“零和思维”，从“利己利他的”的“双赢”思维变得更加“自私”甚至“损人利己”，在与其他大国交往中谋求仅仅有利于美国自身的利益。

“美国优先”

“美国优先”是特朗普始终挂在嘴边的关键词，也成为他的重要标签，很多人将特朗普的内政外交政策概括为“美国优先”四个字。竞选期间，特朗普提出“美国优先”对外政策，作为其“使美国再次伟大”构想的核心内容之一。在 2017 年 1 月 20 日的就职演说中，特朗普总统对他所倡导的“美国优先”做了原则性解释，即贸易、税收、移民、气候等重大政策都将以美国是否获利为逻辑起点。2017 年 12 月发布的《国家安全战略》再次阐释，“我们优先考虑美国公民利益”“以保护美国公民、美国生活方式和美国利益的决心为起点”。执政以后，特朗普将“美国优先”理念融入其内政外交各项政策。

特朗普“美国优先”理念的一个重要逻辑是，美国在当前多边国际经济体系中处于十分不利的地位，全世界都占美国的便宜。美国《国家安全战略》强调，经济安全即是美国的国家安全，而其他国家“使用倾销、歧视性非关税壁垒、强制技术转让、非经济手段、工业补贴及来自政府和国有企业的其他支持以获取经济上的优势地位”的局面必须改变，要寻求所谓的“遵守规则的公平、互惠和诚实的经济关系”。特朗普“美国优先”的经济政策主要包括内外两个层面：对外是加征关税，通过贸易保护主义举措施压他国，迫使对方开放市场，寻求公平对等的贸易关系，对国际多边贸易机制持负面态度，要求就相关贸易条款重新进行谈判；对内则是管控非法移民，大规模减税，刺激生产与投资，推动经济发展，增加就业机会。

同时，以“美国优先”口号为基准，美国消极对待多边合作，不愿承担更多国际义务，单边主义倾向明显。特朗普上台执政后，美国“退群成瘾”，先后宣布退出了《跨太平洋合作伙伴关系协定》（2017年1月23日）、《巴黎协定》（2017年6月2日）、联合国教科文组织（2017年10月12日）、《全球移民协议》（2017年12月2日）、《伊核协议》（2018年5月8日）、联合国人权理事会（2018年6月19日）、《维也纳外交关系公约》中涉及国际法院管辖的相关议定书（2018年10月3日）、《中导条约》（2018年10月20日宣布）等。这其中，最具轰动效应的当属特朗普政府单方面退出联合国《巴黎协定》，使得国际社会共同抗击气候变暖的努力遭受重大挫折。

美国试图以“美国优先”大幅减轻美国战略负担并主导国际秩序调整。与冷战后的其他美国领导人不同，特朗普毫不掩饰其单边主义立场，通过发布国家战略文件、在国内国际场合公开宣扬等方式兜售单边主义立场。2018 年 9 月 25 日，特朗普在联合国大会一般性辩论发表演讲，公开宣扬反对全球主义、拒绝全球治理、坚持“美国优先”、强调国家主权等言论，引起在场其他联合国成员不满。

“美国优先”大行其道，使现有的国际规则、多边机制都受到挑战或冲击。美国政府单边主义色彩浓厚，一切以美国利益至上，完全忽略了国际道义，不愿承担国际义务，侵蚀了国际规则和秩序。“美国优先”是作为维护美国霸权的理念出现的，这一理念狭隘到只顾自己、无视国际规则和国际机制的时候，必将加快国际战略力量的分化组合，削弱美国自身的软硬实力，损害美国现有的国际体系主导地位，最终取得与特朗普期望的“让美国再次伟大”完全相反的结果。

以实力求和平

美国认为，其军事力量仍然独步世界，但随着对手国家改造、建设常规力量及核力量，美国优势正在逐渐缩小。在这一认知指引下，美国践行“以实力求和平”，特朗普以恢复和重建美国军力为己任。早在竞选阶段，特朗普就承诺将在任期内打造一支美国历史上最强大的军队。2016 年 11 月，大选前夕，特朗普竞选团队的两位政策顾问亚历山大·格雷和彼得·纳瓦罗在《外交政策》网站发表《特朗普“以实力求和平”的亚太观》的文章指出，必须重拾里根时期“以实力求和平”的理念，取消自动减赤计划，增加国防开支，重振美国军力。2017 年 1 月 27 日，上台伊始，特朗普就以军队最高统帅的身份造访五角大楼，并签署了“重建”军队的行政命令。用特朗普的话来说，“今天我将签署对武装力量进行伟大重建的总统令——将为我国军人提供新飞机、新舰艇、新资源和新工具”。2018 财年至 2020 财年，美国国防预算连年增加，2018 财年为 6920 亿美元，2019 财年为 7163 亿美元，2020 财年为 7380 亿美元。

美国《国家安全战略》报告明确提出：“正如美国衰弱会招致挑战，美国力量与信心会慑止战争，推进和平。”“美国将以实力为出发点，寻找与竞争者的合作领域，首先是确保美国的军事力量在世界上处于‘一超’的地位，并将军事力量与美国和盟国的全部力量手段充分整合”“美国军事力量仍是影响力竞争的一个关键要素”。美国总统特朗普也宣称：“只要我还是总统，美国军人就能拥有所需装备、资源和资金，捍卫我们的家园，果断地对敌人的行动做出回应，在必要时进行战斗、击败敌人，并且永远、永远、永远能取得胜利。”

人们普遍注意到，美国“以实力求和平”的主张事实上是一项企图建立绝对军事优势、保持美国“领导地位”、肆意推行霸权主义和强权政治的主张。在“求和平”的美丽包装之下，这一主张纯粹地追求绝对军事优势。以中国和俄罗斯为“战略竞争对手”的战略思维，强调应对“大国挑战”的背景下，美国所谓“以实力求和平”的主张在实质性地推进军力建设，挑起大国军事竞争。

“亚太战略”与“印太战略”

美国战略界有着根深蒂固的“敌人意象”，美国国家安全战略总是围绕某些明确界定的敌人或对手而展开，以此为基础进行战略部署，调整战略资源，并最大限度地动员社会支持。

亚洲和太平洋地区地域广阔，国家众多，拥有全世界 60％的人口，经济和贸易总量分别占全球总额的近六成和一半，在世界格局中具有重要战略地位。近年来，亚太地区的发展日益引人注目，成为全球最具发展活力和潜力的地区，地区国家进一步加大对亚太地区的重视和投入。随着国际关系格局的深刻调整，亚太地区格局也在发生重要深刻变化。2008 年国际金融危机爆发之后，“新亚洲半球”在全球政经格局中崛起，全球权力中心东移。2010 年，亚洲占世界经济的比重上升到 27.4%，首次超过北美（25.8%）和欧盟（25.9%），成为全球最大的地区经济板块，全球地缘经济版图出现历史性变迁。

2010 年，美国总统奥巴马在接受采访时表示，要增强美国在东亚地区的影响力。2011 年，美国国务卿希拉里在美国《外交政策》杂志发表文章《美国的太平洋世纪》，阐释美国的“重返亚太”战略。2012 年，美国国防部发布《美国国防战略指针：持续美国的全球领导 21 世纪国防的各项要务》，正式确定了“亚太再平衡”这一区域战略。“亚太再平衡”战略是一项涵盖军事、外交与经济的综合型战略。军事方面，主要是加大在亚太地区的军事部署与投入，包括保持并加强在该地区的军事部署、提高与盟国的军演频率与力度、强化与本区域国家的军事交流。外交方面，主要包括参与并主导东亚地区的多边合作机制、宣扬自由与民主即推行美国价值观等。经济方面，希望借助《跨太平洋伙伴关系协定》（TPP）等组织构筑以美国为核心的东亚经济合作机制，从而在经济上与除中国外的主要东亚国家捆绑在一起，力图排除中国在东亚的影响力，并整合东盟与亚太经合组织（APEC）资源。

特朗普政府延续了奥巴马政府“亚太再平衡”的战略思想，并将其扩展为“印太”战略。2017 年 11 月的首次亚洲之行中，特朗普正式用“印太”替代了“亚太”，提出要打造“开放、自由的印太”。在 2017 年 12 月发布的《国家安全战略》报告中，“印太”正式被作为美国国家安全战略中最重要的地区。2018 年 1 月发布的《美国国防战略》报告明确指出，“与中俄间的战略竞争，而非恐怖主义，才是当前美国为维护国家安全要必须首先考虑的威胁或挑战。而‘印太’地区则超越欧洲和中东，成为美国国防战略的首要关切”。

2019 年 6 月 1 日，美国国防部发布了《印太战略报告》，报告提出了“维持美国影响力以实现区域目标”的三项重要举措：

第一，加强军事部署。美军当前在印太地区共有2000多架飞机、200艘舰艇、超过37万职业军人以及为军队服务的人员，分别部署于美国关岛以及日本、韩国、菲律宾、澳大利亚、新加坡、英属迪戈加西亚岛。未来，美军还要继续加强军事力量准备，主要包括：提升部队联合作战能力，在阿拉斯加新建更贴近实战的联合训练设施，加速多国军队联合作战体系建设；推进武器装备升级换代，研发部署两种新型无人战车、新型远程反舰导弹、新型海军“战斧”导弹；提升战略威慑能力和新型领域作战能力，在澳大利亚和日本部署更先进的弹道导弹防御系统，加强网络空间攻防能力建设，加速出台太空作战条令，提升太空作战能力。

第二，加强同盟与伙伴关系。加强与日本、韩国、澳大利亚、菲律宾和泰国的联盟。在南亚，正在加强与印度的主要防务伙伴关系，同时寻求与斯里兰卡、马尔代夫、孟加拉国和尼泊尔的新兴伙伴关系。还将继续加强与东南亚合作伙伴的安全关系，包括：与越南、印度尼西亚和马来西亚以及与文莱、老挝和柬埔寨的持续合作。

第三，促进网络化区域的建设。通过三边或多边协议扩大其双边关系，并发展亚洲内部的安全网络，以建立有目的的伙伴关系。

美国提出建立“开放、自由的印太”，但不断渲染军事围堵，使地区国家对美国的真实意图产生怀疑。美国的做法最终会促进地区安全稳定，还是带来地区动荡？在2019年香格里拉对话会上，俄罗斯国防部副部长亚历山大·福明表示，美国推行“自由、开放的印太战略”，以本国地缘政治利益为出发点，破坏了东盟等相关机制解决亚太地区安全问题的核心作用，对该地区发展会起反作用。

国际地缘政治博弈更趋激烈

美、俄围绕乌克兰及东欧陷入持久对抗

美、俄在叙利亚、乌克兰、伊朗等问题上继续对立，关系紧张。美国继续对俄罗斯进行制裁。北约持续扩员，加强在中东欧地区军事部署，频繁举行军事演习。俄罗斯针锋相对举行多次军事演习，并强化核、非核战略遏制能力，努力维护战略安全空间和自身利益。美、俄围绕乌克兰战略博弈的持续加力是贯穿这场危机过程的基本内容，也是后冷战时期霸权国家与地区大国地缘战略较量的一种反映。乌克兰危机爆发后，美国认定俄罗斯“夺回”克里米亚反映了其帝国野心，遂开启了对俄打压政策，并导致两国关系恶化。围绕乌克兰、格鲁吉亚等问题，北约与俄罗斯的明争暗斗仍在继续。俄罗斯与美国存在地缘战略的结构性冲突，北约东扩、乌克兰危机和美国主导的欧亚导弹防御系统是美俄关系的“心结”，遏制北约东扩是俄罗斯维护自身安全和世界大国地位的战略需要。

伴随着危机的逐步发展，潜藏着战争风险的军事对抗和军备竞赛不断上演。美国迅速完成了在波罗的海地区的军力调整并与相关国家进行了一系列联合军演。北约依据“战备行动计划”，决定打造一支快速反应部队的先头部队，并确定在未来 10 年间实现军费增加。俄罗斯也向俄乌边境大量增兵，组织西部和南部军区诸兵种合成兵团战术演习，普京亲自检查战备情况。普京在 2014 年 12 月国防部扩大会议上誓言要通过强军应对西方威胁，重点发展武器现代化以及战略核力量各组成部分。2019 年 2 月，乌克兰最高拉达通过决议，将加入北约和欧盟作为战略目标写入宪法。5 月，乌克兰新总统泽连斯基就任后首

访欧盟，再次强调乌克兰加入欧盟和北约的对外方针不会改变。北约与俄罗斯龃龉不断。北约高官表示，考虑应对俄罗斯“非法吞并”克里米亚并破坏乌克兰东部稳定等因素，俄罗斯是北约增加军费的必要原因，并不断强化在东欧的军事部署。俄方则坚持强硬立场，全面停止与北约合作，全力发展海陆空三军新型装备，以掣肘美国和北约。但在现实行动上，双方仍努力避免出现军事摩擦。

美、俄在乌克兰危机中的相互角力，不仅使地区局势焦灼，更演变成了一场大国间的正面碰撞，对区域经济、地缘政治和国际关系都带来重大影响。战火与对抗导致各方遭受损失。一是乌克兰国家分裂，国民身处水深火热之中。二是俄罗斯面对制裁，经济遭遇困难。三是欧盟强力制裁，“杀敌一千自损八百”。围绕乌克兰的博弈与较量也改变着国际关系格局，美国弱化欧盟地位，借机在欧洲的防务事务中把欧盟抓得更紧，以减轻自身压力，有效遏制了欧洲与美国离心情况的发生；俄罗斯加快转向寻求与亚洲和拉美国家加强联系，在经济、贸易、能源合作等方面取得更大突破；欧盟内部分歧加重，乌克兰危机久拖不决，欧盟内部的“裂隙”更与日俱增，英国、波兰等国家追随美国主张给俄罗斯以“颜色”，法国、匈牙利和斯洛伐克等国则认为欧盟与俄罗斯经贸与能源关系“血肉相连”，制裁只会是两败俱伤，还有一些中间派国家，支持对俄“施以颜色”，但又要求适可而止。

中东地区热点问题积重难返

美国与伊朗博弈继续。美国于 2018 年不顾国际道义与契约精神，单方面退出《伊核协议》，并于 2019 年加大对伊朗的制裁。2019 年，伊朗宣布分阶段中止履行《伊朗核问题全面协议》部分条款，回击美国制裁。美国进一步对伊朗“极限施压”，增派兵力企图逼伊朗就范。随后美国无人机被伊朗击落，地区战争乌云密布，但特朗普最后一刻叫停对伊朗攻击，避免双方摩擦升级。2019年9月，沙特阿拉伯石油设施遭无人机袭击，虽然也门胡塞武装宣布对该事件负责，但美国指称伊朗才是幕后黑手。2020年1月3日，伊朗军方灵魂人物苏莱曼尼被美军定点清除，美伊关系再度来到“一触即发”的边缘。此次特朗普下令暗杀苏莱曼尼虽然被广泛解读为一种大胆的举动，但从其人过往的行事理念出发可推测这是要以最有效的方式和最低的代价威慑伊朗，保护美国及其盟友在伊拉克及中东的利益。苏莱曼尼死后，伊朗伊斯兰革命卫队虽然声称将对美国的重要目标进行报复，但伊朗官方的反应相对较为克制，总统鲁哈尼谴责了美国的做法将对地区安全造成损害，因为伊朗官方也清楚苏莱曼尼的死对中东政治的影响并不是根本性的，中东政治格局短期不会发生根本改变。在伊朗官方认清自身和美国实力差距的情况下不可能故意触探美国底线对美国关键目标发起攻击，这样很可能引发与美国的全面战争，而战争意味着伊朗政权的终结。伊朗看准了美国想走却受困于其盟友和战略利益而无法真正脱身的困境，可能继续通过代理人战争等形式与美国展开博弈，将美国拖入中东泥潭，对美国政府施压使其改变对伊政策。

巴以历史争端无解。美国特朗普政府在巴以问题上本想通过刺激手段重启中东和平进程，但一系列措施明显不太在乎巴勒斯坦的单方态度，违背巴勒斯坦人利益和国际法准则，使巴以局势再度恶化。特朗普政府酝酿良久推出了解决巴以问题所谓的“世纪协议”，但协议抛弃了“土地换和平原则”和“两国方案”，被国际社会嘲讽为“金钱换和平”，遭到各方拒绝。被特朗普称之为“起草耗时近3年”的这份“世纪协议”，一改美国历届总统的主张，明显偏袒以色列，是一份亲以协议，以牺牲巴勒斯坦人的根本利益为代价，换取实现以色列的利益最大化。该协议中的以色列是主角，而巴勒斯坦人无足轻重，这份规划中巴勒斯坦的未来是国家“无主权”，领土“碎片化”，在以“屋檐下”，该协议是不平等、不公正、不合理的，严重违反国际法、联合国有关决议和国际社会公认的“两国方案”。该协议不仅不能解决巴以争端，反而使问题复杂化。美国一味偏袒以色列、打压巴勒斯坦的做法，导致地区局势更趋复杂难解。另一方面，巴以问题面临的外部环境也不容乐观。美国仍然在中东地区采取单边行动。美国宣布单方面退出《伊核协议》后，俄罗斯、欧盟等此前中东和平的调解方，不得不为挽救伊朗核协议的命运展开频繁磋商。与此同时，围绕叙利亚局势和前景的地区和大国博弈仍在加剧，在这样的背景下，多边巴以和谈短期内更难以启动。

叙利亚问题成为世界各国博弈的最前沿。叙利亚战争于 2011 年 3 月爆发，参战各方不同的政治立场、意识形态以及迥异的利益纠葛，导致战争局面日趋复杂。2017 年以来，叙利亚战场形势快速发展，极端组织“伊斯兰国”（ISIS）基本被剿灭，叙利亚反对派武装节节败退。2019 年美国从叙利亚北部撤军，加剧中东动荡无序局面。叙利亚冲突各方之间关系错综复杂，矛盾重重。围绕叙利亚问题各方势力以叙利亚、俄罗斯、伊朗为一方，以西方、土耳其和沙特阿拉伯等海湾国家为另一方，两大阵营持续在叙利亚问题上展开激烈博弈，同时形成六对主要矛盾：叙政府与反对派的矛盾、西方与俄罗斯的矛盾、沙特阿拉伯与伊朗的矛盾、以色列与伊朗的矛盾、美国与土耳其的矛盾、各方与“伊斯兰国”的矛盾。西方与俄罗斯、叙利亚和伊朗围绕谁主导叙利亚问题政治解决进程激烈斗争；土耳其与美国围绕叙库尔德人爆发冲突；以色列则日益关注伊朗在叙利亚扩大势力范围并多次采取军事行动，为此导致与俄罗斯关系紧张。土耳其于 2019 年 10 月发动“和平之泉”军事行动，跨境打击叙利亚北部的库尔德武装，引发国际社会极大担忧。在美俄地区博弈加剧的背景下，土耳其、伊朗、以色列等地区大国竞相争夺地区事务主导权。美国副总统彭斯与土耳其总统埃尔多安会晤，双方达成在叙短暂停火约定；但在美土约定即将到期时，埃尔多安选择出访俄罗斯并同普京会晤，俄土就叙利亚问题达成谅解备忘录。美土俄三方就叙利亚问题不断博弈与角力，土叙争端与民族、宗教、反恐等问题交织在一起，构成新的“复合型安全问题”，地区和平稳定遥遥无期。叙利亚战争是冷战结束以来各种外部势力牵涉面最广，卷入程度最深的一场局部战争，犹如一场地缘政治游戏，各方对叙利亚山河破碎、生灵涂炭毫不关心。各方的激烈地缘政治争夺不仅使叙利亚问题变得日益复杂尖锐，也加大了叙利亚问题的解决难度，致使战火绵延难息。

新冠肺炎疫情成为大国博弈新变量

2020 年，一场突如其来的新冠肺炎疫情，为大国博弈增添了新变量，使其呈现出一些新特点、新趋势，对国际体系转型、国际秩序重构产生重要影响。疫情导致欧盟治理能力赤字，欧盟主要成员国的政治不稳定性有所加剧，跨大西洋关系裂痕进一步拉大；中东地区的武装冲突并未停歇，美俄战略博弈进入新阶段。

加剧欧盟主要成员国政治不稳定性

新冠肺炎疫情再次暴露出欧盟治理能力赤字问题，欧盟主要成员国的政治不稳定性有所加剧，跨大西洋关系裂痕进一步拉大。近代以来，欧洲始终是关系世界和平与发展的关键地区，也是此次疫情的一个集中暴发点。疫情在欧洲多国集中暴发后，欧盟一度反应迟缓，救助行动严重不力。其间，疫情严重的意大利曾请求欧盟启动民防机制，以便获得必要的医疗设备，但未得到积极响应，反而是中国和俄罗斯两个域外国及时伸出援手，派遣专家并提供医疗援助。不仅如此，欧盟各成员国不择手段地争夺抗疫物资，使得该组织内部长期存在的分离主义、民族主义、民粹主义势头进一步增强，多国极右党派和民族主义者借此大做文章。法国极右翼政党领导人玛丽娜·勒庞就公开要求法国政府关闭本国与意大利的边境。民粹主义升温加剧了欧盟内部已有的政治极化和社会分裂，使其政治和社会形势更加不稳定。欧盟的经济形势同样不容乐观。各成员国为防控疫情所采取的“封城”“闭关”“停工”等措施，已导致相关国家大量中、小型企业濒临破产，申请失业补助的人数激增，各国财政均面临巨大压力。尽管欧盟及各成员国近期已陆续推出多项经济救助措施，其中德国和西班牙的救助计划甚至被视为力度“前所未有”，但欧盟所拥有的调控资源并不充足，各成员国的分歧依旧很严重。比如，法国、西班牙和意大利等国提议发行“新冠债券”，以便从金融市场筹措资金，然而德国、奥地利和荷兰等国对此坚决反对，担心会为财政收支不稳定的国家“埋单”。

加大跨大西洋关系裂痕

新冠肺炎疫情暴发后，美国总统特朗普于 2020 年 3 月 13 日宣布国家进入紧急状态，并禁止欧洲人前往美国。但美国政府在宣布该项措施前并未与其欧洲盟国沟通。这被认为是自 20 世纪 70 年代初时任美国总统尼克松单方面宣布美元与黄金脱钩以来美国最严重的单边主义行为。作为 2020 年七国集团轮值主席国，美国把自己的欧洲盟国完全抛之脑后，令欧洲的政治家、战略家们深感震惊。不仅如此，美国还通过出高价乃至直接扣留等方式，不断“截胡”其欧洲盟友的防疫物资。比如，德国、法国在中国订购的一批口罩，就被美国在海外拦下并转运回国。不仅如此，美国政府还动用《国防生产法》，禁止本国生产的医疗物资出口，并要求该国 N95 口罩主要生产商 3M 公司将其在海外生产的口罩运回美国。对于美国这种“民族自私主义”行为，欧盟多国提出严厉批评。法国学者彼得·斯拉莫尔在《世界报》撰文指出，新冠肺炎疫情为本就矛盾重重的跨大西洋关系开辟了“新战场”。可以断定，无论疫情结束后美国政府采取何种回调措施，其欧洲盟友对它的信任感短期内都不会有明显提升。

疫情下美俄在中东地区战略博弈进入新阶段

近代以来尤其是二战后始终是国际政治热点地区的中东，同样受到新冠肺炎疫情的影响。这也为本地区大国乃至域外大国采取对外行动留下空间。2019年年底开始的土耳其对叙利亚的军事行动虽因多种因素特别是目前该国新冠肺炎疫情日趋严重而稍有停歇，但俄罗斯和美国两个域外大国的博弈却从未中止。2020年4月7日，一批俄罗斯军队抵达位于叙利亚和土耳其交界地区的卡米什利空军基地，以加强该基地的军事力量。该基地原由美军及其所支持的库尔德武装控制，2019年土耳其发起针对叙利亚的“和平之泉”后，美军立即撤离该基地，失去靠山的库尔德武装被土军击溃。叙利亚政府军则乘机收复该基地并交由俄军运营。目前，俄军已对土耳其形成三面包围态势，但其最终目的并非与土耳其开战，而是对其进行威慑，以确保自己在叙利亚的利益，并在与美国新一轮竞争中占据有利位置。

二战结束以来，美国在中东地区的大国竞争中从未缺席，它在近年来所实施的全球战略收缩并未从根本上改变这一点。2020年初，美国在伊拉克境内空袭炸死伊朗高级将领卡西姆·苏莱曼尼，此举引发伊朗方面的强烈反应，美伊对峙进一步升级。新冠肺炎疫情暴发以来，尽管国内形势严峻，但美国依旧筹划在中东地区动武。据《纽约时报》披露，五角大楼计划扩大在伊拉克的军事行动，以消灭该国境内的亲伊朗武装。未来美俄在中东地区的博弈态势，主要取决于各自受疫情影响的程度，其中俄罗斯受疫情影响程度更值得关注。

亚太地区的大国博弈依旧复杂激烈。亚太地区是全球受新冠肺炎疫情影响较大的地区之一，但这种状况并未妨碍某些大国在该地区采取新的竞争行为。

新冠肺炎疫情使东北亚地区的大国关系格局出现了一些新变化，呈现了某些新特点。长期磕磕绊绊的中日关系，无论是官方层面还是民间层面都有显著升温。“青山一道同云雨，明月何曾是两乡”“山川异域，风月同天”，在一定程度上融化了长期存在两国民众心中的隔阂，各自主要领导人也都展示了积极姿态。

第十一章　威慑的和平与和平的威慑

威慑的和平

第二次世界大战后，局部战争连绵不绝，却没有一次给人类招来大战的厄运，美、苏两国曾经好几次准备打出“核王牌”，却没有一次将其决心付诸行动，人类多次被推到了大战的边缘，但都没有坠入战争的深渊。进入 20 世纪 80 年代人们更清楚地感觉到，大战的危险的确是减弱了，小战的势头也在回缩。缓和之风劲吹。然而，战争与和平是一种深刻复杂的社会现象，受到政治、经济、技术、军事等诸多方面的影响。究竟怎样认识战后和平的形态及其本质？战后的和平局面意味着战争将走向消亡，和平将成为人类生活永恒的主旋律？抑或眼前的和平只不过是大战前的“平静”，新的世界大战仍在孕育之中？对和平的认识，直接影响到世界各国领导集团的战略决策。因此，战后对和平的研究，甚至形成了一个专门的学科。

和平研究，也称和平与冲突研究，是国际政治研究领域中以和平为研究对象，以探寻一条避免战争、实现和平途径为目标。和平研究源于两次世界大战之间，美国芝加哥大学的昆西·赖特教授和英国的刘易斯·理查森是探索这一理论的先驱。第二次世界大战后，和平研究在欧美国家得到蓬勃发展。和平价值观、各种形式的冲突、暴力和战争以及和平与发展等问题都成为和平研究的内容。

早期的和平研究者认为，和平是战争的对立面，“和平就是没有战争”。这是他们对和平的基本定义。我国的《辞海》也认为，和平就是“与战争相对”。20 世纪 50 年代以来，美国的“科学”学派十分赞赏这种观点，并且认为，核时代的和平定义就是没有大规模战争，即不发生核战争。这种理论是以承认“核威慑”“核军备竞赛”为前提的。20 世纪 60 年代，斯堪的纳维亚学派提出一种新颖的和平定义。该学派认为，战争作为一种暴力行为具有两方面含义：一是直接暴力，二是结构暴力。直接暴力是对立双方互施暴力行为的直接表现。结构暴力则含有更深刻的意义，指某一权力机构的掌握者对另一权力机构实行剥夺权力的行为，即产生结构暴力。在当今时代，由于超级强国拥有强大的实力，在不同程度上控制着很多第三世界国家的军事、政治、经济情况，在某些华丽动人的外交辞藻下，结构暴力虽然不如直接暴力那样“刺刀见红”，却蕴含着不平等和深刻的社会危机。因此该学派认为，和平不仅仅是没有直接暴力，而且还应当消除结构暴力。和平就是实现社会正义。

上述关于和平的理解，提出了和平概念的广义性和狭义性。但是，都没有从本质上揭示现代和平的基本特征。特别是西方的一些学者，他们关于和平的研究深受所谓的“非暴力主义”偏见的影响，对现代和平的理解只能是笼统的和片面的。

实际上，和平是一个历史范畴，在不同的时代，和平的含义是不同的。从广义上说，和平就是消除一切战争、暴力、武力威胁和强权统治行为。广义的和平实际上是一种绝对的和平，为了求得真正完美的和平，它不仅要求消灭战争，而且要求消灭直接导致战争的一切武力威慑、武力行为和任何强权意志。这种绝对的和平同克劳塞维茨的“绝对的战争”一样，在迄今为止的人类历史上是根本不存在的，在阶级社会消亡之前也是根本不可能的。

在人类历史上，和平在不同的时代，其表现形态不同。既没有“绝对和平”，也不存在一种一成不变的和平模式。和平都是相对的、具体的、狭义的，都是由当时代的政治所决定，并形成特定的形态和政治本质。自进入阶级社会以来，和平的典型形态，大致有以下几种模式：

“强权式和平”

所谓强权式和平，就是以国家的权力来影响和控制他国，维持一种适应本国利益的国际“和平”秩序。按照一些西方国际政治学家的观点，“权力是一切文明生活最终赖以存在的基础”，是“人对其他人的思想和行动的控制权”，是“一个国家控制其他国家行为的总能力”。有的西方学者认为，运用权力对他人施加影响就是权力最有效的运用，这种权力运用不是指对武力的实际运用，而是指通过使他人感到这种权力的存在而投下的政治阴影。16 世纪意大利政治家马基雅维利在其所著的《君主论》一书中，最先对国家的强权政治做了系统的论述。这种强权主义推广运用到国家关系之中，就形成了霸权主义政治。

由上可知，所谓的强权式和平，实际是一种极权主义的和平，这种和平是通过一个国家追求并建立世界霸主地位而实现的，在这种和平下，虽然战争在一段时间内得以避免，但它是以弱小国家膺服于某个“世界帝国”的意志为前提的，“世界帝国”可以充分地运用权力，按照本国意志，支配他国的行为，对于大多数国家来说，强权式和平意味着对“世界帝国”俯首听命，无自由可言。和平与自由的尖锐对立、多数国家的国家利益被剥夺和受限制，这是强权式和平的基本特征。在历史上，著名的“罗马和平”可以说是“强权式和平”的一个典型例子。罗马和平从公元前 27 年的奥古斯都皇帝到公元 180 年的马可·奥勒留，持续二百余年。在这个时期，罗马建立了一个以地中海为中心，横跨欧洲、西亚、北非的世界帝国，罗马帝国各“行省”听命于中央政权的统治，帝国则按照自己的意志充分地行使权力，维持了地中海世界的相对“和平”状态。

“均势和平”

均势一词虽然出现于近代。但是，正如英国的哲人大卫·休谟所指出的，势力均衡论自古代至近代，一直在实行着。强权式和平是通过建立世界而实现的，均势和平恰好相反，它是通过分散权力，阻止一国建立世界帝国来维持和平。国外甚至有学者认为，最稳定的世界格局一般是由 5 个以上、奇数的相互独立，力量大致均衡的强国组成。均势的作用在于：(1) 防止建立世界性霸权；(2) 维护体系本身及其组成部分；(3) 保证国际体系的稳定与相互安全；(4) 用防止战争爆发的方法，来巩固和维护和平。也就是让侵略者面临这样的可能性，即实行扩张政策必然导致对抗联盟的形成而使自己成为众矢之的。历史上，英国曾多次扮演了维护均势和平的角色。英国的艾尔·克劳爵士在 1907 年发表的一份备忘录中对此有过精彩的论述，英国时而把砝码放在天平的这一端，时而放在那一端，但在任何时候都是支持与最强国或国家集团的政治专政抗衡的那一方，以维持平衡（詹姆斯·多尔蒂等著：《争论中的国际关系理论》第 36 页。丘吉尔也在 1936 年重申这是英国对外政策的基本准则。1648 年威斯特伐利亚和约以后，在欧洲，一些西方国家首脑们已较普遍地承认了“均势的价值”。在 1713 年西班牙王位继承战争结束后签订的《乌得勒支和约》和 1814 年拿破仑战争后签订的《第一次巴黎和约》，都明文规定缔约国所抱定的是要建立“一个欧洲真正的、永久的势力均衡的体系”“维持均势确保和平”。在 19 世纪，奥地利的梅特涅、普鲁士的俾斯麦和英国的格雷是极力推行均势政策的三个著名代表人物。当代美国统治集团的智囊人物基辛格也对均势政策推崇备至，颂扬梅特涅、卡瑟尔累精心组合的均势结构，给予“欧洲一代人一个没有大战、没有不断革命的情况下实现其愿望的稳定时期”。

诚然，在世界近代史上均势确实在一定程度上维持了和平。但是，同强权式和平一样，均势的和平也是极其有限和相对的，维持均势和平的都是拥有强大实力的大国，均势政策总是为大国强权政治服务，被大国用来削弱对方，增强自己，造成有利于己的国际力量对比，最终实现本国的霸权目标。因此，所谓的均势和平不过是一种“权宜之计”，大国为了维护自己的利益，有时不惜诉诸武力，大战避免了，小战并未消失。大国为了维持所谓的均势和平，往往把小国弱国作为几个大国搞平衡的筹码，任意宰割、瓜分小国弱国的领土。例如，维也纳会议上，波兰和萨克森成了大国补偿原则的牺牲品；君士坦丁堡成了恢复“三皇同盟”的诱饵；摩洛哥和波斯成了英法协商和英俄协商的献祭品等。同时，这种和平也是十分脆弱的和平，维也纳会议形成的“英国支配下的均势和平”后，到威廉二世在德国上台时便瓦解了。俾斯麦的均势政策被否定，德国开始追求所谓的“世界政策”，并最终导致第一次世界大战。正如美国学者古利克指出的：“均势战略有时导致暂时和平，但我们可以肯定地说，一个由独立的，武装的，往往互相敌视的国家所组成的体系仅仅凭借均衡的方法是根本不可能长期保持和平的。”① 这种和平充其量不过是几个大国间的暂时和平，而且它是以牺牲弱小国家为代价的，是大国间进行肮脏交易的结果。

“休战式和平”

所谓休战式和平就是指敌对国家或集团在两次大的战争之间的短暂“和平”。敌对国家或集团为争夺霸权必然导致大规模战争，在有些

① 摘自《世界历史》1982 年第 3 期第 54 页。

情况下，经过一次大的战争并不能从根本上解决谁胜谁负问题，由于敌对双方经不起战争消耗，都需要一个重整旗鼓的喘息时机，这就迫使双方暂时休战，以便恢复元气，在下一次战争中再决雄雌，历史上休战式和平并不罕见。公元前 264 年至公元前 146 年的 118 年间里，古罗马与迦太基为争夺地中海的统治权进行了三次“布匿战争”，其间经历了两次“休战”，每次休战后又导致一场更大规模的战争，直至迦太基灭亡，这就是典型的休战式和平。所以历史上把这种和平又称为“迦太基式的和平”。在 20 世纪两次世界大战之间的 20 年和平也是典型的“迦太基式和平”。第一次世界大战结束不久，列宁就尖锐地指出：“靠《凡尔赛和约》来维系的国际秩序是建立在火山上的。”西方的政治家也曾断言：这不是和平，而是 20 年休战。此话不幸而言中，《凡尔赛和约》作为帝国主义的分赃条约，不仅没有消弭大战，相反为第二次世界大战埋下了祸种。

可见，“休战式和平”不过是前一次大战的继续和新的大战的前奏，是连续两次大战的过渡时期。在这种“和平”的过渡时期，敌对双方都磨刀霍霍，加速战争准备步伐，直至新的战争爆发。休战式和平只能意味着一场新的战争即将来临。

历史告诉人们，绝对的和平是根本不存在的，人类所经历的都是具体的、相对的和平，是仅仅相对于大规模战争而言的和平。在“和平时期”，虽然没有大规模战争，但是小规模战争、强权统治、武力威胁、大战危机都时刻存在着，给“和平”蒙上了一层“不和平”的阴云。

相对的和平表现为各种不同的和平形态，不同的和平形态又是由不同的政治决定的。和平所蕴含的政治内容，就是和平的本质。例如，强权式和平，就反映了世界帝国统治其他国家的权力政治；均势的和平，反映了几个大国通过牺牲弱小国家利益，进行权力分配、利益分赃、力量平衡的均势政策；休战式和平则反映了大国决心继续推行武力征服的战争政策。

和平是一种不流血的政治，战争是和平的继续，是两个和平之间的一种特殊现象，是不流血的政治转变为流血的政治的结果。在和平难以维持的情况下，战争就爆发了。在战争与和平的研究中，和平应当是我们研究的主体。研究和平的政治本质，重点是探讨防止战争爆发的机制。这种机制是和平得以继续的根本原因。

当代和平——威慑的和平

战后的和平受特定的政治影响，同历史上的和平形态既有联系又有区别，是一种新的和平形态，即“威慑的和平”。

所谓“威慑的和平”就是指从战后以来，在核恐怖威胁下，新的世界大战被遏制，中、小规模的局部战争和局部冲突连绵不断，大国竞争、相互威慑和军备竞赛激烈进行，世界各国从长远考虑积蓄力量，准备迎接新的挑战这样一种国际政治现象。“威慑的和平”同以往的和平形态毕竟存在着明显的区别，它的本质既不在于“强权”，也不在于“均势”，而在于“威慑”。其历史演进分为三个阶段。

第一阶段是两极对抗时期。两极对抗时期的威慑和平从大战结束起到20世纪80年代末，持续了约50年，期间经历了对抗—缓和—竞争三个不同时期。所谓冷战，就是不用枪炮的战争，它包括思想战、经济战和政治战。冷战时期的威慑和平是美苏全球争夺下的和平。美、苏两个超级大国战后在全球范围的争夺贯穿其中。不过，两极的激烈斗争并没有像过去那样主要以战争的形态出现，而主要是以大规模武力为后盾的“和平”竞争的形态出现的。这就使人们既感到了战争威胁的存在，又享受了长达数十年的和平。这种新的和平形态，在一定意义上，是美苏推行以威慑为重要战略手段的全球战略的产物。

第二阶段是美国单边独大时期。美国真正单边独大时期，从苏联解体开始算起，在小布什执政时期达至顶峰，随后在奥巴马执政初期开始走衰，持续时间约 20 年。这一时期“威慑的和平”具有比较强的“强权”的因素，尤其是冷战结束初期，美国享有绝无仅有的超级大国地位并在全球范围内推行霸权统治与强权政治。

第三阶段是“一超多强”时期。从奥巴马执政开始，世界正式步入了“一超多强”时期，与单边独大时期不同，美国实力出现了相对衰落，其他大国实力则出现了相对崛起。这一时期一方面全球化步伐加快、互联网以及新兴技术开始普及，人类社会生产力得到了前所未有的提升，与之相伴的则是能源危机、债务危机、恐怖主义、环境问题等全球性问题的凸显；另一方面，反全球化的区域或地方主义开始盛行，贸易保护主义、排斥移民、英国脱欧等不一而足。基于此，这一时期的“威慑的和平”则更多体现了“均势”因素。几十年来，之所以迟迟没有爆发新的大战，一个很重要的原因就是美、俄、中等大国在实力上差距不大，谁也无法独占绝对优势。但是，“威慑的和平”同以往的和平形态毕竟存在着明显的区别，它的本质既不在于“强权”，也不在于“均势”，而在于“威慑”。

威慑的和平建立于美苏全球争霸背景。透视历史的进程，不难看出，美、苏两个超级大国战后在全球范围的争夺是冷战期间贯穿整个世界政治中的主线。然而，美苏两极的激烈斗争并没有像过去那样主要以战争的形态出现，而是以大规模武力为后盾的“和平”竞争的形态出现的。这就使人们既感到了战争威胁的存在，又享受了长达数十年的“冷和平”，并一直延续至今。这种新的和平形态，在一定意义上，是美苏推行以威慑为重要战略手段的全球战略的产物。

威慑的和平是核威胁下的和平。大国间的核均衡使和平处于恐怖的包围之中，时至今日，平均每个人头上顶着相当于 2.5 吨的 TNT 炸药。用肯尼迪当年的话说："今天这个星球上每个居民都必须考虑，有一天它可能不再是可以居住的。每个男子、妇女和儿童都生活在用最细的线悬挂的核剑下，而这根线随时可能由于偶然事件、估计错误或疯狂行为而被弄断。"如果说战后和平也有某种均势因素在起作用，那么，这种最大的均势因素就是"核恐怖"的均势。这些都说明，今天的和平，是一种实实在在的"核和平"。

威慑的和平是局部战争威胁下的和平。有控制的实战是超级大国相互遏制、相互威慑的手段。70 多年来，大战虽未爆发，小战却几乎没有停止过，而小战的死亡人数已接近第二次世界大战。威慑的小战既起到了遏制大战、维系和平的作用，同时又使当代和平具有相对性。

威慑的和平侧重于用威慑手段去解决利益冲突。在和平时期，各国间的利益冲突并未消失，在某些方面，冲突更加尖锐复杂了。不同的是，以往这些矛盾冲突往往导致战争；在现时代，则强调使用种种威慑手段来解决，以威慑取胜，力求不战或小战而胜。

总而言之，威慑的和平的一个特殊内容是威慑。维持这种和平的一个重要机制，是大国间以军事实力为后盾形成的实力基本均衡，迫使准备战争者因畏于自身毁灭的后果而不敢诉诸战争。在威慑的和平下，大战的可能性不是从历史舞台上消失了，而是被强有力地遏制了。一旦威慑力量平衡被打破，战争仍然可以由可能性转化为现实性。但是，威慑的和平也并非短暂的"休战式和平"，它并不是大战的前奏。因为在相互威慑的格局下，在经济、技术迅速发展的今天，非军事手段的抗争比军事手段的对抗更为合算，轻易地以身试战几乎等于自杀政策。从这个意义上说，威慑的和平又具有相对的稳定性，较长的相对和平时期不仅是现实的而且是可能的。

“和平”的威慑

当代和平的一个重要特点是威慑的和平，这一时代特征决定了当代威慑战略的特点及其运用方式。我们可以用实战威慑和非实战威慑两大类来加以概括。所谓实战威慑，就是通过有控制的战争，或战争的逐步升级，给对方以一定的惩罚，以挫败其继续对抗的决心和意图，达到遏制全面对抗、全面战争的目的。所谓非实战威慑，就是在不直接动用武力的前提下，通过政治、外交、经济、军事诸力量的非实战运用，给对方以警告或有限的惩罚，以慑止其继续对抗的决心和意图，达到遏制各种军事冲突的目的。

在当代大战一时打不起来的条件下，非实战威慑不能不是一种基本的和主要的威慑方式。它比实战威慑具有更大的优越性，这是由于以下原因。

首先，非实战威慑更符合威慑战略的性质和目的。威慑战略从本质上说，是一种非实战战略。尽管威慑战略并不排斥在一定条件下使用武力，但是，其基本的出发点还是避免诉诸武力，尤其是避免大规模使用武力，威慑战略的基本目的和最高境界是不战而屈人之兵，次之才是小战而屈人之兵。因此，非实战威慑更切合于威慑战略的要求，以实现不战而胜的战略目的。

其次，非实战威慑具有高层次的特点。现代战略日益向整体化、高层次发展，高层次的威慑战略显示出更大的威力。实战威慑通常属于军事威慑战略的范畴，其作用就不能不受到限制。非实战威慑则属于和平时期大战略的范畴，其运用方式具有更大的灵活性多样性。不仅可以通过军事力量的非实战使用威慑对手，还可以通过政治外交力量、经济力量、技术力量的运用，广泛而灵活地传递威慑信息。

非实战威慑风险小，代价低。非实战威慑既不会导致人员的较大伤亡和物资的严重损失，也不必过于担心来自舆论方面的强烈谴责和非难。

非实战威慑的一个突出特点是其潜在性和间接性。它以“和平”的面目出现，因此又可称作“和平威慑”，它远不像实战威慑那样赤裸裸地不加掩饰。正因为这样的缘故，多年来，非实战威慑（即“和平威慑”）一直未能引起人们的足够重视，在许多情况下，人们甚至不把它看作是威慑战略最有效的运用。

“和平”的威慑方式

如果我们回顾战后的历史，便会惊讶地发现，“和平威慑”的价值实际上已远远超过实战威慑。其表现方式，大致有以下几种。

现代“合纵连横”。“合纵连横”，是我国战国时期一种杰出的军事联盟战略。“纵者，合众弱以攻一强也；而横者，事一强以攻众弱也。”第二次世界大战后，我国古代的“合纵连横”被现代威慑战略所吸取和采用，成为非实战威慑的一种重要方式。

美国的“合纵”，就是所谓的“联盟战略”。早在1949年，美国就建立了战后最大的军事联盟组织——北大西洋公约组织，在此后的30多年里，美国又与它在世界各地的伙伴先后缔结了《美澳新安全条约》（新西兰于1987年退出该条约）、《美菲共同防御条约》《东南亚集体防务条约》《美日共同合作和安全条约》《美韩共同防御条约》《里约热内卢条约》等。到目前为止，美国同世界上43个国家建立并保持着军事结盟关系。里根总统在其《国家安全战略》报告中强调，“美国追求其目标时，有赖于同志同道合的国际伙伴进行合作。这种关系加强了我们的力量”，“组成强大的联盟体系是遏制苏联的唯一有效的方法”。温伯格在1987年国防报告中也直言不讳地宣称，“防务联盟和合作是慑止潜在对手的最好方式，也是分担保卫自由的最好方式。这种联盟战略用于维持地区性安全，它向潜在的侵略者表示，侵略者势将面对团结一致的坚决抵抗”。

战后美国所拼凑起来的军事联盟，在东半球，从西欧经中东、南亚、东南亚再到东北亚，构成一条对苏弧形包围圈，将苏联的势力大致限定在雅尔塔体制所划分的“地缘政治”范围内。在西半球，则大体维持了“门罗主义”原则的构想，基本保证了美国后院的安全与稳定。

美国的联盟战略的威慑意义在于，明确无误地警告苏联，不得越过雅尔塔体制划定的地缘政治范围，一旦苏联越过雷池一步，美国及其盟国将按照他们所签订的军事盟约，进行共同防御，联合反击，使苏联蒙受难以承受的损失。美国的联盟战略实际带有某种“合纵”的性质，即联合各盟国，抗衡苏联的扩张战略。

战后，苏联的联盟战略通常以“集体安全保障战略”的名义出现。所谓“集体安全保障战略”，即通过军事政治渗透，向欧、亚、非洲广大地区进行扩张，在其得手之处组成条约网。1955 年 5 月，针对美国组织的北约集团，苏联与其东欧卫星国缔结了《华沙条约》，使苏联与东欧在政治、军事上形成一个有机整体。20 世纪 70 年代以来，苏联在华约内部推行军事一体化，要求华约部队做到统一计划、统一装备、统一行动、统一指挥。苏联公开宣称，“现时代是联盟战争时代”，华约不仅“需要一个协同一致的战略”，而且应“由苏军统帅部指挥”。在东欧建立条约国后，苏联又于 1969 年提出“亚洲集体安全保障体系”的设想。从 20 世纪 70 年代起，苏联先后同埃及、印度、伊拉克、索马里、安哥拉、莫桑比克、越南、埃塞俄比亚、阿富汗、南也门、叙利亚、刚果、利比亚等 10 多个亚非国家签订了包含有军事内容的《友好合作条约》。这样就形成了苏联“集体安全保障”体系的四大集团：华约集团、中东集团、印度和远东集团、黑非洲集团，还要加上一个打入美国后院的楔子——古巴。

苏联“集体安全保障战略”具有“连横”战略的性质，即从南亚、中东、非洲、中美洲等地，冲破美国的包围封锁，打击美国的“合纵”企图，把势力扩张到雅尔塔体制之外，最终实现其全球战略利益。如果说，美国是以“合纵”、包围来遏制、威慑苏联的扩张，那么苏联实际是以“连横”、楔子来进行反遏制、反威慑，苏联通过条约的力量，把友好国家推向楔子的第一线，或者利用“代理人”战争对美进行威胁和要挟。

海外军事存在。海外驻军是历史上维持庞大帝国统治的一种传统方式。从古代的波斯帝国、马其顿帝国、罗马帝国、到近代的大英“日不落帝国”，无一不在其海外行省、领地、附庸国驻扎重兵，不同的是，在历史上这些帝国所处的世界环境大都是一极体制，因此其海外驻军的目的主要在于维持帝国对占领区的统治，威慑企图反抗的被统治区人民。当今，美、苏海外军事存在的作用主要在于相互威慑，遏制对方的地区扩张政策，它们的威慑对象主要是集团外部，其次才是集团内部。

美国第一个战略理论家马汉最先提出了美国在海外保持军事存在的重要性，他认为，海军平时可以通过购买或缔约的方式，在一国占领优越的位置，从而取得具有决定意义的胜利。而这些战略位置往往是在战时不容易获得的。马汉的“平时部署战略”对美国的战略决策产生了深远影响。美国现政府公开宣称，美国的国家安全战略是建立在前沿防御和联盟团结的基础之上的。与这一战略相适应，和平时期我们在海上和北约与亚洲盟国的领土上部署了庞大的前沿部队，美国武装部队的整个规模与能力在很大程度上受到需要保持上述军事力量的影响，因为这种军事力量是遏制侵略所不可或缺的。美国国防部长温伯格说："前沿部署一直是我们威慑战略的重要组成部分，这已有30多年的历史。""前沿防御战略加强了对付侵略的威慑力量。"

海外军事存在是超级大国相互威慑、显示力量和决心的手段，也是联盟战略的产物。它的威慑意义在于，表明自己的利益范围和保护的对象；拓展威慑的战略边疆；提高战斗准备程度和快速反应能力；保持与对方海外威慑力量的平衡，抵消对方对自己盟国和战略利益所构成的威胁，监视对方并使之不敢轻举妄动。

武力炫耀。武力炫耀也是一种古老的威慑方式。马汉在其"海上实力论"中就提出过"显示力量战略"，并强调了其作为遏制力量和威慑力量的价值，即军事力量的和平利用和政治利用的价值。苏联前海军司令戈尔什科夫元帅也在其《国家的海上威力》一书中写道："我国海军平时对友好国家和敌对国家的人民，能显示体现国家技术能力和经济能力的军舰的军事技术力量和完善程度。此外，还显示出准备将这种力量用于保卫本国的国家利益和保障社会主义国家安全。"武力炫耀在当代已成为威慑战略的不可缺少的部分。作为非实战威慑的运用，武力威慑可以采用各种不同的具体形式。

一是军事检阅。大规模阅兵本是一种军事礼仪或庆祝方式。但是在现代条件下，实行威慑战略的国家可以通过阅兵，向其他国家炫耀武力，展示新型武器装备，传递威慑信息。二是"友好访问"。军事访问是加强相互军事关系的一种外交方式。但也往往是披着"友好"外衣的"炮舰外交"。美苏经常派遣强大的海军舰队"访问"友好国家或中立国，以实现双重威慑意义。一方面向自己的盟国显示力量和决心，以加强对弱小国家的控制，另一方面向敌对国家表明本国与盟国之间牢不可破的军事联盟关系，以慑止对方的侵略企图。三是强制性外交。这是推行赤裸裸的炮舰政策，其目的是以炮舰压服第三世界国家，同时遏制敌对大国染指有关国家和地区。1987年美、英等国组织的海湾护航行动，是典型的现代炮舰外交。四是军事演习。战后，美、苏都频繁组织盟国间的大规模军事演习，其主要目的是检验和提高盟国间的协同作战能力和指挥效能。然而，这些军事演习的威慑作用也不可低估。军事演习都具有向对方显示武力和决心的因素。

军事援助。苏联的军援方法有：提供贷款，通过现金结算出售或无偿转让武器、提供军事技术装备；派出军事专家和教官；训练军事人员等。美国的军援则分为军援计划、军事销售贷款计划、国际军事教育和训练计划、剩余国防物资转让、经济支持基金和维持和平活动经费等项目。

军事援助在美苏全球战略中占有特殊地位，它不仅可以巩固和加强与受援国的军事关系，增强其军事实力，并保持和获取驻军和使用军事基地的权利，同时也是向敌对国家进行威慑的重要方式。例如，美国对尼加拉瓜反政府武装的援助和苏联对古巴的援助就是两国相互威慑的表现。美国向阿富汗抵抗力量提供的包括“毒刺”导弹在内的先进武器装备，就是对苏联推行南下战略的反威慑措施。

经济制裁。在国家关系中，经济制裁是一种常用的相互威慑手段。例如，1987 年，由于日本东芝公司和挪威的瓦本公司背着美国向苏联提供了 4 台专供加工潜艇桨叶的精密铣床，使苏潜艇噪音大大降低，给美国国防造成数百亿美元的损失，为此，美国国会以压倒多数通过制裁这两家公司的提案，其中包括两、三年内禁止东芝电器产品进口，仅此一项，就给东芝公司每年造成10 亿美元的灾难性损失，1988 年巴拿马发生政变后，美国对巴实行全面经济制裁，对有反美倾向的巴政府施加压力。经济制裁的目的包括两个方面，一是纯经济方面的，如美国对日本贸易倾销的制裁；二是政治、军事、外交等方面的，如美国制裁日本东芝公司和挪威瓦本公司、制裁巴拿马政府等等。这些制裁措施都是旨在慑止对方不再继续采取那些危及制裁国利益的政治、军事、经济、技术政策。除此之外，非实战（和平）威慑，还包括宣传恫吓、外交报复等方式。

灵活抗压——威慑形式的新变化

“善出奇者，无穷如天地，不竭如江河”。威慑战略，不可能“严谨”地比拼实力，而缺少机动灵活的应对。面对当年强大的敌人，毛主席曾感叹说，任何时候都不要和龙王比宝。因为比不过，所以只能靠灵活的战术去弥补。长征中为了跳出敌人的“围剿”，中共中央、中央军委《告全体红色指战员书》指出，“红军必须经常地转移作战地区，有时向东，有时向西，有时走大路，有时走小路，有时走老路，有时走新路，而唯一的目的是为了在有利条件下求得作战的胜利”。而在战略威慑中，体现这一机动灵活战术的典型如“非对称博弈”“反其道而行”等。

非对称博弈理论。非对称作战，是指用不对等力量、不对称手段、非常规方法所进行的作战。其实质在于“你打你的，我打我的”，趋利避害，以长击短，超越常规，出奇制胜。

非对称作战思想和实践根植于人类军事史。有史料记载的第一次非对称作战是中国远古的黄帝战蚩尤的涿鹿大战；最早对非对称战略战术进行论述的兵书是《孙子兵法》，书中提出了“无邀正正之旗，勿击堂堂之阵”“以正合，以奇胜”等观点，至今仍是非对称作战必须遵循的法则。公元前 261 年西方发生的坎尼之战，迦太基著名将领汉尼拔巧妙运用骑兵攻击罗马军队的重装步兵，以不到 6 千人伤亡的代价歼敌 7 万余人。[①] 军事理论研究表明，西方国家最早带有“非对称思想”的论述是克劳塞维茨的《战争论》，真正的成体系运用是在 1991 年的海湾战争。当时，美军在《联合作战》中首次提出“非对称作

① 王剑．辩证认识非对称作战思想．指挥员微信公众号．2019.07.05.

战”，即：在作战全过程或某一阶段，为谋求有利于己方的作战态势，充分运用己方作战力量和选择优势的谋略、时空、手段及方法等作战基本要素，使之相对于对方的相应要害形成明显的不对称作战。而在东方最早系统、完整的阐述非对称作战并在实践中高超运用，还取得了一个接一个胜利的是毛泽东军事思想①。

在当代信息化背景下发展非对称作战，其主要方式包括以下几种。其一是作战力量非对称，主要强调使用不同类型部队，各军兵种间系统高效组合，集中精兵利器提高作战效能释放强度，取得力量对比悬殊的非对称效果。某种程度上说，作战力量上非对称的形成，是以高技术为基础的。越是技术强的一方，作战力量组合越容易形成铁拳。其二是作战时空非对称，主要强调“快吃慢”，以快速反应抢夺战场先机，压制对手发挥空间与地形优势，挫败传统作战指导。以空间换取时间的努力，通过快速决定性作战影响和控制对手意志，迫敌就范。其三是作战样式非对称，主要强调以不同于以往的打击样式，使用不同以往或敌军不熟悉的作战样式和作战方法，迫使敌军在不适应的情况下交战，始终被动应付而无还手之力②。

在信息化背景下运用非对称作战方式方法仍是出奇制胜的有效策略，但在运用过程中，会受到多种条件的影响和制约，尤其要处理好“全局与局部”的关系③。

一是根据全局力量上的优劣对比，确定采取优势的还是劣势的非对称作战方式方法。当己方实力远远超过对手时，应采取优势的非对称作战方式方法；当己方实力落后于对手时，应采取劣势的非对称作

---

① 林志宏．“非对称战略”就是赢的逻辑和执行路径．非对称战略精研社微信公众号．2019.09.11.

② 贾伟毅．锻造非对称作战智慧．中东研究文选微信公众号．2016.09.26.

③ 孙建军，顾纯涛．运用非对称作战方式须处理好“三个关系”．光明军事微信公众号．2020.02.07.

战方式方法。比如，抗日战争时期，根据日军攻击势头强劲，武器装备优良的实际情况，毛泽东主席制定了“基本的游击战，但不放松有利条件下的运动战”的总方针。这个总方针的制定，就是依据了敌情、我情等客观实际，体现了劣势的非对称作战方式方法的思想内涵。

二是根据战争全局的态势情况，局部上的非对称方式方法要服从和服务于全局上的需要。战争全局上的态势情况，是战争局部运用非对称方式方法的依据。解放战争后期，根据党中央、毛主席制定的“将国民党军就地、分期、分批加以歼灭”的总方针，在确定辽沈战场歼击目标的选择上，就体现了局部服从全局的要求。如果打长春就违背了全局上的考虑，如果打锦州就体现了全局上的需要。因此，东北野战军在完成了打长春作战准备的情况下，最终南下完成了攻锦任务，体现了对全局意图的贯彻和执行。

三是要根据全局上非对称方式方法的需要来协调和处理各个局部上的力量构成和战法运用。全局上非对称方式方法运用得如何，取决于各个局部的贯彻执行情况。也就是说，全局上非对称方式方法的运用，是由各个局部去贯彻和落实的。再有效的非对称方式方法，如果没有各个局部去落到实处，是不会起到应有作用的。这就需要指挥员根据战争全局上非对称作战方式方法的需要，来协调和处理好各个局部上的力量构成和战法运用，以保证全局上非对称方式方法的有效落实。

由非对称作战衍生出来的非对称威慑理论成为和平时期威慑理论的研究重点，其中超限战和混合战争又是研究热点。

超限战是空军少将乔良教授和空军退役大校王湘穗教授在 1999 年合著的《超限战》一书中提出的[①]。所谓“超限”，是指超越所有被称之为或是可以理解为界限的东西。不论它属于物质的、精神的或是技

① 乔良、王湘穗．《超限战与反超限战》．长江文艺出版社．2016.08.

术的；也不论它被叫作“限度”“限定”“限制”“边界”“规则”“定律”“极限”甚至是“禁忌”。对战争而言，它可能是战场和非战场的界线、武器和非武器的界线、军人和非军人的界线、国家与非国家或是超国家的界线，也许还应包括技术、科学、理论、心理、伦理、传统、习惯等界线。总之，是把战争限定在特定范围以内的一切界线。提出超限的概念，本意首先是指思想上的超越，其次才是指行动时，在需要并且可能超越的限度和界线上选择最恰当的手段（包括极端手段），而不是指时时处处都非采用极端手段不可。“超限”就是超越一切界限并且符合胜律要求地去组合战争。

“超国家组合”是指当多国安全面临威胁时，不是简单地选择国家对国家的军事对抗，而是运用“超国家组合”的方式化解危机。作为目前唯一世界级大国的美国，是最善于把超国家组合作为武器加以运用的国家。它从不放过任何参与到与美国利益有关的国际组织里面去的机会，或者说它一向都把任何国际组织的行动看作与美国利益息息相关。不论是欧洲、美洲、亚洲以及其他地区性或全球性国际组织，美国都要力争置身其列以便操纵。1996年《美国国防报告》中对此直言不讳：“为保护和实现美国利益，美国政府必须有能力影响其他国家的政策和行动。这就要求美国保持在国外的参与，尤其是那些使美国最重要的利益处于危险的地区。”如在成立亚太经合组织问题上，创议人澳大利亚总理霍克的最初考虑，只包括亚洲国家和澳大利亚、新西兰等国，但立刻遭到布什总统的强烈反对，遂扩大到美国和加拿大。与此同时，为遏制亚太经济合作的势头，美国极力鼓动部分亚洲国家，单独与北美自由贸易区签订协议，既打进又拉出，可谓是一套双重组合的策略。

“超领域组合”就是战场的组合，每一个领域都可能与军事领域一样，成为未来战争的主导性战场。而“超领域组合”的目的之一，就是要考虑选择哪个领域作为主战场，对实现战争目标更有利？从美伊对抗的实践来看，在“沙漠风暴”42 天军事行动之后，持续了 8 年的军事压力＋经济封锁＋武器核查，是美国在新的战场上用超领域组合打击伊拉克的战法。且不谈经济封锁对伊拉克造成的巨大非军事性损毁，仅巴特勒为首的联合国武器核查特委会，在几年间通过检查和销毁大规模杀伤性武器，对伊拉克军事潜力形成的打击，就已经大大超过了海湾战争空中轰炸的战果总和。这些事件表明，战争已不再是纯粹军事领域内的行动，任何一场战争的走势和结局，都将可能被政治因素、经济因素、外交因素、文化因素、技术因素等非军事因素所决定或改变。面对影响广被全球各个角落的军事和非军事冲突，我们只有从思维模式上突破画地为牢的种种界限，把被战争所全面波及的各个领域，变成手中熟练翻洗的纸牌，用超限战法组合所有战争资源，才有可能操得胜券。

“超手段组合”是指有意识地把不同手段组合起来，创造新的手段去达到目的。比如，在经济一体化时代，某个经济大国如果想打击他国经济，同时也打击其防务，完全可以不采用经济封锁、贸易制裁或军事威慑、武器禁运之类的现成手段，而只需调整本国的金融政策，以货币升值或贬值为主，组合以舆论造势、改变规则等手段，就足以使目标中的国家和地区出现金融动荡、经济危机，削弱其综合国力包括军力。从东南亚金融危机导致该地区军备竞赛热降温的事例中，即可看出这种可能性完全存在，虽说此次危机并非哪一大国有意改变本国币值所致。声气相通、利益相连的现实，使战争的外延日趋扩大，也使任何一个举足轻重的国家，都具备了多种而不仅仅只靠军事手段威胁他国的能力。单一手段在使用中将越来越收效甚微，多种手段并用的优势愈见凸显，这就为超手段组合并把这种组合运用到战争或准战争行动中敞开了大门。

“超台阶组合”中将战争台阶分为四级：“大战—战策级”“战争—战略级”“战役—战艺级”和“战斗—战术级”，超台阶组合就是运用角色互换或角色易位原理，试图寻找战策、战略、战艺、战术任意对接的方法。如用某种非军事行动的战略手段，去配合一次战斗任务的完成；或用某种战术性手段，去实现战策级的目标。因为从战争的走势看，越来越显现出这样一种迹象：并不是哪一级的手段才能解决哪一级的问题。无论是四两拨千斤，还是杀鸡用牛刀，只要操作得好，都是可行的办法。本·拉登仅用两车炸药这一纯战术级手段，就对美国国家利益构成了战略级的威胁；而美国人也只能通过对其进行战术级的报复行动，达到保障自身安全的战略级目标。再如，与以往战争中“人—机”组合是最小的作战单元，其作用一般不会超出战斗规模这一点不同，超限战中“人—机”组合，具备从战术级直至战策级多重跨度的攻击能力。一名黑客加上一只调制解调器，给敌方造成的毁损几乎不亚于一场战争。而由于具有跨台阶作战的广谱性和隐蔽性，这种单兵作战的方式很容易达成战略甚至战策级的效果。

在以国家和超国家为主体的战争与非军事战争中，没有什么领域不能超越；没有什么手段不能用之于战争；也没有什么领域、手段相互间不能组合。战争行动对全球化趋势的适应就表现在一个“超”字上，这一个“超”字便足以以一应万。“超限组合战”，首先是思路，然后才是方法。

自2014年克里米亚危机爆发以来，俄罗斯将“混合战争”作为突破点，加上跨域威慑以及“差异化”反遏制形成了较好的反制策略，收效甚高。

苏联解体后，俄罗斯经过了一段较长时期的摸索和积淀，采取了振兴经济、加强合作、应对地区安全挑战、优先发展核力量等战略规划。然而，随着以美国为首的北约不断东扩，俄传统的地缘政治范围遭受挤压，安全环境遭遇挑战。2014 年普京签署新版《俄联邦军事学说》，将北约列为头号对手，以应对北约军事潜力积聚、行使所谓“全球性职能”、在俄边境附近扩建军事基础设施、在欧洲中部建立导弹防御体系等威胁。该学说保留了俄罗斯核武器的使用条件，同时首次提出把高精度常规武器作为“战略威慑”手段。如果敌方首先对俄罗斯或其盟友使用核武器或大规模杀伤性武器，或运用常规武器侵犯俄罗斯以至“威胁俄罗斯的生存”，俄方可以运用核武器予以回击。同时，俄方可以运用高精度常规武器实施“战略威慑”，包括使用地对地导弹、空中或水下发射的巡航导弹、制导炸弹、炮弹等。2015 年 12 月，俄罗斯正式发布新版《俄罗斯联邦国家安全战略》报告，首次在国家级安全战略中将美国列为威胁俄国家安全利益的“敌对势力”，直言美国及其领导下的北约集团眼下已经成为俄罗斯的政治对手和安全隐患，美国及其盟国实施遏制俄罗斯的政策对俄军事、政治、经济和信息等方面构成压力。对此，俄提出采取反制措施：一是保持战略威慑、防止军事冲突；二是完善国家军事力量发展及调整；三是改良武装力量、作战部队、军事机关运行的方式方法；四是提高俄联邦机动战备水平。

“混合战争”理论最早于 2005 年由美国军事学界提出，西方学者后用以指称俄罗斯在乌克兰危机、叙利亚危机中的军事行动。该理论在俄亦获得认可且被命名为“格拉西莫夫主义”。俄罗斯将“混合战争”理论作为在乌克兰和叙利亚开展军事行动的理论指导，在实战中进行演训，打造了特色鲜明的俄式“混合战争”，并取得了良好成效。俄在乌克兰和叙利亚的军事行动综合运用了军事、政治、经济、外交和信息技术等多种手段，将常规军事行动、现代化的游击战与大规模的舆论宣传战，以及网络战结合起来，打出了强有力的组合拳。其特点总结为：一是大量使用高精尖武器，凭“高技术战”取得压倒性优势；二是主动出击大打电子信息战，抢占军事先机；三是依靠“舆论战”谋求道义优势；四是巧打外交牌寻求战略主动，不断在国际社会与西方国家进行法理战；五是打出经济牌进行威逼利诱。

“跨域威慑”也是近年来俄罗斯应对美反导威胁步步紧逼的有效反制策略之一。近年来美国借反恐为机由坐实在中、俄周边构建反导防御体系，对俄战略核力量安全构成巨大威胁，对此俄罗斯不断通过各种方式发力回应战略紧逼，扬言退出《中导条约》、恢复铁路机动发射导弹研制、接连试射洲际弹道导弹、新研高超声速滑翔弹头及核动力导弹、“无意”泄露核鱼雷型号等，软硬虚实相互结合，保持大国核地位。此外，受乌克兰事件影响，欧美国家对俄罗斯实施长期经济制裁，俄财政状况受国际成品油价格影响连年堪忧，在这种情况下俄罗斯保持核装备高产所采取的策略就是用重启替代新研、用威胁取代实干，在已有原型方案基础上进行再度开发，重启“巴尔古津”铁路机动发射战略导弹，以及扬言开启“信使”小型洲际弹道导弹研制等都是这种军事思想的体现，起到了显著的声势效果，为俄继续维持战略发展提供了周转空间。

“差异化”反遏制最好的例子，就是俄罗斯的战略导弹武器装备发展。在普京领导下，俄罗斯将核力量作为谋求国家复兴的基石，不断发展新型超级核武器。在长期遭受西方国家制裁、经济极端掣肘的不利局面下，仍将发展核力量作为当务之急。普京在2018年国情咨文中提到了六种战略武器，即“萨尔马特”重型液体燃料洲际弹道导弹、“先锋”高超声速滑翔弹头、“匕首”空射高超声速导弹、“海燕”核动力巡航导弹、“波塞冬”核动力无人潜航器等新式装备体现了俄罗斯国家复兴的雄心，表明俄罗斯在核领域追求霸主地位的决心，通过核力量的差异化发展形成对美国的不对称优势，体现老牌大国地位。

无论是已经经受过历史考验的非对称作战方式，还是正在发展中的超限战、混合战争等新的非对称威慑方式，都将是军事斗争中出奇制胜的有效手段，值得深入研究思考。

反其道而行。“反其道而行之”，释义：采取与对方相反的办法行事。出自《史记·淮阴侯列传》：“名虽为霸，实失天下心。故曰其强易弱。今大王诚能反其道，任天下武勇，何所不诛。”这与毛泽东提出的“凡是敌人反对的，我们就要拥护；凡是敌人拥护的，我们就要反对”相一致，所以敌人怕什么，我们就发展什么。

“反其道而行之”的一个优秀案例，就是苏（俄）面对美国航母战斗群的军事威胁，根据自身能力在不同时期采取了不同的应对手段。二战后至20世纪60年代，利用装备导弹或核鱼雷的新型潜艇打击航母；20世纪70至90年代，扩大核潜艇编制，研发“花岗岩”“日炙”等新型反舰导弹，一定程度上形成了与美国航母战斗群的对抗能力；苏联解体至21世纪初，经济衰退，装备退步，基本无法与美航母战斗群进行对抗的情况下，仍然坚持导弹反航母策略；2006年至今，俄罗斯海军得到一定程度复苏，但与美海军实力已存在较大差距，俄罗斯又提出轰炸机反航母、高超声速导弹反航母等不同方式。纵观各发展阶段，苏（俄）反航母作战样式重视饱和攻击而非体系对抗，多波次火炮和鱼雷饱和攻击、反舰导弹齐射、“花岗岩”先进反舰导弹协同攻击、多架次轰炸机协同作战等，总结对抗美航母战斗群特点如下：

一是反航母作战样式灵活多变，抛开以航母对抗航母的对等思维，不同时期根据自身优势选择有利的作战样式；

二是重视饱和攻击而非体系对抗，多波次火炮和鱼雷饱和攻击、反舰导弹齐射、“花岗岩”先进反舰导弹协同攻击、多架次轰炸机协同作战等不同时期的作战样式均体现苏（俄）典型的饱和攻击作战思想，从而弥补了苏（俄）体系对抗中目标指示系统、指控通信系统体系配合相对较差的缺陷。

反其道而行之，往往能够避其锋芒并发挥自身优势，在对抗中起到意想不到的效果，这一思维方式值得深入学习、灵活借鉴。

超越“和平”的威慑

当前，中美贸易战方兴未艾，国际贸易保护主义有所抬头，美国更是公然在其国家安全的纲领性文件中将中国列为头号对手，并声称“重回大国竞争”，霸权主义国家正在不断挑起国际争执。加之，一直以来，局部和小规模的战斗从未间断。不仅如此，国际安全面临的非传统安全挑战日益严峻，迫切需要国际社会携手解决，然而，与之相伴的却是民粹主义与民族主义情绪高昂，国家之间争利忘义之风日起，国际多边主义正面临前所未有的重大挑战。如果任由这种情景继续发展，其严重后果将危害国际社会即有稳定秩序体系，最终令国际社会所有成员重新陷入“零和思维”，并再次落入“安全困境”的恶性循环。

面对实力至上重新成为国际社会的不二法则，霸权主义、强权政治又有所抬头，加之综合国力的竞争日趋激烈，战争离我们并不遥远的事实，我们既不能寄希望于对手的“善心”和“仁慈”，因为在永恒的利益面前他们随时会摘掉伪善面具，露出狰狞，也不能一味地追求武力制胜，因为这脱离了当代“威慑的和平”框架。因此，我们绝不应仅满足于“威慑的和平”，满足于防止基本实力均衡发生改变从而导致战争随时爆发的可能。我们还应该寄希望于通过共筑人类美好和平愿景，形成人类命运共同体，最终实现人类真正和永久的和平，最终实现对“威慑的和平”的超越。

随着全球化步伐的加快，当今时代越来越成为一个一荣俱荣、一损俱损的时代。高精尖武器的发展，大规模杀伤性武器的扩散使得战争的后果已经不再限于单一或几个国家来承担。一场规模大战，无论是常规战争还是核战争几乎很难再说有绝对的赢家。因此，只有合作互利才能真正造福自身，也只有追求共赢才能获得真正的胜利。当国家能够秉持这样的治理军事理念，自然就能够始终坚持履行国际责任和义务，以合作共赢作为行事准则，并力争为国际社会提供公共安全产品。

当然要想做到这一步，国际社会需要寻找解决办法，中国坚持的是共同、综合、合作、可持续的安全观，这样一种“中式”安全观是一种建立在正确义利观基础上的安全观念，它体现的是将他人的安全作为自身安全的重要因素考虑，以维护他者安全作为维护自身安全的重要措施。事实上，合作共赢的“中式”安全观能够为国际社会破解“安全困境”提供精神滋养。这一意识要求我们摒弃旧有安全领域的“零和思维”，所谓“零和思维”是指一国维持自身安全的行为势必会减损他国安全，国与国之间在安全问题上是一种不是你死就是我活的争斗状态。

“中式安全观”则与此不同，它认为新时代的国家安全不是非生即死的零和博弈，一国获取安全的行为努力能够为他国的安全提供某种促进或保障。原因是随着全球化的发展与演进，国与国间的关系更多的是相互依赖的关系。作为国家安全意志最集中体现的部分，“中式”安全观具体表现在中国不仅积极参与全球安全治理体系的变革过程，而且协助国际社会深入推动深化双边和多边安全合作。在此基础上，努力协助促进不同种类和不同来源的安全机制间的协调包容与互补合作。

第十二章　军事威慑力量的发展与控制

殊途同归的“孪生兄弟”

二战后的国际舞台上，出现了过去历史上没有过的一种奇特的怪现象：一方面，军备竞赛的热潮一浪高过一浪，另一方面，圆桌前的军备控制和裁军谈判却不断进行，这两件乍看起来互相矛盾的事情，蕴含着其内在的规律与联系。

如前所述，军事威慑力量的发展，固然受科学技术、经济的影响，但它也必然受到威慑战略本身的有力制约，其发展必须服从于威慑战略的需要。威慑战略的目的是力图不战而胜，为此一要加强己方对敌方的威慑力量，二要减少敌方对己方的反威慑力量。如能限制、缩小敌方的威慑力量，也就增加了己方的安全。己方想限制和缩小敌方的军力，敌方也必然要求限制和缩小对方的军力。所以，发展军力和限制军力，看上去背道而驰，实际上却是殊途同归。

军备竞赛会产生“攀比效应”。对于相互威慑的双方来讲，每一方谋求战略优势的努力，也都是对对方采取反威慑措施的一种刺激因素。和平时期加强军事威慑力量的努力好像磨一把双刃剑，既磨快了己方，同时也加强了对方。反之亦然，要求对方实行限制，同时也就限制了己方。军备控制在19世纪开始时，一些国家对此曾有过不少设想，例如制订一些约章，控制和限制军力的发展和使用。但在崇尚武力和武器本身尚未出现根本性变革的时代里，这些都只是空想，不可能认真地付诸实施。

实际上，美、苏两个超级大国在你追我赶、激烈追逐的军备竞赛的促动下，其核武库早已达到了超饱和状态。超级大国的核竞赛已经构成对整个人类的巨大威胁。在美苏军备竞赛的高峰时期，全世界已有的核弹头，其威力相当于投在广岛的原子弹的一百万倍，等于全世界每个人头上都悬挂着 2.5 吨 TNT 炸药，如果一场核大战爆发，毁灭的不是几个国家，而可能是整个人类，这种双方都保持着可以毁灭对方几次的“超杀”能力，是把美、苏双方引向谈判桌上并认真地进行讨价还价交易的基本动因。

关于“裁军”和“军备控制”两个词，在西方理论中有不同的解释。一般认为，“裁军”的概念内涵小一些，主要指部分或全部废止武器和裁减兵员；“军备控制”概念的内涵大一些，除包含裁军所包括的内容外，还包含所有可以减少战争爆发的可能性、维持战略稳定性、减缓军备竞赛的一系列办法和措施。军备控制成为一种普遍的重要的国际现象，是战后核时代的产物。国际社会逐步认识到，与过去的时代不同，核武器和其他高度现代化打击兵器，将可能给人类带来空前巨大的灾难，包括掌握这些武器的国家自己也在劫难逃。对具有巨大破坏力的打击力量如不加以控制，“无限度”地使威慑武库极度膨胀，不仅势必在经济上付出高昂的代价，而且将抵消威慑力量本身的发展所带来的安全利益。

军备控制的具体内容有以下 14 个方面：限制武器的数量和质量；限制兵员数量和人力动员；限制和削减军事预算；限制军事技术的改进和发展；禁止核试验；武装力量配置的限制；地区性非核化和在一定地区撤出武力；限制外层空间军事化；减缓军备发展的各种措施；防止核武器扩散；国际间热线联系；限制生物战；限制化学战；限制

局部冲突升级的措施；防止发生意外攻击的措施。这些内容从层次上区分，又可分为全球性军备控制问题，即美、俄两个超级大国之间的军备控制，以及地区性军备控制问题。当前世界注意的焦点集中在要求美、俄率先实行裁军上。

概括起来，军备控制的目的无外乎在于谋求军事稳定，减少战争的可能性。军事稳定表现为战略稳定、危机稳定和军备竞赛稳定三种形式。战略稳定，就是双方的战略均势局面不被破坏，得到维持。危机稳定，就是在东西方危机发生时，双方都不必担心对方会利用危机实施先发制人的打击，从而降低战争偶发的可能性。军备竞赛稳定，是指在战略稳定与危机稳定的条件下，军备发展得到抑制。三者之间是互相联系，互相影响的关系。

关于军备控制所遵循的一般原则，从目前军备控制的实践，特别是美苏之间军备控制谈判的情况来看，可概括为下面几项。

一是有限原则。军备控制不是为了取消军备，而是谋求军事稳定。取消了军备则会破坏稳定。因此，军备控制在一定阶段里的目标是有限的。军备控制是一个有明显阶段性的、长期的、渐进的过程。

二是对等原则。军备控制不是单方面的行为，而是一种相互的对等的双边或多边行为。这种行为通常是通过“包裹交易”的形式进行，即一方提出军备控制的建议方案，双方进行谈判，然后签订和履行协议。

三是有利原则。军备控制的各方，总是设法通过种种手段限制他方，而使己方取得某种战略利益。当谈判内容影响了己方的重大战略利益时，协议很难达成，只有双方都有利或得失相当时，才可能谈判成功。

四是实力原则。实力是军备控制的筹码，谁想在军备控制中占据有利地位，谁就力争在开始谈判时加大实力筹码。因而先扩军，后裁军，成了军备控制的不成文的“谈判规则”。

军备控制和军备竞赛一样，都是战后核时代的产物，是为达到威慑战略的目的，即遏制世界大战而出现的。两者殊途同归，同时并存。只要军备竞赛，不要军备控制，等于是一种“自杀”政策。而只要军备控制，不考虑军备竞赛的深刻原因，也是一种不切实际的幻想。因为对世界和平与安全的真正影响，说到底，并不是武器本身，而是掌握武器的国家所实行的政策与战略。

核军控及其发展

核武器自问世以来，有核国家、无核国家均把核军控与裁军当成国际关系中的重要问题。冷战结束后，美、俄进行了多轮单边和双边核裁军，核武器数量从冷战高峰时的五、六万个削减到了今天的万余个。核武器特有的威力一直是有核国家安全政策的支柱，而无核国家始终把销毁核武器视为人类道义的最高诉求。

国际社会对核军控与裁军尚无统一定义。联合国、苏联惯用“裁军”一词，并将军备控制概念包括其中。联合国定义是，“联合国和其他许多地方广泛使用的一般性用语，涵盖军备调整问题的所有方面，包括军备控制或军备限制，以及根据国际协定或单方面措施实际裁减或消除军备或军队”。《苏联军事百科全书》的定义是，“旨在销毁或裁减战争工具，是防止战争的极重要条件之一”。美国和北约多使用“军备控制”一词，并将裁军概念包括其中。美国出版的《不列颠百科全书》的定义是，“国际上对于武器的研制、试验、部署或使用的限制。从广义上说，军备控制含有与裁军的相关概念”。《中国军事百科全书》对军控的定义是，“通常指相关国家或军事集团共同采取行动对各方军队或武器装备进行的限制或裁减。一般通过会议或谈判，签订协定

（协议）或条约的形式保证实施。也有一国单方面控制或裁减军备的情况。亦称军备限制、军备管制或裁军”。

核军控与裁军伴随核武器的问世而出现，是军控与裁军问题的特殊领域，它们在本质上并无不同：都是为维护本国国家利益服务的，反映了国家间的战略交往关系；都表现为国家间外交斗争和军事斗争在和平状态下的延续，即它们都属于外交斗争和军事斗争的有机组成部分及可供选择的手段之一。可以认为，核军控的本质就是政治的延续。假如一个国家拥有足够强大的军事实力，它可能不再需要进行讨价还价的交易。核军控与裁军实际上是战争与和平的妥协，它既无法消除战争威胁，也不足以开创和平的局面，只是在战争与和平之间扩大了缓冲的余地。

核武器被认为使人类第一次具备了足够的军事力量，可以将自身这一物种从地球上消灭掉，是一种没有可靠防御手段的武器。正是出于这种恐惧，核军控与裁军才显得如此重要。

冷战期间，核军控是美苏关系中的重要议题，对两国关系产生深刻影响。美苏先后达成系列条约，通过建立信任措施等手段缓和紧张局势。冷战结束后，美俄爆发核大战的可能性降低，但两国仍在战略武器上互为对手，通过谈判继续各自核武库裁减。

1945 年，美国首先将原子弹用于实战后，已充分认识到核武器对人类和平的重大影响，酝酿对核武器的发展进行控制，并以此作为保持其核武器垄断地位的手段。1946 年，美国驻联合国代表巴鲁克向联合国提交了“巴鲁克建议”。该建议提出成立一个“国际原子能发展总署”，负责对全世界的原子能生产实行统一的管理控制，保证核原料和技术不被用于制造核武器。在所有国家将其核资源置于该机构的控制之下后，美国将销毁其核武器。苏联认为这一建议是美国力图保证其核垄断地位而采用的伎俩而加以拒绝，并提出另一项建议，要求美国应首先做出承诺，在任何国际机构建立之前就销毁其核武器。双方意见的巨大分歧导致第一次核军控尝试的失败，这也是早期争取无核未来的唯一机会。1946 年，联合国成立了“原子能委员会”以审议核军备控制和核裁军问题，先后提出了“成立国际核军备控制委员会”“分阶段实现彻底销毁核武器”等建议。美、苏两国出于对全面爆发核战争后果的恐惧和保持核垄断地位的意图，也开始在核军备控制方面进行单独谈判。1958 年，美、苏、英三国举行“专家会议”，讨论了全面禁止核试验的核查问题，并就全面禁止核试验进行谈判，初步达成了暂时停止核试验的协议。然而，到了 1960 年，美国 U-2 高空侦察机侵入苏联并被苏联导弹击落，美苏关系急剧恶化，苏联取消了计划中的两国首脑高级会晤，全面禁止核试验谈判宣告失败。

1963 年，美、苏、英三国签署了《部分禁止核武器试验条约》。这个“三家条约”把停止核试验和禁止核试验分割开来，虽然宣称禁止在“大气层、外层空间和水下进行核试验”，却未禁止地下核试验，实质上意味着它是个巩固核大国垄断地位的条约。美国国务卿哈里曼曾公开说：“美、苏、英三国之所以能够达成协议，是因为我们能够合作来防止中国获得核能力。”这一条约理所当然地遭到了中、法的反对。美、苏、英三国签署此条约后，核试验并未见减少。1967 年，美、苏在防止核扩散方面利益趋于一致，双方分别提出了内容相同的《防止核扩散条约草案》，并在 22 届联大通过。由于这一条约的实质是将美、苏已拥有的大量核武器状况固定化，只限别人，不限自己，从而将进一步强化美、苏两国的核垄断地位。对此中国、法国和巴西等 10 国投了反对票。20 世纪50—60年代美国和苏联核军备竞赛正趋激烈之际，他们所抛出的种种核军备控制和核裁军议案乃至所达成的《部分禁止核武器试验条约》等，大多是出于维护其自身利益而施放的烟幕。

20 世纪 70 年代初期，世界核军控态势开始有所变化。美国和苏联两个超级大国核军备数量经过 20 世纪 50—60 年代高速扩充已经达到饱和，大大超出“相互确保摧毁”的战略需要，再一味扩充数量不仅毫无意义，而且只会加重两国负担。为了减少不必要的消耗，集中力量在技术上实现核武器的现代化，争取全面的核优势，限制和削减核武器数量，提高质量成了美国和苏联的共同选择。在这种情况下，美国和苏联从 1969 年 11 月 17 日起开始举行“限制战略武器会谈”，并于 1972 年 5 月 26 日签订了《美苏关于限制进攻性战略武器的某些措施的临时协议》，即《第一阶段限制战略武器条约》，确定双方在 1972 年 7 月 1 日后将不再新建固定陆基洲际弹道导弹发射器，并将潜射弹道导弹发射器和潜艇数量冻结在签署之日的数量上。条约规定双方可以使用国家技术手段监督核查彼此执行条约的行动，双方不得干扰彼此的核查活动，不得蓄意采取隐蔽措施，并承诺继续就战略核武器限制进行谈判。与这项协议同日签订的还有《美苏关于限制反弹道导弹系统条约》（简称《反导条约》），把反弹道导弹系统作为一种战略武器加以禁止，为避免打破均势，条约规定不准任何一方先于对方拥有攻防兼备的战略能力。《反导条约》禁止双方部署全面的国土导弹防御体系，仅允许在包括首都在内的两个地方建立反导系统发射场（1974 年改为只允许建立一个发射场），每个发射场可部署 100 个反导系统；双方保证不研制、试验或部署以海洋、空中、空间为基地的以及陆地机动的反战略弹道导弹系统及其组成部分。上述协议没有对美、苏核武器质量更新做出限制，但起到了把美、苏已形成的核力量均势用国际法律文书的形式确定下来的作用。然而，由于美苏关系的恶化，这些条约未获美国国会的批准。

1976 年，苏联部署了大批 SS-20 中程导弹，其射程覆盖了英伦三岛和整个西欧，使西欧国家隐约感受到一种威胁。这是苏联为争夺战略优势和增加裁军谈判的筹码而采取的措施。经过讨价还价，1979年6月18日，美苏达成了《关于限制进攻性战略武器条约》，即《第二阶段限制战略武器条约》，规定双方进攻性战略运载工具的上限2400件，其中分导式多弹头的数目不超过1200件；另外，禁止新型固定陆基洲际弹道导弹发射器及重型机动导弹发射器的建造。条约还对分导式多弹头的运载能力进行限制，冻结当时所有多弹头导弹每一类型所载再入体的数目。

从20世纪80年代开始，国际裁军谈判取得一些实质性成果，从谈判“限制”阶段迈入了实质性“削减”阶段。1982年6月29日，美国与苏联开始“削减战略武器会谈”。在东西方关系缓和的背景下，双方于1987年12月8日达成了《关于销毁中程和中短程导弹条约》（简称《中导条约》），规定在条约生效后3年内双方销毁全部射程500～5500千米的中短程和中程导弹，包括核弹头、发射装置及基地设施。虽然条约规定销毁的核弹头数量仅占美、苏核武库的4%左右，但自核武器问世以来，从美、苏核武库中销毁整个类别的核武器，这还是第一次。该条约在核查方面也有所突破，允许双方到对方领土上进行现场核查。

冷战的结束，使国际形势不断走向缓和，大国间开始积极调整相互关系，国际核军备控制也走上了能够真正代表人类意愿并迈出实际步伐的阶段，军备控制与裁军取得了突破性进展，先后达成了一些重要的双边和多边协议。

1991年和1993年，美苏/美俄分别签署《第一阶段削减战略武器条约》和《第二阶段削减战略武器条约》，实现了两国在战略核武器上从“限制”向“削减”的转变。《第一阶段削减战略武器条约》规定，在生效后的7年内，双方将各自部署的战略核武器运载工具和核弹头分别削减至1600件和6000枚，洲际弹道导弹与潜射弹道导弹的总投掷重量不得超过 3600 吨，禁止生产、部署新型重型洲际弹道导弹和潜射弹道导弹及其发射器。冷战后的国际环境变化为美俄进一步合作提供了条件。在美国《纳恩—卢加法案》的支持下，美俄开始了“合作减少威胁”合作项目，美国出资帮助俄罗斯加快销毁削减下来的战略核武器，并加强核设施、核材料安保状况。1993 年签署的《第二阶段削减战略武器条约》规定，在 2003 年之前把部署的战略核弹头总数削减至 3000～3500 枚，消除所有固定、机动的多弹头陆基洲际弹道导弹，只允许拥有一定数量的单弹头洲际弹道导弹，但却允许潜射弹道导弹携带多弹头。

美、俄甚至还酝酿谈判第三个削减战略武器条约。与此同时，在各国的共同努力下，《不扩散核武器条约》在 1995 年的审议大会上得到无限期延长；在美国的大力推动下，《全面禁止核试验条约》在 1996 年 9 月开放签署。

20 世纪 90 年代初，美国核军控与裁军政策的黄金时期很快因为美国致力于发展导弹防御系统而消失。由于克林顿政府坚持发展导弹防御系统，美、俄有关进一步裁军的谈判裹足不前，《第二阶段削减战略武器条约》的批约问题一再被延宕，第三个战略武器削减条约的谈判就无从谈起。美、俄在导弹防御问题上的分歧是根本性的，深刻反映了美、俄两国军事实力发生巨大变化后的战略调整。双方在导弹防御问题上的分歧难以在《反导条约》框架内妥协。2001 年小布什政府宣布退出《反导条约》，俄罗斯则以宣布退出《第二阶段削减战略武器条约》做出反应，从而导致《第二阶段削减战略武器条约》未能生效。

2002 年 5 月，两国达成《美俄削减进攻性战略武器条约》(莫斯科条约)，内容只有一条，即双方在 2012 年 12 月 31 日前将各自部署战略核弹头削减至 1700～2200 枚，允许双方保留现有 6000 枚战略核弹头直至 2012 年 12 月底，届时双方只需将弹头卸下入库，就算全面执行条约。这一条约不要求销毁任何核弹头和运载工具，没有规定任何核查措施，是一项规定得极其松弛、留有很大自由度的条约。

2010 年 4 月 8 日，美俄签署新的《削减和限制进攻性战略武器条约》（简称“新 START 条约”），规定了双方部署的战略核弹头不超过 1550 枚，部署的洲际弹道导弹、潜射弹道导弹和重型轰炸机不超过 700 枚（架），根据规定，条约将于 2018 年生效，2021 年到期，并可在到期后延长 5 年。

从美、俄核军控与裁军的历史演进中不难看出，国家安全利益是核军控与裁军的根本原则，谋求战略稳定甚至扩大战略优势是核裁军的根本目的，经济负担则是美、俄核裁军的重要因素之一。

核军控与裁军政策作为核战略的重要组成部分，在冷战期间是美苏维持战略稳定性、减少核战争爆发危险的工具之一；冷战之后核军控与裁军政策成为美国扩大自身优势，俄罗斯维持与美国战略稳定性的重要工具与战略手段。可以说，核军控与裁军政策是美、俄加强国家安全的若干工具之一。因此，增进国家安全利益就成为美、俄制定核军控与裁军政策的出发点和落脚点，也是其进行军控谈判和达成军控协议的指导原则。所以，能否增进国家安全利益就成为衡量美、俄核军控与裁军政策成败的根本原则。

美、俄始终把核军备控制与核裁军作为影响对手发展甚至是削弱对手实力并展示及加强自身实力的手段，以赢得政治上的主动和军事技术上的优势，从而夺取和保持有利的战略态势。为此，两国均不惜倾全国之力与对手展开殊死的核军备竞赛。到 20 世纪 80 年代中期，美苏旷日持久的核军备竞赛导致了核武器的严重过剩和核武库的过分庞大。这样一场旷日持久的核军备竞赛拖垮了苏联，同时也使美国背上了成千上万枚核武器的包袱。美国与苏联为了停止已达到极限的核军备竞赛，不得不建立起条约谈判机制，找出一条能够约束双方无限发展核武器的路线。

当前，国际秩序面临前所未有的挑战，美国领导能力和意愿同步下降，国际准则屡被践踏，大国合作动力机制紊乱。受美单边主义和霸凌行为影响，冷战时期形成的美俄核裁军体系激烈动荡，多边核军控机制受到严重冲击。

一方面，美、俄正步入以“先进技术制约与反制”为焦点的核军备发展新阶段。美国弹道导弹防御能力发展迅速，在目标探测、导弹拦截和毁伤评估等技术领域持续取得突破，对长期与美保持核均势的俄罗斯施加压力。俄罗斯总统普京在2018年《国情咨文》中指出，应对美导弹防御是俄核力量发展的突出目标之一，并高调宣示已拥有核动力无人潜航器、洲际核动力巡航导弹、高超声速助推滑翔武器等一系列有别于传统弹道导弹的新型战略进攻性武器，意在对美弹道导弹防御构成颠覆性挑战。而美针锋相对，早已将拦截巡航导弹和高超声速武器纳入导弹防御技术突破计划中；同时，美军在研的高超声速武器项目至少已有8项，包括助推滑翔、吸气式巡航等多种导弹方案，覆盖陆、海、空三军；从酝酿退出《中导条约》开始，就加速恢复和发展中远程弹道和巡航导弹武器。美俄战略攻防技术和装备竞争已进入一个新的快速发展阶段。

与此同时，美俄双边核裁军前途未卜。继2001年宣布退出《反导条约》后，美又于2019年退出《中导条约》，使得新《削减进攻性战略武器条约》成为目前美俄间仅存的双边核裁军条约。

2020年1月在维也纳举行的美俄双边战略稳定对话中，两国原则分歧依旧，俄强调与美战略平衡和稳定，但美只说“战略安全”而刻意回避“战略稳定”，否认进攻性与防御性战略武器间的内在联系；对于全球反导计划、新《削减进攻性战略武器条约》延期、重申核战争打不赢也打不得、承诺暂不部署中导等问题，美或避而不谈或不做实质回应。6—8 月，美俄在维也纳举行三轮双边战略稳定对话，仍未就条约延期达成共识。

美频繁退约使国际多边军控机制面临的结构性矛盾更加突出。一方面激进无核武器国家呼吁各国签署《禁止核武器条约》，导致核武器国家与无核武器国家核裁军路线之争凸显，《不扩散核武器条约》权威性面临挑战；另一方面，五核国内部分歧加剧，美、俄相互指责推诿。尽管如此，美、俄仍积极表态支持《不扩散核武器条约》基石地位，各自宣称已削减 88％和 85％核武器，展示积极姿态。需重点关注的是，各方出于不同目的在条约审议进程中提出“透明”和“暂停产”要求。

美在禁核试领域消极举动还引发了国际社会对美可能退出《全面禁止核试验条约》的担忧。2019 年以来，美政府及情报机构多次宣称俄、中违反《全面禁止核试验条约》。2020 年 5 月，美国国家安全委员会就恢复核试验问题展开讨论，有官员提出，美展示快速进行核试验的能力，将有助于推动美俄中三边核军控进程。《全面禁止核试验条约》是国际多边核军控领域的重要成果，条约虽未正式生效，但在防止核武器扩散、推动核裁军方面起到积极作用。

在地区核扩散问题上，美朝谈判陷入僵局，朝鲜宣布继续发展战略核武器和洲际弹道导弹；伊朗为反制美退约及单边制裁，逐步突破伊核协议限制并宣布全面暂停履约；沙特阿拉伯积极推进核计划，并流露发展核武器的主观意愿；埃尔多安对土耳其不能拥有核武器表示不满，引发中东地区核扩散担忧。

新技术军控去向何方

科技发展正催生第四次工业革命和新一轮军事革命，外空、网络、人工智能等新型作战能力与核导为主轴的战略威慑力量日益相互交织，引发战略形态、战略战术、编制指挥体系的深刻调整，对国际战略平衡与稳定产生深刻冲击。与冷战相比，“新”的突出风险是规则缺失。一方面是旧规则日益残缺。古巴导弹危机后，美、苏建立的军控谈判难以为继。另一方面，科技发展等因素正导致新的“规则真空”。外空、网络、生物、人工智能等前沿科技发展可能成为大国竞争的新前沿，大国竞争正演变为一场“无规则乱战”，未来前景极为不稳定和不可预测。

外空军控发展历程

就外空军控而言，国际规则发展大致可划分为三个阶段：

1957—1966 年是准备阶段。自 1957 年 10 月 4 日苏联发射第一颗人造卫星、1958 年 1 月 31 日美国发射第一颗人造卫星以来，建立外空国际规则就成为联合国讨论的话题。1958 年第 13 届联大第一次通过有关外空问题的决议，提出“为了保障外层空间物体的发射完全用于科学与和平的目的，应共同研究一套监督机制”。1959 年和 1961 年联大分别通过决议，明确提出了利用外层空间的 3 项原则。1963 年第 18 届联大通过第 1962 号决议，正式发布《各国探索和利用外层空间活动的法律原则宣言》（简称《外空宣言》），明确宣示了人类探索和利用外空的 9 项原则，得到国际社会的普遍认可，虽然不产生法律权利和义务，但对各国外空活动起到了很好的指导作用，是外层空间国际规则制定的里程碑，为后续国际法律规则的形成奠定了基础。

1966 年至 2000 年为形成阶段。以《外空宣言》为基础，1966 年第 21 届联大通过了《关于各国探索和利用包括月球和其他天体在内外层空间活动的原则条约》，简称《外空条约》。该条约确定了外空的法律地位，规定了各国从事外空活动所应遵循的原则，是有关外空活动的基本法，也被称为“外空宪章”，以后其他有关外空活动的国际条约和法律规则都以《外空条约》为基础形成。此后，1967 年通过了《关于营救航天员、送回航天员和送回射入外空的物体的协定》（简称《营救协定》）、1971 年通过了《空间物体造成损害的国际责任公约》（简称《责任公约》）、1974 年通过了《关于登记射入外层空间物体的公约》（简称《登记公约》）、1979 年通过了《关于各国在月球和其他天体上活动的协定》（简称《月球协定》），至此，形成了外层空间国际法律体系。随着人类外空活动的范围不断扩大、外空探索和利用类型不断丰富，外空参与实体不断增加，外空活动国际协调的需求越来越迫切，但外空强国对制定新的太空规则持反对立场，所以从 20 世纪 80 年代开始，联合国以联大决议的形式通过了多套不具法律约束力的原则和宣言，主要包括：

1982 年通过的《各国利用人造地球卫星进行国际直接电视广播所应遵守的原则》；

1986 年通过的《关于从外层空间遥感地球的原则》；

1992 年通过的《关于在外层空间使用核动力源的原则》；

1996 年通过的《关于开展探索和利用外层空间的国际合作，促进所有国家的福利和利益，并特别要考虑到发展中国家的需要的宣言》；

1999 年通过的《空间千年：关于空间和人的发展的维也纳宣言》。

至此，形成了“5 个条约＋3 个宣言＋3 个原则”的外空国际规则基本框架。

2000 年至今为发展阶段。随着外层空间的拥挤性、竞争性和对抗性日益突出，外层空间安全受到越来越多国家、组织的关注，在联合国多边场合形成了两个外空国际规则磋商渠道：一是联大裁军与国际安全委员会负责，日内瓦裁军谈判会议的防止外空军备竞赛、外空透明与建立信任措施等议题。在防止外空军备竞赛方面，为了推进外空军备控制多边磋商，中国和俄罗斯于2008年2月联合向裁谈会提交了《防止在外空放置武器、对外空物体使用或威胁使用武力条约（草案）》。同年8月，美国向裁谈会提交了对中俄《防止在外空放置武器、对外空物体使用或威胁使用武力条约（草案）》的意见函，明确反对该草案。根据国际社会意见，中国和俄罗斯于2014年2月联合向裁谈会提交了《防止在外空放置武器、对外空物体使用或威胁使用武力条约（草案修正稿）》，对条约草案内容进一步修改完善。从2015年起，中、俄等在联大提出《关于不首先在外层空间部署武器》决议草案。在外空透明与建立信任措施方面，2011年，应联大决议63/68的要求，联合国秘书长设立了外空透明与建立信任措施政府专家组，促进国际合作和减少外空活动中由误解和误传带来的风险，最终目的是形成一个达成一致的关于透明度和建立信任措施的结论和建议的报告，从而有利于外空领域战略上的稳定。2013年7月政府专家组最后一次会议通过了《外层空间活动中的透明度和建立信任措施问题政府专家组研究报告》。同年第68届联大上，联合国裁军事务厅向联合国有关实体和组织分发了研究报告，第69届和70届联大均通过决议，敦促联合国有关实体和组织报告外空透明与建立信任措施执行情况和建议。二是联大特别政治和非殖民化委员会负责，联合国外空委组织的外空活动长期可持续性议题。2010年2月联合国外空委科技小组设立“外空活动长期可持续性”项目，2011年设立了4个专家组，2016年2月外空委科技小组讨论了“外空活动长期可持续性指南草案”。2016年6月第59届外空委会议对其中的12条准则达成一致，剩余16条准则以及指南前言部分计划在未来两年内完成谈判。在联合国框架内的外空国际规则磋商谈判的同时，政府间、非政府间国际组织也在积极推进外空合作规则制定，具有代表性的包括1973年国际通信卫星组织通过的《国际通信卫星组织协定》、1979年国际海事卫星组织通过的《国际海事卫星组织公约》和《国际海事卫星组织业务协定》、国际电联 1992 年通过的《国际电信联盟章程和公约》以及《无线电条例》、2007 年机构间空间碎片协调委员会通过的《空间碎片减缓指南》等均具有较重要的国际影响。

近年来，外空领域呈现出发展与竞争交融、合作与对抗并存、力量格局错综复杂、军事化发展日新月异的局面。世界主要国家都高度重视和大力发展外空军事力量，围绕进出、利用、控制外空展开了激烈竞争，加速推进军事力量体系转型、积极推动外空国际规则制定、开展轨位频谱等资源争夺。

美国为了落实国家安全外空战略，实现巩固外空安全稳定、增强外空战略优势、促进产业发展的战略目标，谋求外空领域绝对安全，一方面通过政治外交活动呼吁其他国家负责任、和平和安全地利用外空，另一方面不断增强美国外空军事能力，以预防和慑止对美国外空基础设施的侵犯，并确保其外空军事能力在恶化的环境中运行，积极做好打赢未来外空战争的各项准备，外空战场化态势日益明显，在外空爆发冲突的可能性进一步增大。

网络军控发展历程

网络军控方面，俄罗斯最早在国际社会推动网络空间国际规则制定。1998 年，俄罗斯在联合国框架下积极推动限制网络战的条约谈判，禁止网络战武器的使用，试图形成对其有利的国际行为准则，遏制美国网络空间作战力量的发展和运用，但是遭到美国的反对。此后，俄罗斯每年都会提交内容相似的提案。

随着网络犯罪日趋严峻，互联网安全和打击网络犯罪成为国际磋商重要议题。随着各国对互联网依赖程度日益提高，网络犯罪的危害成为国际社会关注的重点，各主要国家纷纷倡导制定国际规则，积极抢占话语权。2001 年欧洲理事会达成了《网络犯罪公约》。2003 年、2005 年信息社会世界峰会设立了“互联网治理”主题。随着网络空间军事化趋势凸显，网络空间军控相关问题成为国际磋商的焦点。

一是联合国成立“从国际安全角度看信息和电信领域的发展联合国政府专家组”（简称信息安全政府专家组），就和平利用网络空间、网络空间国家主权原则、武装冲突法适用、网络空间行为准则等问题等进行磋商。第一届政府专家组任期从 2004 年至 2005 年，俄罗斯担任主席，分析了信息安全领域面临的威胁，研究了为应对威胁可能采取的合作措施，但是由于各方观点存在重大分歧，未形成最终报告。第二届政府专家组任期从 2009 年至 2010 年，俄罗斯继续担任主席；经各方努力，第二届政府专家组在信息安全领域的威胁、风险和脆弱性等方面达成了初步共识，建议采取探讨制定相关准则、建立信任措施、加强国家立法/战略和技术领域交流等具体措施加强全球信息和通信系统安全，形成的工作报告提交联合国大会讨论，并体现在联大 2011 第 65/201 号临时议程和第 65/41 号决议中。第三届政府专家组任期从 2012 年至 2013 年，澳大利亚担任主席，专家组确认在网络空间可以行使国家主权；明确国际法尤其是《联合国宪章》适用于网络空间；提出构建“和平、安全、开放、合作”的网络空间；明确联合国在相关国际进程中的领导作用，并从国际政治和安全角度就网络空间国家行为规范和建立信任措施提出了建议，专家组形成的工作报告于 2013 年底提交第 68 届联合国大会。第四届政府专家组任期从 2014 年至 2015 年，巴西担任主席，专家组进一步分析了各国利用通信技术而产生的现有威胁和潜在威胁，细化了消除这些威胁的具体行动，包括制定规范、规则、原则和建立信任措施等，重申联合国宪章等国际法基本原则适用于网络空间，明确提出不利用网络手段攻击他国基础设施等负责任国家行为规范。专家组形成的工作报告提交联合国大会讨论，并体现在联大 2015 第 70/174 号临时议程和第 70/237 号决议中。

二是网络空间安全问题成为区域组织磋商的重要议题。2009 年，上海合作组织签订信息安全合作协定，意在遏止通过互联网传播对国家精神、道德、文化领域有害的信息。2011 年，中国、俄罗斯、塔吉克斯坦、乌兹别克斯坦等国共同起草了《信息安全国际行为准则（草案）》并提交联大，倡导在网络空间尊重各国主权、领土完整和政治独立，合作打击利用网络破坏他国政治、经济和社会稳定的攻击行为，反对信息武器及相关技术的扩散。此外，中美、中俄、美日、美英等双边网络空间安全与军控相关问题交流磋商也日趋频繁。

作为现代国家高度依赖的新领域，网络空间的安全威胁日益突出，国家间的斗争也日趋激烈。在发展网络空间装备技术同时，谋求建立制度优势成为各主要国家的关注重点。与网络空间的快速发展相比，国际规则的制定则相对滞后，已有规则的适用性又存在很大争议。在这种形势下，各主要国家都试图主导规则制定，以维护本国在网络空间的权益，争取更有利的发展条件，在未来斗争中占据主动。目前，主要国家在许多关键问题上缺乏共识，导致联合国框架下 15 国政府专家交流磋商未形成成果文件。由此看，国际规则制定仍将是各国争取网络空间战略主动的焦点，短时间内，国际社会难以形成普遍接受的网络空间行为规范。

网络空间安全与军控问题交流磋商呈现美西方与中俄两大阵营，双方既有矛盾冲突，也有共同利益，既有尖锐斗争，也有合作空间。尽管国际社会在网络空间交流磋商中取得一些共识，包括确认各国可对领土内的信息与通信基础设施及相关行动行使主权，明确国际法尤其是《联合国宪章》适用于网络空间。但不同阵营围绕战争与和平、自由与监管、霸权与民主等关键问题的矛盾和斗争仍十分尖锐。美西方与中、俄等国存在明显分歧。如在最新一届联合国政府专家组交流中，中、俄等11国就重大问题形成共同立场并集体发言，在网络自由与意识形态斗争、网络空间武装冲突法的适用性、联合国框架推进机制等问题上，提出与美国和西方不同的观点。由于这些问题涉及国家安全利益，难以调和，从目前情况看，两大阵营的斗争仍将长期持续。

网络空间行为规范和法律问题一直是网络空间安全与军控交流磋商的重点。虽然联合国框架下的磋商就国际法特别是《联合国宪章》适用于网络空间达成共识，表明各国在国际法、在网络空间的适用性问题上取得了一定进展。但是，在武装冲突法是否适用于网络空间的问题上，美国和俄罗斯等国家仍存在争议。一方面，美为寻求网络作战力量运用合法化，主张现有国际法特别是武装冲突法适用于网络空间，目的是使其获得以“自卫”之名发动战争的权利，既可慑止他国对美的网络攻击，又可为其使用网络攻击力量松绑，还能避免制定新规则对自己造成约束。另一方面，俄罗斯等国出于维护网络空间和平，积极抢占网络空间规则制定权的目的，主张制定新的网络空间行为准则来代替武装冲突法，并希望在此过程中增加对我有利、对敌制约的条款。从目前情况看，网络空间武装冲突法适用性问题仍是国际社会交流磋商的焦点问题。

当前各主要国家对网络空间的依赖性日益增强，但是网络空间覆盖面广、形态多样、系统关联、易损脆弱的特点，以及网络攻击跨域性、匿名性、欺骗性以及行为体众多等特点，使得当前网络空间安全事件频发，现有战略政策和能力手段均难以完全遏制网络攻击行为。因此，各主要国家在推进网络空间行为规范制定、提升自身网络空间安全防护水平、打击网络犯罪的同时，将网络危机管控作为大国交流磋商的重要议题，以期维护网络空间安全稳定，避免误判。然而，网络空间危机管控涉及许多复杂问题，如各国在政治、经济、文化、历史背景方面的差异，及其对网络空间依赖程度的不同，导致其对网络空间危机的认识、界定标准也会有所不同，相应的网络空间危机管控措施及应对策略、流程机制也会有所差异。在当前各主要国家大力发展网络空间进攻性能力，缺乏互信的情况下，建立有效的网络空间危机管控机制仍面临诸多挑战，因此该议题将成为双边、多边磋商的重要议题。

智能军控发展历程

人工智能等新兴技术将全面渗透到战争的各个领域和环节，彻底颠覆战争样式、装备体系、力量编成等。从总体趋势上看，战争形态向智能化方向发展将不可逆转。智能武器系统将成为活跃于智能化战争的主力。因此，国际社会关注的焦点不是人工智能是否会不会、应不应该军事化应用的问题，而是如何通过技术手段、伦理准则、法律规范防止智能武器系统走向人的对立面的问题。

其中，无人自主武器系统是影响未来战争制胜机理的颠覆性技术，突破了有人装备设计以及战场行动受限于人类生理极限的制约，为战争形态、装备体系、科学技术的创新开启了极大空间。

无人自主武器系统是指在某些任务环节不需要人类操作员干涉，能够自主选择目标，并使用致命性武力进行交战的一类武器系统。按照依托平台，可分为空中/临近空间、地面、水面/水下自主武器系统等三类。

按照作战对象，可分为以来袭武器为目标的防御性武器系统，如美国的反火箭炮、火炮和迫击炮系统以及宙斯盾上的“密集阵”系统；以人（或载人平台）为对象的进攻性（致命性）自主机器人，如韩国的 SGR-1 哨兵机器人部署在朝韩边境，有一个自主攻击模式等。

2001 年阿富汗战争期间，美军开始进行 RQ-1 挂弹试验，2002 年开始有部分 RQ-1 被改装为攻击用途，并在两翼各挂一枚“地狱火”

导弹执行反恐作战任务。战术无人机“捕食者”首次加装武器，成为武装化无人机，开创了无人系统用于攻击作战的先河。

但由于无人系统的自主能力受限，还无法有效区别士兵与平民，更容易滥杀误伤无辜。据新美国基金会统计，2004年至2012年美军在巴基斯坦实施的无人机攻击，造成约2634人死亡，其中471人是平民。虽然巴基斯坦政府默认美国在其境内使用无人机发动攻击，但也越来越感到不满，认为是侵害主权的行为。巴基斯坦议会2012年5月一致通过一项决议，指出美方使用无人机袭击巴境内目标是违反国际法的，要求立即停止这一行动。

目前，“致命性自主武器系统”成为《特定常规武器公约》的讨论焦点。2018年8月26日至31日，《特定常规武器公约》框架下“致命性自主武器”政府专家第三次会议在日内瓦举行。美、俄、英、法、德、巴基斯坦、古巴、巴西等100余公约缔约国及红十字国际委员会、人权观察等国际机构和非政府组织代表参加。经过反复折冲，会议最终协商一致通过专家组报告，原则阐述了对致命性自主武器的法律适用、责任追究及相关技术应用等方面的看法，并将专家组授权延长至2019年，继续就相关问题展开讨论。

各方立场分野明显，相关讨论更趋深入。美、俄、英、以等国家态度消极，以技术理由反对任何实质性成果。法、德等欧盟国家力推以“有意义的人类控制”为核心概念的“政治宣言”，企图将进程引向透明和建立信任措施方面。澳大利亚、新西兰等主张加强武器研发的法律审查，为其发展自主作战平台寻找合法性。奥地利、不结盟运动及非政府组织以致命性自主武器系统等可能破坏地区安全稳定、引发军备竞赛和人道主义灾难为由，要求加快就此谈判制定国际法律文书。巴基斯坦、古巴、委内瑞拉等部分发展中国家敦促暂停致命性自主武器系统的研发和应用。

发展中国家抱团发力，推动加快讨论进程。不结盟运动更加注重立场协调，以集团名义提交立场文件阐述看法。非盟、拉美国家态度尤为积极，会上相互策应，业已形成一定声势。同时，发展中国家对该问题理解不断加深，立场更加完善，在实质问题上提出独立主张，力推启动政府间谈判进程。巴西、阿根廷等联合提出建议，主张赋予下次专家会明确授权，就确保在致命性自主武器系统关键功能上必须有人的控制谈判法律文书，对西方国家形成较大压力。

非政府组织表现活跃，立场激进。出席的非政府组织较前数量更多、范围更广，通过会场发言、散发研究报告、举办边会、拉拢发展中国家等形式施加影响。“禁止杀人机器人运动”、北卡罗来纳大学等批评美、俄违背民意，执意研发和部署自主武器，可能引发军备竞赛和人道危机。人权观察等非政府组织对讨论进程拖沓表示不满，威胁在公约框架外启动独立谈判进程。

第十三章　大国威慑——综合国力竞争

从局部战略到整体战略的演进

从局部到整体，是人类认识世界的一种规律。战略作为对战争活动的指导方略，也同样经历了一个从局部到整体的演进过程。

从大陆战略思想到海权论、空权论。在战略领域，大陆战略思想在历史上曾居于主宰地位，进入近现代社会以后，随着军事技术的进步，人们的战略思维产生了第一次飞跃，由此开始了战略理论的第一次大扩展。美国的马汉提出的“海上实力论”；意大利的杜黑提出的“空军制胜论”；英国的富勒提出的“坦克制胜论”；以及法国的戴高乐、德国的塞克特主张的“小型职业军队论”，便是当时战略思想发展的主要成果。然而，上述战略理论都有一个共同的缺陷，即片面地夸大某一种战略的作用，并把它作为唯一的制胜方略。这就决定了它们不可能从根本上超越传统的大陆战略学派的水平。

从总体战理论到大战略理论。战略理论的第二次飞跃是紧随着第一次飞跃来临的。德国法西斯的主要军事理论家鲁登道夫是这场战略革新的积极倡导者。在经历了第一次世界大战失败的屈辱之后，德国的军事理论家力图为德国在新的战争中卷土重来，开辟一条胜利的捷径。于是，“总体战”理论就作为鲁登道夫多年潜心研究的结果而公之于世。这一理论的基本特征是强调未来战争的整体性和全面性，其实质是企图通过综合运用国家的全部力量，不择手段地为法西斯德国赢得未来战争的“绝对胜利”。总体战战略因同希特勒的军事实践结合而臭名昭彰。此后，西方国家先后提出了“大战略”理论和“全面战争战略”理论，意味着对经典战略理论的又一次重大突破。

威慑理论从核威慑到综合国力竞争的发展。威慑战略理论已经走过了数十年的发展历程。从核威慑战略到常规威慑战略，再到太空威慑战略、网络威慑、跨域威慑，战略思维的触角已遍及军事威慑战略领域的各个部分，那么威慑战略是否还有更大的发展空间呢？国际形势演变表明，大国之间的博弈不能单纯靠军事威慑，而是需要综合运用各种力量和手段，在一种总体战略的指导下进行。当今世界战略发展的总流向业已证明，人类正在走向威慑战略的更高境界，一个以综合国力为物质基础，以“全政府模式”为运作机制的总体威慑时代正在到来。

“全政府模式”统筹下的综合国力竞争

现代威慑的总体战略

“全政府模式”统筹下的综合国力竞争是世界主要国家新一代的国家战略，同时也是现代威慑的总体战略，它以一种新的思维方式认识和处理各国最高统治层的战略决策。以“全政府模式”开展的综合国力竞争和总体战的战争战略，都是主张通过运用政治、经济、军事、科技、外交等各方面力量，而不仅仅是单纯依靠军事力量来达到战略目的，所不同的是，前者是在没有大规模武装对抗和冲突时期的总体威慑战略，而后者是大规模战争时期的总体战略。

“全政府模式”与综合国力

“全政府模式”统筹下的综合国力竞争涉及两个核心概念。一是“全政府模式”，它是统筹运用国家权力的方式。它源自组织学和公共行政管理的组织原则，指有机整合组织资源，通过组织间协调、合作及联合行动，共同应对复杂的公共安全问题。在西方，它称之为“全政府模式”。在中国，集中力量办大事的做法则通常称之为“举国体制”。在具体实践中，它一般体现为各种跨部门协调组织。为保障协调有效，一要提供必要的财政支持，二要具备精诚合作的团队精神。

二是综合国力。它与西方的国家权力、国家实力的概念有相通之处。这个概念在战后美国国际关系理论奠基人摩根索的《国际政治论》中可以找到注脚。摩根索在 1948 年出版该书时即提出，“权力意指人们对他人的思想和行为影响的控制的能力”。在国际斗争领域，国家权力即指一国在国际舞台上控制他国，影响国际事件的综合能力，说到底，它是国家实力的反映。战后美国的历届总统，都是权力政治的忠实实践者，而且越来越强调综合国力的作用。

关于构成国家实力的要素，摩根索认为有 9 个方面：地理条件、自然资源、工业实力、军备、人口、国民性、民心、外交性质、政府性质。英国的罗伯特·汤普逊提出了一个公式：国家实力＝（人力＋资源）×意志。美国的尼克拉斯·斯巴克曼则把这些因素归纳为十条：即领土状况、边界特征、人口规模、原料多寡、经济与技术的发展、财力、民族同素性、社会结合程度、政治稳定性、国民士气。美国学者克莱因为了对综合国力进行定量分析，曾提出一个国力方程：$Pp=(C+E+M)\times(S+W)$。Pp 代表国力，C 是人口和领土，E 是经济能力，M 是军事力量，S 为战略意图，W 为民族意志。克莱因的方程由于受所考虑的参数等条件的限制，其准确性是相对的。

我国学者更多地使用综合国力的概念。有些人认为，它是由自然力、人力、经济力、国防力、政治力、精神力和科技力等要素构成。有的学者还对克莱因的国力方程做了修改，在增加动态变化参数后，提出一种“综合国力动态方程”，以便对综合国力的发展进行动态比较。

不论怎样进行概括，一般来说，所谓“综合国力”，应当既包括军事力量，也包括非军事力量；既包括现实国力，也包括潜在国力；既包括物质力量，也包括精神力量；既包括本国的基本力量，也包括国际上的辅助力量。其要素可以概括为以下诸项：

一是国家的基本体积：主要包括领土、地理位置、自然资源、天候、地形。此外，还要包括国家控制的地理疆域之外的战略疆域及其资源。

二是人口：指国家的人口资源，包括人口数量和质量两个基本方面。

三是经济力量：指国家的经济制度、经济结构、经济发展水平。经济力量可区分为经济实力和潜力。

四是科学技术：指国家的科技队伍、科技装备、科技结构、科技政策、科技发展水平等。

五是国防能力：指国家的军事力量水平，不仅包括军事实力和一定的军事潜力，还包括军事理论的发展水平。

六是政治力量：包括国家性质、政治制度、政治体制、国家的领导、组织、决策能力等。

七是精神力量：指人民的政治信仰、信念、民族精神和意志等。

八是对外关系力量：这是一个综合概念，它指国家的对外政治关系、对外经济关系、对外军事关系等对增强国内力量的作用。

“全政府模式”综合国力竞争的战略目标

综合国力观的基本特点是谋求整体力量的优化。威慑的综合国力观不是片面追求某一威慑力量（如军事力量）的无限度发展和运用，而是要求对国家各种威慑力量（包括军事力量和非军事力量、物质力量和精神力量、现实力量和潜在力量、国内力量和国际力量）的发展和运用进行通盘筹划，把各种力量协调起来，形成最大的整体威慑实力。

综合国力的基本价值在于维护国家利益。在当今世界各国国际关系日益密切、彼此相互依存的形势下，一国的国家利益应当是国内利益和部分国际利益的总和。现代国家，尤其是对外开放，联系广泛的国家，离开了必需的国际利益就无法生存和发展。综合国力所要维护的就是由国家的主权、独立、生存和发展等构成的根本利益。

国家利益决定了综合国力竞争的战略目标。现代国家利益具有多元性特点，综合国力竞争的战略目标必然是由多元目标构成的目标体系。其根本的战略目标不外乎维护国家政权、主权、统一和领土完整、人民福祉、经济社会可持续发展和国家其他重大利益不受内外威胁，并具备保障持续安全的能力。具体而言，它包括以下目标：

· 保持国家的政治体制和政治制度；

· 维护国民的生命财产安全和其他合法权益；

· 维护国家的主权、安全、领土完整；

· 促进国家经济技术的持续发展；

· 保护国家的海外利益不受威胁和侵害；

· 塑造有利于本国政治、经济发展的国际环境；

· 对来自国际上的威胁国家利益的政治、经济、军事冲突和挑战做出有效的反应；

- 避免和遏制国内和国际间的战争；
- 维护和提高国家在国际上的地位和威望。

“全政府模式”综合国力竞争的发展态势

在新的安全形势下，各国越来越强调以“全政府模式”综合运用各种资源，应对国家安全威胁。“9·11”之后，美国就建立了各种跨部门组织，加强部门横向联系，防范和打击恐怖主义。如国务院设立重建和稳定协调员办公室，负责协调国务院与国防部之间的海外稳定和重建工作。在中东，美国以中央司令部为中心，组建了包括国防部、国务院、国际开发署、情报界、国土安全部和财政部在内的联合评估团队，协调推进中东战略。美国国土安全部2016年1月设立反暴力极端主义联合工作组，协调各部门的反暴力极端主义工作。随着美国国家安全战略越来越聚焦大国竞争，美国“全政府”重心也转向与中、俄博弈。2017年《国家安全战略》已隐含此意。美国《2019财年国防授权法》要求政府制定“全政府”对华战略。美国认为，为了应对“混合战争”“灰色区域冲突”等新型威胁，需要综合运用外交、经济、法律、军事等各种手段。在军事上，美退出“印太战略”，加强在印太地区的军事存在；在经济上，动用关税大棒，对华发动贸易战；在科技上，加强高科技出口管制、投资监管、签证审查，编制对华高科技封锁网。其他国家和区域组织也在效法美国。日本于2013年12月成立国家安全委员会，加强首相、内阁官房长官、外务省、防务省之间的沟通，强化长期国家安全战略的制定和实施。欧盟委员会在其工作方针中宣称，该委员会是一个团队，按照“全政府模式”开展合作。

综合国力竞争的威慑效用

综合国力竞争战略是威慑战略在新时代中的新境界，它的威慑意义何在呢?

综合国力竞争与军事威慑的共同点与差异

一般说来，战略的性质，是由其战略目的、功能及其作用方式等因素决定的。综合国力竞争战略亦然。如果把综合国力竞争战略同以往的军事威慑战略两相比较，两者有以下共同点。

一是遏制和避免战争。综合国力竞争战略的基本出发点，就是迫使对手不敢对自己采取武力行动，而自己则力求通过战争以外的手段实现既定的战略目的。

二是以实力作为威慑对方的物质基础。威慑是以实实在在的力量显示为基础的，没有实力支持的威慑战略，是无效的，也是危险的。综合国力竞争战略把力量的建设提到前所未有的高度。正是包括国防力量在内的综合国力的全面发展，坚定了本国制止战争的信心和决心，并使对手不敢轻举妄动。从里根到特朗普，美国一再宣扬的“以实力求和平”国家战略，就反映了这一威慑原则。

三是强调从心理上击败对手。威慑是以物质手段去达到非物质效果即心理效果的一种方法。综合国力竞争战略并不指望从物质上摧毁对手的军事、政治、经济、技术实力，也不企图剥夺对方作为一个国家和民族生存发展的物质条件，它的基本着眼点仍然是对方的心理因素，即通过本国综合国力的发展，建立物质力量和精神力量的优势，影响对手的意志和决心，迫使对手放弃危害己方利益的图谋。

当然，综合国力竞争战略的威慑机制不仅仅限于上述诸点，作为一种国家战略，它还具有以往威慑战略所不具备的威慑功能。

一是发展了“不战而胜”的威慑目标。古往今来，关于“不战而胜”的理解，是“不战而屈人之兵”。综合国力竞争战略的出现，其主旨超出了“不战而屈人之兵”的战略目标，它把防止和遏止战争的要求置于其更大范围的威慑目标体系之中。这个目标体系谋求的“不战而胜”还包括：抵制和瓦解对方的资源战、贸易战、技术战、货币战、信息战、情报战、宣传战、外交战等，排除各种军事的和非军事的威胁，维护国家的整体安全状态和全面发展需要。一句话，综合国力竞争是整个国家力量和意志的对抗和较量，是全面慑止对手在各个领域的挑战和威胁。正如美国前总统尼克松在《1999 年：不战而胜》一书中指出的，所谓的不战而胜，将是综合国力威慑与对抗意义上的不战而胜。

二是强调“先为不可胜”。孙子曰：“昔之善战者，先为不可胜，以待敌之可胜”。孙子还十分重视“造势”“任势”。所谓的“势”，指的是充分发挥将帅的指导能力，以军事实力为基础，扬长避短，以实击虚，造成一种锐不可当，压倒敌人的有利态势。孙子的这些思想原本是就作战指导而言的，但是从综合国力竞争的观点来看，这恰恰是形成新的威慑的前提。以往的核威慑战略、常规威慑战略等，固然也包含了先为不可胜的成分，但是，由于受到急功近利的思想支配，军事威慑战略的基本着眼点主要是对付国家面临的现实军事威胁，它们追求的目标是有限的，一般是相对于近期内决胜而言的。因此，以往的军事威慑战略从国家的全局来讲，还是一种“先为可胜”的战略。由于采取“头痛医头，脚痛医脚”的做法，没有从根本上增强竞争力量，所谓的“造势”，不过是暂时的、局部的优势，随着对方采取相应的措施，到手的优势便转瞬消失。综合国力竞争战略则与之相反，采用了一种全新的威慑观念。主张综合国力竞争战略的人认为，二战后的历史表明，那种急功近利、“先为可胜”的威慑战略思想并不能获得真正的优势与安全，仅仅凭借军事威慑难以决出胜负。在战略指导思想上，需要将近期内的“先为可胜”战略变为“先为不可胜”战略。综合国力竞争的“先为不可胜”思想的基本内容是：从长远的观点看问题，把决胜期延长到未来；不谋求军事威慑力量的暂时优势，而致力于通过长期的竞争，建立包括军事力量在内的综合国力的优势；以“造势”作为增强威慑的途径，看重“威慑形象”的作用，凭借综合国力优势的威慑形象，慑止对手的挑衅和威胁，减少对军事威慑力量的依赖，战争准备强调战争潜力的建设，而对直接的战争准备的建设则限制在一定范围里。

三是更为重视物质武器和精神武器结合并用。就国家而言，物质武器主要包括国家的基本体积、人口、经济、技术、资源、武装力量和武器装备等；精神武器主要是指国家的政治、思想意识、宣传、民族精神和意志，以及信息等。在崇尚实战战略的时代，国家是通过物质武器和精神武器的运用来达到物质的目的——从物质上、肉体上消灭对方。在威慑战略崛起的时代，军事威慑战略强调以军事实力为基础，主要通过物质武器的运用从心理上征服对手。精神武器虽然也是威慑的手段之一，但不完全从属于军事实力的范畴，因此不占有重要的地位。然而，随着人们对军事力量的局限性认识不断深入，非军事的物质力量以及精神力量的地位日渐重要，这就要求运用包括精神力量在内的全部战略力量来保持威慑的有效性。综合国力本身包括了国家的全部物质力量和精神力量，综合国力竞争战略就是物质武器和精神武器交替并用的战略，它不仅要求运用军事的和非军事的物质武器来遏止对手的挑战和威胁，而且要求运用各种精神武器来扩大物质武器的效用，并达成一系列运用物质武器难以达成的威慑目标。

综合国力竞争的全面性——对抗将通过全政府模式展开

综合国力竞争涉及各个领域。由于美国的大国竞争战略最为典型，力量发展也最为全面，故在此以其为例，说明新时代综合国力竞争的全面性。

首先探讨美国威慑力的政治根源。美国自命为“民主灯塔”，宣扬自由和民主是美国的力量之源。作为一个“民族大熔炉”，美国人的种族、文化、信仰非常多元，但是民主和法治让他们凝聚起来，并成为唯一的超级大国。迄今为止，美国的社会制度、生活方式、流行文化对于世界其他地区仍然具有强大的吸引力。美国学者亨廷顿在《第三波——20世纪后期民主化浪潮》中提出，世界已经历三波民主化浪潮，实行西方式民主制度的国家渐次增加。第一波以美国独立革命和法国大革命为起点，始于1828年，终于1926年。第二波以二战后摆脱殖民统治的民族独立国家为代表，始于1943年，终于1962年。第三波以葡萄牙、西班牙民主化以及苏东剧变为主要代表，始于1974年，终于1992年。冷战结束以来，美国为首的资本主义国家在意识形态领域在全球一直居于主导地位。按照美国官方资助的研究机构“自由之家”的统计，按照西方标准，2019年世界上有83个“自由”国家，63个“部分自由”国家，49个“不自由”国家。在大国博弈中，美国充分利用其政治优势，抹黑和妖魔化其他大国。美国试图将其与中、俄的博弈描述成继战胜法西斯主义、苏东共产主义之后的又一次善恶大决战，以便对内进行社会动员，对外争取盟国支持。例如，美国2018年《国防战略》污称中国、俄罗斯为“威权模式”。但随着西方，尤其是美国国内各种矛盾激化，其政治优势和话语优势不断遭到削弱。在国内，美国社会严重撕裂，对于未来发展方向缺乏共识。在国际上，受特朗普政府“美国优先”政策的影响，美国与其盟国之间裂痕加深，虽然不至于离婚，但已是同床异梦。

然后看一看美国威慑力的军事根源。遍布全球的战争机器是美国维持霸权，威慑对手的利器。2018年，美国的军费遥遥领先，占全球36%，比全球国防支出排名前9国家的另外8个国家的总和还多。美国的军队规模仅次于中国和印度，拥有现役军人140万，国民警卫队和预备役 110 万，还有文职官员 71.8 万。它拥有六大军种，即陆、海、空、天、海军陆战队、海岸警卫队。在战略力量方面，它拥有先进的战略攻防体系。核力量是其美国家安全战略的支柱，也是其主要威慑手段。目前，美军大约拥有 3800 枚核弹头，其中部署核弹头 1750 枚，备用弹头 2050 枚。此外，大约有 2000 枚退役弹头正在等待拆除，核弹头总库存量约为 5800 枚。其陆海空“三位一体”核武器运载系统正在加快升级换代。其本土导弹防御系统已投入使用，可以拦截有限数量的远程导弹攻击。在常规领域，美国强化多域协同作战，试图通过多个领域的力量组合争取战场优势。此外，美国还构建了有史以来最强大的军事同盟体系。在大西洋地区，北约 26 个成员国共有 750 艘船只、24 000 架飞机、超过 300 万现役军人。美军与印太盟友——澳大利亚、日本、韩国、菲律宾、泰国、新西兰——开展军事合作。同时，美军还积极拉拢印度、越南、新加坡、马来西亚。

最后说一说美国威慑力的经济根源。雄厚的经济实力是美国威慑力的基础。美国经济高度发达，按名义 GDP 计算，它是世界上最大的经济体。按购买力平价计算，它是第二大经济体。它还是世界第二大工业国，世界第二大贸易国，世界第二大出口国，世界最大进口国，世界第一大石油生产国和第一大天然气生产国。它的人均名义 GDP 居全球第八。美国工业门类齐全且生产技术先进。传统工业部门有钢铁、汽车、化工、石油、飞机、机械、造船、电力、采矿、冶金、印刷、纺织、制药、微电子、食品、军火等。其中钢铁的产量占世界的十分之一以上；汽车产量和发电量均占世界的 1/5 以上。新兴工业部门有电子电器、光电、激光、精密机械、宇航、核能、新能源、机器人、新型材料、生物制药、高速铁路系统、尖端武器等。其中电子电器、光电、宇航、核能、生物制药及尖端武器等工业居世界领先水平。美国在电子工业居于领先地位，拥有半导体元件生产的核心技术，并且具有完整的设计生产能力，是高科技芯片的最大出口国。在金融方面，美元是最常用的国际交易货币，是世界上最重要的储备货币，与欧洲美元债券市场、石油美元体系紧密挂钩。在创新环境上，美国拥有活跃的风险资本网络及鼓励冒险与创新的文化，比较成熟和规范的金融市场及背后的法律制度，相对开放、覆盖广泛的公共教育以及高等教育体系，具有国际竞争力的高科技企业众多，对高科技移民有较大吸引力。

总体威慑的制胜之道——富国强兵

综合国力竞争的战略已经确立，实现这一战略构想的途径何在?各国都做出了同样的抉择：富国强兵、长期竞争、决胜在未来。

富国强兵的辩证关系

数千年后的今天，这一战略思想和政策为何又脱颖而出，成为世界许多国家国防战略的重要选择呢？这是因为，富国强兵的战略途径，从根本上反映了经济建设和国防建设的辩证统一。富国是强兵之本。国不富，不可以养兵、强兵，也谈不上从总体上增强威慑能力。强兵乃是富国的保证，军队作为国家政权的重要部分，是为保卫国家和民族利益而存在的，兵强才能卫国、立国，使综合威慑实力得以发挥。

从另一个角度看，富国强兵反映了和平与发展的辩证关系，维护现代国家的和平与安全不能就安全讲安全。单纯发展军事实力，要“大炮”不要“黄油”是舍本逐末，到头来只能增加国家的不安定因素。谋求国家安全，只能从发展上找出路，所谓发展主要是富国，是综合国力的发展，这是维护国家安全巩固国防的治本之策。反过来，富国也不能忘记强兵，兵强不是国富的自然结果，国富的实现，并不意味着兵强的同步到来。在国家发展的基础上筹划好国防力量的长远建设，建立一支数量和质量辩证统一的现代化军队，进行坚持不懈的高质量的教育训练，强化全民国防意识，才能为综合国力的不断提高创造有利的条件，保持国家的综合威慑能力和世界强国地位。

富国强兵之策从根本上反映了战略的时代特征。在战争时期与和平时期，战略的重点截然不同。战争时期或临战时期，战略的首要任务是国家的安全，即由安全谋发展；和平时期恰恰相反，战略的首要任务是保证国家的发展，由发展求安全。那种单纯追求强兵的军事威慑战略是没有认清和平时期威慑战略的时代特征的表现。

大国的富国强兵战略

在新的历史时期，各国经过一番紧张的战略调整，先后把本国的战略发展纳入了富国强兵的轨道。

美国、法国、日本等国认为国际科技格局正在发生重大变化。一方面，俄罗斯等国家的军事科技在急追猛赶，逐步缩小与西方国家之间的差距。另一方面，商业技术日新月异，在某些领域已经让军用技术相形见绌。为了确保自身技术优势，越来越多国家从国家战略高度来认识军民融合问题。美国 2017 年《国家安全战略》报告及 2018 年《国防战略》报告提出，新型商业技术将改变社会乃至战争形态，为抢占上风，必须整合政治、经济、军事等各种力量，政府要与企业界携手，打造无敌军队。法国 2017 年《国防与国家安全战略评估》强调消除军民壁垒，促进军方与民间研究领域合作，确保法国军队的战略自主能力。日本《国家安全战略》报告和《防卫计划大纲》也要求产、学、官力量共同致力于安保，通过全政府模式加强对基础科研、新兴产业、风险投资、技术交流的监管和引导。

较之以往，当前各国军民融合的主体更加多元，从事基础研究的大学、科研机构和崭露头角的新兴技术公司均加入其中。美国提出“国家安全创新基础”概念，极力调动大小企业和各类科研院所为国防建设服务。英国提出“国防创新倡议”，要求国防部与商业创新中心密切接触，并成立“创新与研究洞察部门”，全方位搜集各界科技情报。法国强调国防是众多部门的共同责任，将国防科技范畴扩展到所有科研和创新环节。日本《防卫技术战略》提出，要利用科研机构和企业的独创性成果，并与大学、国立研究所建立技术交流机制。

军事斗争逐渐由传统的陆、海、空向天、网等领域延伸。这些领域军民界限模糊，是各国军民融合重点。美国在太空领域设立太空发展局，利用商业航天促进国防创新，并通过“黑杰克”等计划打造军民混合空间信息系统。它还在网络领域发布《国防部网络战略》，借力网络企业和现成商业网络技术强化网络防御。法国提出重点发展人工智能、大数据、太空态势感知、预警和指挥控制能力。日本以“安全保障技术研究推进制度”支持大学、研究所的太空、网络、人工智能、量子技术和海洋研究。

美国防部设立“国家安全创新资本计划”。它还在 2019 年启动“可信资本市场计划”，在私人资本和中、小型科技公司之间牵线搭桥，引导国内投资流向国防科技工业。欧盟设立欧洲防务基金，计划 2021—2027 年投入 130 亿欧元，其中 5%用于发展颠覆性技术和创新性装备。英国国防部设立创新基金，10 年拨款 8 亿英镑推动技术创新。日本仿照美国的高级研究计划局，在内阁设立“革命性研究开发推进项目”，加强高风险项目研究。

结　语

敢战、能战方能止战

中国古代兵书《孙子兵法》开篇即说“兵者，国之大事，死生之地，存亡之道，不可不察也”①。与《孙子兵法》几乎同一时期的历史著作《左传》也提到“国之大事，在祀与戎”②。由此可见，自古以来国防问题就是国家的“大事”。军事力量的运用作为国家安全的保底手段，军事斗争作为国家政治和外交斗争的坚强后盾历来具有举足轻重的作用。

人们越是害怕战争，战争疯子就会越肆无忌惮，和平就越没有保证。相反，只有打消对战争的恐惧，敢于斗争，敢于用战争反对战争，才能有效地制止战争，更好地维护和平。对于这一点，毛泽东主席说得非常明白：“如果帝国主义一定要发动战争，你害怕有什么用呢？你怕也好，不怕也好，战争反正要到来。你越是害怕，战争也许还会来得早一些。因此，我们有两条：第一条，坚决反对战争；第二条，如果帝国主义一定要打仗，我们就同它打。把问题这样想透了，就不害怕了。当然，我说不害怕的意思，并不是说可以睡大觉，而是说要斗争。你如果怕得要死，你的手脚就束缚住了。到全世界没有一个人害

---

① 《孙子兵法·计篇》。

② 《左传·成公·成公十三年》。

怕战争的时候，世界上就不会有战争了。”① 在关键时刻亮剑，打赢战争，才能起到制止战争升级并最终遏制战争的作用。

中国是一个爱好和平的社会主义国家，始终坚持走和平发展道路，奉行独立自主的和平外交政策。中华民族“以和为贵”，一贯传承秉持安邦睦邻友好的外交传统。当前，霸权主义、强权政治又有所抬头，加之综合国力的竞争日趋激烈，战争离我们并不遥远，任何不切实际的幻想，都是十分危险的。

同时，历史不止一次地提醒世人，国虽大，好战必亡。中华民族历来崇尚和平也爱好和平。尤其是近代以来，中国人民饱受侵略与战乱之苦，愈发感受到和平的弥足珍贵，更加迫切地想要实现社会发展，拥有这样惨痛的经历，中国人民决不希望有更多的人民与国家重蹈自身的覆辙，因而决不愿将自己经受过的悲惨遭遇强加于人。新中国成立以来，中国没有主动挑起过任何一场战争甚或是冲突。中国依靠着勤劳的人民、依靠着对世界和平的维护，逐渐由积贫积弱发展成为世界第二大经济体，绝没有借助任何人的施舍，更没有借助军事扩张和殖民掠夺。可以说，中国既通过维护世界和平为自身发展创造了有利条件，又通过自身发展促进了世界和平，因而真诚希望所有国家都选择和平发展道路，共同防范冲突和战争②。

中国建设强大国防的第一要义是维护世界和平与发展，中国不会也不想与人为敌，更不想称霸于世界。但是自身合理利益遭受侵害，国家核心利益遭受侵害的时候，中国军队也有着“为之不惜一战”的坚定决心。面对复杂的国际安全形势，中国有敢于斗争的精神，有维护国家利益和尊严的坚定决心。

---

① 中共中央文献研究室、中国人民解放军军事科学院编：《建国以来毛泽东军事文稿》（下卷），北京：军事科学出版社、中央文献出版社。

② 《新时代的中国国防》，2019。

中国人民敢于面对任何挑战

目前来看，中美关系和国际形势已进入战略动荡期。时间大约会维持10年左右，尔后会走向平缓。预估战略动荡期的中美关系，好也好不到哪儿去，坏也坏不到双方迎头相撞、爆发冲突甚至战争的地步。这是基于以下的战略判断：一、美国总体上的军事与科技优势并不能确保在万一与中国迎头相撞时取得决定性胜利。二、美国在台海地区如果卷入局部实际战斗，其结果正如美国人自己推演的那样，失败者注定是美国。三、美国的国家利益在于寻求保住世界头号强国的霸主地位，从而对中国采取极限施压、全面遏阻的策略，而并非是使两大经济体走向兵戎相见，你死我活，从而使世界和国家陷入万劫不复的无底深渊。四、历史车轮的走向不可阻挡。中国的经济科技进步和综合国力强盛的步伐，不可能停顿下来，一个伟大而强大的中国与一个同样伟大而强大的美国同时屹立，在不久的将来必然出现。基于以上判断，对于中国来说，最重要的一点就是：争取时间，强大自己。而对于中美关系来说，建立新型大国关系：一是不冲突、不对抗，就是要客观理性看待彼此战略意图，坚持做伙伴、不做对手；通过对话合作、而非对抗冲突的方式，妥善处理矛盾和分歧。二是相互尊重，就是要尊重各自选择的社会制度和发展道路，尊重彼此核心利益和重大关切，求同存异，包容互鉴，共同进步。三是合作共赢，就是要摒弃零和思维，在追求自身利益时兼顾对方利益，在寻求自身发展时促进共同发展，不断深化利益交融格局。

不管美国人是怎么想的，实际上，“新冷战”的思维方式是站不住脚的，因为，中国的根本战略意图并不是想与美国一争高低，不是对外扩张，不是单方面谋求一国的发展利益。中国在实际上也没有构筑什么阵营与西方相对抗。中国的国家底线思维，就是不受人欺负，不任人宰割，维护国家主权和领土完整，与世界各国人民友好相处，互利共赢，让自己过上更美好的生活，不带任何扩张性和刺激性。冷战从何而来？又何其之有呢？我们根本不具备冷战的动因，因此也请那些热衷于冷战思维的国际政客们收起那一套危言耸听的说词罢。

说到底，中国人民是有准备的。建国七十年来，中国人是睁大了眼睛搞建设。从没有忽视国际形势风云变幻，从没有忘记祖国的统一大业没有最终完成，从没有低估美国对华政策两面性的风险。且不说中国的军事力量与科技实力，就单从这次中国抗击大疫情的情况看，显示出中国超强的国家动员能力，行动组织力和人民的团结力，这是战争伟力最深厚之根源。

掩卷沉思，中华民族所经历的苦难与辉煌，已化为全国人民奋勇前行不可阻挡的力量。对中国实行阻遏战略其结果，只能是一种合乎历史逻辑的彻底失败。而以武力相威胁损害中国的国家根本利益，更吓不倒英雄的亿万中国人民。

至于中国台湾问题，显而易见，在动荡中维持两岸和平局面，牵制大陆发展是符合美国利益的。而美国对华政策的两面性是带有危险性的战略把戏。中国人不打中国人，以和平手段解决台湾统一问题是我们的愿望。但台独势力如果不把自己当中国人，就没有资格占领中国的领土。如果采取分裂行动，我们就有理由采取包括武力在内的一切手段反对分裂。美国会把自己卷入一场为台独牺牲且必败的战争么？我们想任何有一点儿战略头脑的人都可以得出结论。

归根结底，中美关系总坏下去不利于中国，不利于美国，也不利于世界。正如基辛格博士说的，中美交恶长期下去，是比二次大战还要糟糕的事情。他还说，中美博弈必须设限。中美两国同样伟大，太平洋装得下，全世界喜欢。

共筑人类美好和平愿景

以兵止戈，只在浅表，霸道之术，终有尽时。敢战能战固然重要，即使是能够做到“不战而屈人之兵”，却也只在用兵止武上探讨兵事。构建人类命运共同体，顺应和平发展的时代潮流，反映各国人民共同期待。

随着全球化步伐的加快，当今时代越来越成为一个一荣俱荣、一损俱损的时代。高精尖武器的发展，大规模杀伤性武器的扩散使得战争的后果已经不再限于单一或几个国家来承担。一场规模大战，无论是常规战争还是核战争几乎很难再说有绝对的赢家。因此，只有合作互利才能真正造福自身，也只有追求共赢才能获得真正的胜利。新时代的中国始终忠实践行人类命运共同体理念，积极履行大国国际责任，努力为建设持久和平、普遍安全的美好世界做出贡献。

人们不仅要认清现实的严峻，也应高擎理想的火炬。习近平主席所倡导的人类命运共同体，正是为国际社会描绘梦想，追求梦想指明了一条可选择的路径。中华文明源远流长，华夏之邦乃礼仪之邦。古老的东方智慧理应担当起为全人类“释疑解难”的重任。作为唯一一个延续传承下来的四大文明古国，中国所依托的古老文明具有五千年的文明史可资借鉴，这是中国提出中国梦的文化积淀。不仅如此，近代以来改变积贫积弱的国家状况，改变人民悲惨命运的历史使命，为中华民族之富强而努力的号召，彻底改变了中国的现代命运，这也为中国提出中国梦提供了历史经验。除此之外，改革开放以来，中国人民在中国共产党的领导下，锐意进取、开拓创新，建设了自己美好的家园，也取得了举世瞩目的经济成就，这正是中国梦得以成立的实践经验积累。最后，中国人乐善而好施，“中国人民的梦想与世界人民的梦想息息相通。一个和平稳定繁荣的中国，是世界的机遇和福祉。”这是中国梦能够造福世界的现实基础。

事实上，中国这样一个满怀希冀的国家，它的繁荣昌盛必将带给世界的是更多的公共产品供给，更加坚定的秩序建设和维护力量。崇尚“止戈罢兵”的中华文化，爱好和平的中国人民所领导的“一支强大的中国军队，必将是维护世界和平稳定、服务构建人类命运共同体的坚定力量”，中国梦的实现必将是也终将会是世界人民美好生活梦想实现的重要保证之一。